Soñar el Demonio:

"utopías", distopías y ucronías hitlerianas

Diseño gráfico general: Gerardo Miño

Edición: Primera. Junio de 2019

ISBN: 978-84-17133-77-1
IBIC: DSA (Teoría Literaria)
HBA (Historia: teoría y métodos)
JPFQ (Fascismo y nazismo)

Lugar de edición: Buenos Aires, Argentina

MIÑO y DÁVILA
◆ E D I T O R E S ◆

dirección postal: Tacuarí 540 (C1071AAL)
Ciudad de Buenos Aires, Argentina
tel-fax: (54 11) 4331-1565
e-mail producción: produccion@minoydavila.com
e-mail administración: info@minoydavila.com
web: www.minoydavila.com
redes sociales: @MyDeditores, www.facebook.com/MinoyDavila

Colección: Ideas en debate
Serie: Historia Antigua-Moderna

Director de serie:
José Emilio Burucúa

Daniel Del Percio

Soñar el Demonio:

"utopías", distopías y ucronías hitlerianas

MIÑO y DÁVILA
◆ E D I T O R E S ◆

Dedico este libro a mis padres y a todos aquellos que han padecido los totalitarismos y sus guerras.

ÍNDICE

Agradecimientos

Agradezco a Marcelo Burello y a Pablo Capanna por sus orientaciones a la hora de dar forma a esta investigación, allá en un ya lejano 2011.

Y no puedo dejar de mencionar mi gratitud por los sabios consejos de Adriana Cid, que me ayudaron a redactar la primera parte de este libro, y la esforzada labor de corrección del texto definitivo que hizo Daniela Serber.

❖ PRÓLOGO ❖

por *Pablo Capanna*

Si pensamos en esa genealogía que enlaza a los argonautas y Odiseo con Colón, los exploradores y las naves espaciales, tendremos que reparar en la atracción que siempre ha ejercido el espacio sobre el imaginario occidental.

Esta fascinación fue la que siempre nos empujó más allá de las fronteras del mundo conocido, en busca del misterio o la trascendencia. La aventura siempre fue más apasionante cuanto más lejano y misterioso era su escenario. Los viajeros nos acicateaban con los misterios del Asia, la exuberante naturaleza africana, el enigma hiperbóreo, el fondo del mar y el centro de la Tierra: allí estaba la aventura.

Quien haya vivido buena parte del siglo pasado recordará el misterio que rodeaba a la Amazonia y la Antártida; hacia 1950 seguían siendo tan remotas como Marte. Hoy solo nos queda por conocer una parte del fondo marino, pero desde nuestras pantallas podemos visitar la Luna y Marte, pasear por la Gran Muralla, y hasta espiar a nuestros vecinos.

Durante un tiempo, visitamos planetas imaginarios, pero hasta el espacio dejó de ser noticia y sus fronteras amenazan con convertirse en destinos turísticos. Eso quizás explique el éxito de Tolkien y sus imitadores, que supieron construir universos ficticios para la aventura.

Todo esto nos lleva a descubrir que el *tiempo* es el último ámbito donde cabe ejercer la fantasía. No se trata de reconstruir el pasado ni de soñar con el futuro, porque, como alguna vez observó J. G. Ballard, "no hay futuro, y el pasado está en la BBC". Sin embargo, la imaginación todavía puede jugar con el pasado, como supo hacer con el futuro. El último desafío será atreverse a *intervenir* al pasado; de eso se ocupa la *ucronía*.

Así como la utopía no está "en ninguna parte", la ucronía habita en un tiempo paralelo al de la historia que conocemos. Con diversas intenciones, los creadores de ucronías nos proponen imaginar presentes alternativos, mejores o peores que el nuestro.

El disparador de la ucronía es el *catacronismo*: eso que la lógica y aun los periodistas llaman *contrafáctico*. Si aquella batalla la hubiese ganado otro, o si la nariz de Cleopatra hubiese sido menos respingada, el mundo sería muy distinto. Como aquel personaje que descubría que siempre había hablado en prosa, reconocemos que hasta en la vida diaria recurrimos a las hipótesis contrafácticas. En las mesas de café se argumenta que otro hubiera sido el partido si hubiese jugado tal o cual jugador, mientras otros disertan sobre cómo estaría el país si las elecciones las hubiese ganado su partido.

La ucronía nació en el siglo XIX, en plena vigencia de la idea del progreso. El filósofo Charles Renouvier se preguntó, sin dejar de pensar que el futuro sería utópico, si hubiera sido posible evitar la violencia y el sufrimiento del pasado, y propuso usar la imaginación para rectificar la historia.

Pero cuando el siglo XX quiso poner en práctica las utopías, a menudo con resultados espantosos, decayó la confianza en el futuro. Los nuevos ucronistas, quizás con la intención de devolvernos la esperanza, nos mostraron que las cosas hubieran podido ser aún peores.

De esta suerte de ficciones especulativas, de sus propósitos y alcances, trata este libro. El eje de la investigación pasa por la peor de las pesadillas políticas del siglo pasado, el nazismo. Hace muy poco, la ominosa presencia del ISIS nos recordó que aberraciones similares pueden volver a producirse en cualquier momento.

La idea ha ejercido cierta atracción morbosa sobre los autores de ucronías. En este libro se pasa revista a casi todos ellos, pero el autor elige detenerse en tres textos ejemplares: *El Sueño de Hierro* de Norman Spinrad, *La conjura contra América* de Philip Roth, y *El hombre en el castillo* de Philip K. Dick.

La conjunción de dos autores venidos de la ciencia ficción "genérica" con un escritor del *mainstream* era inimaginable unas décadas antes, y da cuenta de los avances de la crítica. El criterio que llevó al autor a elegir esos títulos es más que sagaz, si consideramos que ellos cubren toda la problemática de este género.

El Sueño de Hierro de Spinrad es la parodia del delirio paranoico que hubiese podido incubar un Hitler escritor sin vocación política. Se vuelve decididamente inquietante cuando notamos que, de admitir sus premisas, el lector llega a encontrarla no solo justificada sino hasta aceptable.

La conjura contra América de Roth escenifica una imaginaria presidencia de Charles Lindberg, que introduce un paréntesis autoritario en la historia de los Estados Unidos, antes de Roosevelt y la guerra mundial. En este caso el autor la usa como marco para acentuar el clima de una historia de por sí realista.

En *El hombre en el castillo,* Philip K. Dick construye otro escenario convincente, donde los Estados Unidos han sido derrotados por Japón y Alemania. Su momento más irónico se da cuando el personaje central vislumbra la locura del tránsito en una autopista de *nuestro* mundo y cree haberse asomado al infierno.

Para quien anduvo explorando estos territorios cuando estas novelas aún no habían sido escritas, resulta halagüeño comprobar que donde entonces solo había senderos hoy existen rutas, con sus cruces, puentes, señales, peajes y hasta policía caminera. De las escasas semillas de entonces ha brotado una espesa selva académica, en la cual podemos encontrar tanto hojarasca y maleza como bellas floraciones. Lo más loable es que hayan caído los prejuicios que vedaban ocuparse de textos como estos, que hoy merecen un tratamiento esmerado.

Discernir cuál es el sentido de estas ficciones especulativas, más allá de todo lo que puedan despertar en una lectura ingenua, no es una empresa fácil. Solo con la ayuda de un guía tan experto como el autor de este libro es posible acometerla con éxito.

⟩⟩ LIMINAR ⟨⟨

La realidad es aquello que,
cuando dejas de creer en ella,
no desaparece.

Philip K. Dick

Tal vez el mejor engaño del tiempo haya sido la historia. Detrás de su aparente linealidad y de las fuerzas que contiene empujándola hacia el futuro desde un pasado cada vez más arcano, aguarda el azar, agazapado. No nos alcanzaría una enciclopedia borgiana para enumerar todas las posibilidades que encierra, encriptadas como en una semilla, un mero instante. Acaso porque es mendigo dentro de la eternidad, el ahora es menospreciado. La historia moderna, en cambio, goza de un prestigio que algunos de sus profetas fundadores han consolidado. Pero la historia no contiene el tiempo. Es solo, en cierto modo, uno de sus experimentos. Quizás el más importante, pero no el que puede darnos la medida exacta de la realidad. Como todas las cosas que están hechas en el tiempo, convergen en un instante una innumerable cantidad de elementos heterogéneos. Un hecho histórico es, simplemente, la forma en que se produjo una convergencia. Por tanto, todo podría haber sido diferente. Una brisa, un cielo nublado, una gripe, un viajero que mata una mariposa, un proyectil con la pólvora húmeda o un fusible quemado podrían haberlo cambiado todo.

La idea es vertiginosa y, sin embargo, aparentemente, no escaparía de una mera hipótesis fantástica. Los hechos ya sucedieron. No pueden ser ya de otro modo. Pero no debemos descartar este otro aspecto: lo acontecido carga con el peso de lo que no sucedió. Como una sombra, lo no realizado gravita sobre lo real, le da peso, consistencia y forma. Son experimentos que no funcionaron, pero que, por eso mismo, están contenidos por el que sí funcionó.

Tener como objeto de estudio esta sombra de la historia podría parecer un mero entretenimiento ficcional. Pero incluso esa oscuridad puede, paradójicamente, iluminar. La ucronía y la historia contrafáctica constituyen verdaderos modelos de explicación de la historia: modelos *ficcionales* y *no factuales* porque, a través de la ficción, podemos dar vida a lo que no ha sucedido a partir de esa vieja pregunta "qué hubiera pasado si...". De este modo, podemos coexistir con lo inexistente, comprendernos desde aquello que pudimos o no pudimos ser, de lo negado o reprimido. No es revisionismo, sino un insinuante experimento ficcional.

Pero el problema es complejo. ¿Cómo lograr que la ficción se transforme en conocimiento? Platón y Tomás Moro ya se toparon con este problema. La utopía, ese reino maravilloso y deliberadamente lejano, definió la arquitectura que entrelaza el ideal político y la ficción. Modelo de explicación ficcional de la sociedad por excelencia, cada época fue dándole una forma específica, a veces, pervirtiéndola y otras, cambiando el espacio por el tiempo. La distopía y la ucronía constituyen los modelos de explicación no históricos de la historia propios del fin de la Modernidad y del siglo XXI, hibridados de tal forma que nos resultaría ya difícil separar sus cambiantes fragmentos.

Este libro trata del tiempo, de cómo viajar en él, de las encrucijadas entre la ficción y la historia, y del Mal y del Bien que anidan en ella. Recorrer el hilo de Ariadna del nazismo es la posibilidad que elegimos para comprender el laberinto del tiempo y sus monstruos.

PRIMERA PARTE

Una arqueología del presente o la lógica formal de la ucronía

⇒❊ INTRODUCCIÓN ❊⇐

El pensamiento utópico como modelo de explicación ficcional de la hiftoria

Los hombres conocen los hechos presentes.
Los futuros los conocen los dioses,
plenos y únicos poseedores de todas las luces.
De los hechos futuros los sabios perciben
aquellos que se aproximan. Sus oídos

a veces en horas de honda meditación
se conturban. El misterioso rumor
les llega de los acontecimientos que se aproximan.
Y atienden a él, piadosos. Mientras, en la calle
afuera, nada escuchan los pueblos.

Constantino Kavafis

En el relato "The Ones who walk away from Omelas" ("Los que abandonan Omelas"), la escritora norteamericana Ursula K. Le Guin describe una sociedad perfecta, plena de armonía entre sus estructuras políticas y la vida de sus miembros.[1] Omelas, ciudad también perfecta, esconde, sin embargo, una habitación jamás nombrada por sus habitantes, pero conocida por todos ellos: una habitación tabú, un lugar que debe visitarse una vez en la vida para constituirse en ciudadano. En ella hay un niño (acaso una niña: la desnutrición y la suciedad no permiten saberlo desde la distancia del espectador) que vive encadenado, maltratado y despreciado por esa sociedad perfecta. No ha cometido falta ni delito alguno. Muchos, la mayoría de aquellos que vieron al niño, sufren. Pero, luego, aprenden a aceptar esa oscuridad dentro del mundo luminoso en donde viven y, de algún modo, lo olvidan, o bien convierten ese olvido en felicidad en el presente, como una forma de la memoria pasiva en los actos cotidianos. Para ellos, el futuro exige esa abstracción moral. Si no existiera una presencia del dolor, de la injusticia y del sufrimiento, aun como residuos inconscientes o reprimidos, lo perfecto se autodestruiría por la ausencia de una ética, de una herida permanente en la cultura. Una herida que no debe sanar. Una vida sin heridas es una vida para la muerte.

Estos son los hombres corrientes, los que viven y trabajan para la vida, y se quedan en Omelas para hacerlo. Pero hay otros que abandonan la ciudad, se alejan de la perfección. Hay otros cuya memoria no puede diluirse en lo cotidiano y se hace activa. Es cuando la memoria

---

1. Escrito en 1971, efte relato de Ursula Le Guin se conftituye en auténtico paradigma de su visión de la utopía. Retomará efte problema, de muy diversos modos, a lo largo de toda su obra.

no sirve para recordar o para hacer, sino *para ser*. Estos hombres llevan al niño a cuestas, sobre los hombros, como un peso inaudito. La imagen del sufrimiento los ha devuelto al mundo y sus caminos: el precio de esta "perfección" es demasiado alto para ellos y eligen partir. A estos hombres, el sufrimiento del niño los ha hecho indigentes. En este caso, la herida es mortal: ha muerto la fe en la sociedad perfecta.

Este relato encierra la fábula básica de la felicidad: todos los hombres desean ser felices, pero hacerlo en sociedad parecería imposible, a menos que nos atrevamos a pagar un precio terrible. Como individuos, tenemos aspiraciones que entran inmediatamente en conflicto con nuestro vecino, nuestro hijo o nuestro hermano. Entonces, el orden político aparece como sustituto orgánico de la felicidad individual. Luego de la violencia y la anarquía, surgen sucesivamente los dioses, la ley y el gobierno. Su consumación es la utopía, el orden perfecto, que requiere (*exige*) desplazar la libertad, domesticarla, hacerla productiva en beneficio de todos. Esto harán, en un significativo abrir y cerrar el Renacimiento, Tomás Moro con *Utopía* (1516) y Tommaso Campanella con *La ciudad del Sol* (1602). Alguien debe pagar el precio del orden. Pero ese precio, que para los primeros utopistas no es significativo, resulta, para los habitantes de Omelas, demasiado alto y deciden partir, alejarse, rechazar la felicidad que ofrece su país utópico.

Hemos elegido este relato, concebido al mejor estilo de las parábolas, a modo de introducción porque condensa de una forma elocuente la luz y la sombra de un país ideal. Solo desde esta ambivalencia gris podemos pensar qué es la utopía, cómo se vuelve un modelo de explicación de la historia, y cuáles son sus demonios, su lado oscuro. Y, acaso, lo fundamental: pese a sus contradicciones, para qué nos sirve pensar la sociedad desde la literatura utópica, desde una posición necesariamente excéntrica e impugnadora. Desde esta perspectiva, es clara la síntesis que nos ofrece la fábula de la dichosa ciudad de Omelas: un relato ficcional (literario) que organiza contenidos semánticos (la felicidad, la culpa, la responsabilidad, el bienestar, la ley, el deber, la independencia ética) para comprender cierta escisión fundamental entre lo social y lo individual, entre lo humano y lo político, entre la cultura (el mundo) y sus relatos. En esta "escisión", se vuelven comprensibles las contradicciones que genera la propia dinámica de la utopía.

Si esto es así, entonces surgen preguntas inquietantes: ¿cuál es el contenido semántico esencial de toda utopía?, ¿subyace en ella algún elemento invariable?[2] En las ciencias del lenguaje, existe el concepto de semántica generativa. Esta no es más que "un proceso análogo al de la sintaxis profunda en el chomskismo ortodoxo, [que generaría] todas las estructuras semánticas posibles" (Ducrot y Todorov, 1998, p. 73). El concepto, explicado por Oswald Ducrot y Tzvetan Todorov desde una

---

2.   La utopía y la distopía constituyen el tema de estudio de un trabajo anterior. Cfr: Del Percio, D. (2015). *Las metamorfosis de Saturno. Transformaciones de la utopía en la literatura italiana contemporánea*. Buenos Aires: Miño y Dávila.

perspectiva esencialmente lingüística, en realidad, es transferible a lo narrativo en sí: existen núcleos de significado que generan relatos que se mantienen en el tiempo; cada cultura y cada época construirá un relato diferente a partir de esos núcleos semánticos inalterables. En el caso del relato utópico, es la misma búsqueda de la felicidad la que permanece inalterable, solo se transforman los modos y las formas en que se desarrolla. En el mito de la Edad Dorada o en la ciencia ficción soviética, en Hesíodo o en Stanislav Lem, subyace una misma imagen con la que, luego, cada tiempo y cada sociedad plasmarán su propio ícono. Como es una búsqueda desde el texto, desde una narrativa, se nos hace evidente una primera consecuencia: lo que se busca no puede aprehenderse físicamente (al menos, no de inmediato) y debe recurrirse a la mediación de un relato, en este caso, de un relato de ficción.

A nuestro juicio, esto es así simplemente porque la felicidad (la ambigua imagen central de la utopía) también es un concepto que debe construirse. Y, como tal, es también obra de su forma. De ahí, la necesidad de pensar la utopía sincrónica y diacrónicamente: lo que es en cuanto signo, en cuanto construcción de sentido, y lo que es en cuanto condensación de la historia y de la esperanza (esta última palabra, sobre todo, fatalmente difícil de definir, dada la multiplicidad de los sujetos que creen poseerla). Esta compleja reunión del sentido del ahora con el pasado y el futuro concluye delimitando una serie de posibilidades, de modo que *el ahora* funciona como una suerte de filtro o canal que regula el flujo temporal, entendido como despliegue de la historia hacia su futuro. Estudiar la utopía (además de construir un objeto que es parte de un sistema literario, político, histórico y semántico) es construir un objeto *multitemporal*: nos ofrece la inquietante perspectiva de estudiar no el futuro o el pasado o el presente, sino *el sistema complejo de posibilidades que le dan forma al mundo constantemente, dibujándose y reconfigurándose sin cesar*. Se trata de la reconfiguración del mundo como sistema de relaciones entre los hombres.

El problema de Omelas, como en toda utopía, es el de las contradicciones que genera la búsqueda misma de la felicidad. Estas contradicciones se vuelven distópicas a partir del conocimiento, del darse cuenta del lado oscuro de esta misma búsqueda, del ser capaz de ir más allá de sus tabúes y no poder (o no aceptar) incluir la singularidad del tabú dentro de un proceso colectivo hacia aquello que Immanuel Kant denominaba "ética material" y Aristóteles, "eudemonismo". Este último término, según José Ferrater Mora, significa

"posesión de un buen demonio", goce o disfrute de un modo de ser por el cual se alcanza la prosperidad y la felicidad. Se trata de un bien y, por extensión, de una finalidad, por lo que equivaldría a una ética de los bienes y de los fines, es decir, una ética material. No podría haber incompatibilidad entre la felicidad y el bien. Para el anti-eudemonismo, la virtud vale por sí misma, independientemente de la felicidad que puede producir. (2001a, p. 1153).

Pero esta posesión de "un buen demonio", ¿debe ser individual o colectiva? ¿O pertenece a ambas esferas y debe ser simultánea? ¿En qué medida esta búsqueda se escinde en dos o simplemente se fragmenta entre la sociedad y los individuos que la conforman? En la Edad Media, la *felicitas* no podía prescindir de lo individual, acaso porque el concepto mismo de salvación espiritual implicaba, en primer lugar, al individuo. Era su alma la que se salvaba o condenaba. Según Silvia Magnavacca, *"felicitas* es la posesión del bien como fin último del hombre"* (2005, p. 287). Bien último o sumo bien que, por esencia, no es único, salvo si este puede pensarse exclusivamente como en la salvación espiritual. Y aun esta idea es problemática, porque ningún bien es universal. Estamos ante búsquedas en permanente conflicto entre sí: colectivas e individuales. Ya San Agustín, citado también por Magnavacca, observaba que "el rechazo de las inclinaciones y afecciones [individuales] violenta la naturaleza humana" (2005, p. 287). De esta violencia (¿inevitable?), la historia nos da infinitas muestras.

Si la utopía es una de las formas de obtener la felicidad colectiva para los individuos, como en Omelas (digamos, una forma política de la felicidad entendida como *ética material*), la distopía será, de algún modo, la descripción de aquellos espacios que la utopía rechaza o no puede ocupar. O, incluso, el desierto que queda cuando ya no puede creerse en el propio camino que se recorre hacia un futuro aún más incierto. Ursula Le Guin no elige al azar el nombre del país de su cuento. Omelas, palabra en la que es posible rastrear una etimología griega, implica "la presencia de lo oscuro" —de *tò mélan*, sust.: negrura, corteza negra, tinta; y *mélos, melaina, han*, adj.: negro, oscuro, sombrío; tétrico, triste, funesto, temible (Pabón, 1968, p. 383)—. Esta presencia, ya como afirmación, ya como negación (*Ou-mélas*, Omelas, "ninguna oscuridad", como en *Ou-topos*, de donde, a su vez, "utopía", ningún lugar), implica la presencia no superable de lo oscuro en toda realización humana. Porque sucede que la oscuridad es la medida de la luz y se necesitan; incluso intercambian sus roles en una estructura dialógica que, a nuestro juicio y como veremos más adelante, nunca es posible superar ni sintetizar completamente. Esta tonalidad gris que proyectan a la vez la luz y la sombra de una utopía sobre la realidad refleja perfectamente su sentido comparativo, admirablemente destacado por Darko Suvin en sus *Metamorphoses of Science Fiction*:

> La Utopía es la construcción verbal de una cuasi-humana comunidad donde las instituciones sociopolíticas, las normas y las relaciones individuales están organizadas de acuerdo con un principio más perfecto que el presente en la comunidad del autor [de la utopía]; esta construcción se basa en un extrañamiento a partir de una hipótesis histórica alternativa. (1979, p. 49; la traducción es nuestra).[3]

---

3. *"Utopia is the verbal construction of a particular quasi-human community where sociopolitical institutions, norms, and individual relationships are organized according to a more perfect*

Esta definición "comparativa" instala a este tipo de obras en un análisis necesariamente vinculado con la estética de la recepción.[4] El extrañamiento (indispensable para obtener una actitud receptiva crítica) a partir de una hipótesis histórica alternativa (es decir, no vigente pero verosímil) constituye el aspecto más notorio de este empleo deliberado de un modo de construcción del texto que busca implicar al lector en una crítica a la ideología de su tiempo. Según nuestro enfoque, de todos modos, el papel del receptor no es explícito en Suvin, al punto que deberíamos agregar que "ese principio más perfecto de organización" debe ser pensado también desde el mundo contextual de la recepción.

En este juego de espejos, evidentemente la invención de la utopía fue, a su vez, la invención de la distopía, su sombra, su complementario. Mientras más fuerte es el fanatismo por hacer realidad la primera, más intensamente se revela la segunda. No es casual, entonces, la fuerte relación que poseen estos dos conceptos, tanto en su aspecto literario como filosófico y político, con los regímenes totalitarios. De diferentes modos, todos los grandes dictadores del siglo XX y de estos primeros años del XXI (e incluimos dentro del concepto "dictador" incluso a gobernantes de distintas sociedades democráticas en cuanto a su praxis de gobierno) han pretendido construir sus utopías, sus *Omelas*, o, al menos, las han tenido como "referentes". E, inevitablemente, han construido distopías. Pero de este hecho se desprende otro, en el que se basa nuestro trabajo: tanto el género utópico clásico como sus derivados modernos, la distopía y la ucronía, forman parte del mundo "como hecho concreto". Su carácter literario y ficcional está presente como dato efectivo en la política y en la historia. Esto se traduce en la inquietante idea de que no podemos prescindir de lo fantástico (o, al menos, de la ficción) cuando nos planteamos el devenir de los hechos históricos. En términos de Paul Ricoeur, el texto es, en sí mismo, una forma de acción y el subgénero que nos ocupa, la base de la acción humana más sublime y mortífera de todas: la concreción del paraíso en la tierra, dar la felicidad a los hombres. El terrible costo de esta acción es el paisaje que nos deja una ambición divina en manos de hombres. El nazismo constituyó, quizás, la forma más abominable de esta búsqueda. Sin embargo, podemos identificar distintos aspectos o modos de lo utópico (tanto desde una concepción política como ficcional) que determinan una particular configuración del mundo, del imaginado como "perfecto" y de aquel "imperfecto" que "lo imagina":

1. Lo mítico, entendido como tiempo a-histórico o anterior a la historia; es el tiempo en que conviven dioses y hombres y no existen el trabajo o el dolor.

---

principle than in the author's community, this construction being based on estrangement arising out of an alternative historical hypothesis".

4. En la novela *Los desposeídos* (1974), también de Ursula Le Guin (una "utopía ambigua", tal como la define la propia autora), esta concepción comparativa se hace muy clara, ya que la sociedad utópica se encuentra en un satélite que orbita un planeta con una sociedad de carácter distópico.

2. Lo religioso-político, en cuanto tiempo histórico, producto y medio ambiente del hombre político, del miembro de una sociedad religiosa y políticamente organizada; es el tiempo en que los dioses y los hombres se han separado, aunque este divorcio no es definitivo, ya que la presencia de la divinidad continuará operando como modelo, destino y sentido último de lo humano; es el tiempo del hombre hacedor y destructor. La Modernidad es producto de este tiempo.

3. Lo nihilista, la sociedad de los hombres sin presencia de lo sagrado, que se encuentra ante el desafío de construir a partir de esa ausencia irrevocable.

Tres visiones de un problema común: la fundación de un poder que, como tal, se haga cargo del destino del mundo, pero no de sus consecuencias.

Un abordaje formal del discurso utópico resulta imprescindible para poder establecer una metodología de análisis centrada, ante todo, en su estructura semántica y en las formas de su recepción. Esto implica elaborar un modelo analítico que no dependa de las circunstancias específicamente históricas o políticas de su enunciación. De hecho, nuestro modelo es aplicable tanto a formas míticas como la Edad Dorada, como a formas históricas propias de la Modernidad, entre las cuales encontraremos la utopía propiamente dicha (Moro, por ejemplo) y la multiplicidad, muchas veces confusa, de sus derivados. Esto es posible en cuanto el relato utópico es, esencialmente, una ficción que implica un contraste entre dos o más mundos, uno de los cuales es mostrado como modelo (no importa si positiva o negativamente). Es decir, la utopía es una ficción comparativa basada en la mostración (o sea, descripción) de las *posibilidades ya contenidas o presentes* en la historia dentro de un marco de enunciación específico. *La forma en que esta enunciación es enunciada y, especialmente, las formas en las que es recepcionada le otorgarán, luego, su carácter específico.* Estas posibilidades encriptadas se despliegan de manera diferente en la recepción según se trate de un país ideal, de una ciudad infernal o de una ucronía, de un tiempo otro. Sin embargo, el motor que mueve a los tres es esencialmente idéntico. Más allá de sus similitudes formales, todo discurso utópico o ucrónico no hace sino confrontarnos con la sombra de los relatos de la historia. Solo cambian el espacio, el tiempo y nuestra forma de convivir con mundos inexistentes que, sin embargo, están allí, esperándonos.

❧ I ❧

Pensar desde lo contrafáctico

Por qué la utopía

El pensamiento utópico es el fruto de un tiempo de indigencia metafísica: la Modernidad, tempranamente inaugurada, entre otros, por Tomás Moro y Nicolás Maquiavelo, cara y cruz de la literatura política de su tiempo. Esta carencia ha hecho de la utopía literaria una forma precaria de protegernos ante la imprevisibilidad del mundo y de la historia, y un resguardo y una advertencia ante el pragmatismo extremo. Un remedio o, tal vez, un antídoto esencialmente ficcional que, no obstante, operaría sobre la historia y la política concretas de manera, algunas (pocas) veces, decisiva, pero siempre necesaria. Pero, aun siendo, sobre todo, un género literario, no podremos analizarla como una obra de ficción común y debemos pensar en esta "indigencia" que la define y la justifica como una fantasía interrogadora ante la realidad de sus contemporáneos, primero, y de sus lectores de otros tiempos, después. Esta condición surge de comprender que la historia misma habita dentro del pensamiento utópico, incluso aquella "historia que no ha sucedido", pero que era posible que sucediera. Esto es lo que llamamos "ucronía", la utopía en el tiempo, el "qué hubiera pasado si..." ante las vacilaciones de la historia y de los hombres. Y, muchas veces, aun más en la posmodernidad, esta estructura hipotética deviene en imagen siniestra, en "el peor de los mundos posibles", en utopía negativa, en distopía.

Una forma de esta ficción implica lo ominoso en su forma más vívida dentro de la historia: el nazismo. Como una suerte de pesadilla histórica, que paradójicamente permite que no olvidemos las heridas que ha dejado abiertas, *Soñar el Demonio*, soñar el nazismo y sus recurrentes metamorfosis, imaginarlo en sus "utopías" o habitando nuestro mismo presente, es llevar a cabo un ejercicio histórico e, implícitamente, ético y moral. Varios autores de la segunda mitad del siglo XX han pensado desde la ficción utópica este fenómeno político que poco o nada tendría que ver con lo que comúnmente entendemos por utopía, al menos, en sentido moriano. De este modo, la literatura se impregna de historia sin invadirla para mostrarnos el sentido último de la política, esto es, del gobierno sobre la *polis*, sobre los múltiples individuos diversos en una cultura que componen la unidad de un pueblo. La ficción —y la ficción utópica en particular— nos permite practicar una dialéctica sin resolución definitiva entre un profetizar desde la literatura y un actuar dentro de la política en un *sin rumbo* de la historia esencialmente humano. La utopía es una de las formas que adoptará esta profecía, mientras que la ideología será su soporte, la base de su fe. La acción sucede entre ellas buscando una síntesis, el abrigo para esta indigencia. El camino será reconfigurado constantemente por esta dialéctica, por esta acción que *hace camino al andar*.

¿Qué es el nazismo, entonces? ¿Fue pensado como "utopía", como una ideología o una filosofía, como mera cadena de acciones improvisadas e instintivas? O bien: ¿qué implica *soñar lo político desde lo literario*, pensar ese futuro, construirlo ficcional e históricamente? Y, sobre todo, soñar un demonio: el del nazismo. Desde aquel punto crucial —para la inmensa mayoría de sus contemporáneos, indudablemente insignificante, pero, visto desde hoy, abrumador—, en que un ex cabo austríaco, sobreviviente a duras penas de un ataque con gas en el frente ruso, pintor fracasado, espía del ejército que busca insertarse en el partido de los trabajadores alemanes, pronunció un discurso en una cervecería ante un modesto auditorio, los fantasmas de este demonio no han dejado de propagarse. Pensar cómo nacen estos fantasmas y, más aún, cómo perviven más allá (o, incluso, independientemente) de quienes les han dado vida por primera vez, requiere que elaboremos un largo camino teórico.

¿Por qué la ucronía? ¿Por qué estudiar lo que podría haber sucedido, pero no sucedió, y aplicarlo al nazismo? ¿Y por qué la utopía y la distopía, insertadas en ella? En primer lugar, porque el nazismo *subsiste encriptado* como una posibilidad de la historia. Si Hitler no hubiese existido, *¿algo o alguien* habría dado a luz una *criatura* similar? ¿Se trata de la obra esencial de un hombre o, más bien, de una suerte de *presencia inmanente* en la cultura de la Europa Moderna? ¿Cómo sería el mundo hoy si ese hombre no hubiese existido políticamente, pero si esa presencia inmanente hubiese continuado mutando? O, a la inversa, ¿cómo continuaría esa mutación si ese hombre hubiese vencido? Preguntas que, obviamente, no pueden responderse de manera categórica. Pero podemos soñar respuestas a, digamos, esas pesadillas y resguardarnos a nosotros y a nuestro tiempo.

Por esto, si bien existen innumerables trabajos sobre los géneros utópicos, que incluyen la ucronía, notamos rápidamente que gran parte de ellos fueron elaborados desde focalizaciones políticas e ideológicas que, implícitamente, fuerzan una apropiación del término "utopía". Más que un género o un tipo específico de discurso, la utopía es vista como un instrumento de realización política y se tiende a confundir (y, frecuentemente, olvidar) su carácter literario y ficcional. De hecho, encontraremos en repetidas oportunidades que obras de utopistas famosos, como Tomás Moro o H. G. Wells, serán leídas más política que literariamente, incurriendo, en ocasiones, en profundos y graves anacronismos al evaluar concepciones clásicas desde una visión contemporánea. Tal problema en la recepción actual de la utopía, la distopía o la ucronía debe resolverse para que podamos comprender un hecho básico: el carácter utópico de un texto deviene esencialmente de las condiciones de su recepción, de lo que *necesita una época de ese texto*, con todas las implicancias históricas y sociales que esta recepción conlleva. Por tanto, considerar la utopía como un discurso enmarcado dentro de un proceso dinámico de desarrollo social es pensar, además, la propia identidad de la sociedad dentro de la cual ese discurso es enunciado y recibido. Reducir este proceso a una lectura política o histórica sin prestar atención a sus aspectos ficcionales y literarios, es limitar las múltiples ramificaciones que la idea de una sociedad o mundo ideal proyecta en el espíritu de los hombres, ya que lo que llamamos "discurso utópico" responde a un tipo formal universal de discurso, más propio (aunque no exclusivo) del *fantasy*. Es decir, todo aquello que implica *un mundo otro*, habitado no por los hombres, sino por *la narración de sus posibilidades en el tiempo*.

En consecuencia, estaríamos en condiciones de aplicar un mismo instrumento básico de análisis para textos tan diversos entre sí como las ciudades fantásticas descriptas por utopistas clásicos como Moro, Charles Fourier o Campanella, o como, desde una concepción más heterodoxa y original, *la novela hitleriana* de Norman Spinrad, con su multiplicidad de construcciones utópicas y distópicas superpuestas en una singular ucronía, o el nazismo triunfante de Philip Dick (una pavorosa *discronía*, una *ucronía distópica*) o el ejercicio histórico-ficcional que devela el pensamiento nazi y antisemita larvado dentro de los propios EE.UU., según Philip Roth. Tres posibilidades del hombre que, en rigor, encierran tres formas de su libertad, su indigencia y su identidad: la *palabra creadora* como forma de *acceso a una visión* que nos muestre un camino hacia la superación de los siempre vitales *conflictos de la historia*. Este encuentro solo se da en la ficción cuando es usada como instrumento de la verdad, aunque más no sea de lo que un individuo en particular considera *su verdad*.

Esta lectura nos acerca a una concepción de por sí compleja y abierta de lo utópico, en general, y de la ucronía, en particular, ya que los consideraremos no como textos, sino como un sistema de expresiones de ideas utópicas, fundamental pero no excluyentemente ficcionales, y a sus relaciones transformadoras con la historia y la política, como el producto de la dinámica del propio sistema abierto que ellas conforman. Este planteo implica necesariamente un trabajo interdisciplinario, ya que debemos incorporar áreas de las ciencias sociales aparentemente disímiles entre sí como la literatura, la historia, la sociología y la política, cada una de ellas caracterizada por un marco epistemológico específico. Como en todo sistema abierto, lo esencial es la convergencia de todos sus elementos.

Por tanto, en primer lugar, planteamos que el carácter utópico, distópico o ucrónico de un texto deviene esencialmente de las condiciones de su recepción, dado su carácter histórico. Esta recepción debe pensarse como una construcción dinámica de mundos dentro de un universo sobre la cual gravita la misma concepción de la realidad. En rigor, una concepción específica sobre la utopía o el mismo carácter utópico de un texto conlleva diferentes formas de pensar la realidad. La recepción de ese texto tiene la capacidad de alterar, de transformar mediante una acción, nuestra concepción de la historia.

En segundo lugar, proponemos que el concepto mismo de lo utópico encierra un origen metafísico y que el así llamado *género de la utopía* responde a la necesidad histórica y existencial de establecer una suerte de predicción o incluso de conferirle un sentido a la historia ante la ausencia de una metafísica que dé proyección y que actúe como *telos* o destino último de todo proceso de construcción de mundos, y que se transforme, así, en horizonte de lo real o, al menos, de lo posible.

Finalmente, en tercer término, consideramos que tanto la distopía como la ucronía constituyen formas últimas del desarrollo de la utopía en la modernidad tardía, que, luego, se propagaron de manera fragmentaria y altamente compleja en la posmodernidad. Y, como tales, pueden aplicarse al estudio de las distintas posibilidades no realizadas de la historia, que nos ayudarían a explicar la forma en que, en cuanto relato, sí se ha realizado, y cuánto de lo no sucedido *existe* o *pervive* oculto detrás de este relato.

Hay un sinnúmero de obras con estas características, pero, dentro de ese amplio y heterogéneo universo, podríamos detectar tres modelos de esta variante específicamente histórica de la utopía a partir de tres novelas que consideramos paradigmáticas de la ucronía:

- *The Iron Dream* (*El sueño de hierro*), de Norman Spinrad (1972);
- *The Plot Against America* (*La conjura contra América*), de Philip Roth (2004);
- *The Man in the High Castle* (*El hombre en el castillo*), de Philip K. Dick (1962).

En *The Iron Dream*, la ucronía adopta lo que podríamos llamar *la base mítica* del nazismo, sus fundamentos simbólicos, como eje de articulación entre la historia, la ficción y los distintos presentes implicados (básica, pero no exclusivamente, el de la enunciación y el del enunciado). *The Plot Against America*, por el contrario, refleja muy poco de ese universo simbólico y se concentra, fundamentalmente, en el universo del ciudadano común y, en particular, del estadounidense de origen judío, articulando la ucronía a partir de distintas lecturas de la historia y de cómo estas lecturas han contribuido a construir la autobiografía del narrador, en especial, focalizado en la figura de un niño. *The Man in the High Castle*, en cambio, establece una curiosa e inquietante focalización metafísica: el estatus de la realidad es lo que aparece impugnado en la novela y el nazismo es descripto como una suerte de "mal elemental" que impregna y codifica esa realidad.

De este modo, a través del género de la ucronía, adquirimos tres horizontes de posibilidades del nazismo: lo mítico, lo histórico y lo metafísico; y el ordenamiento que hemos dado al análisis de las obras que conforman el *corpus* sigue esta pauta, no cronológica, sino interna y progresiva. Interdependientes entre sí, no obstante, cada novela privilegiará uno de estos horizontes de posibilidades en particular, por lo que el desarrollo de nuestro análisis buscará mostrar el modo en que cada una despliega su mundo ficcional y la forma en que el horizonte de ese mundo se articula con cada obra tratada. Horizonte que revela la singular intemperie en la que aún vivimos.

La arquitectura del tiempo

La historia se despliega en el tiempo. Y el tiempo pasa... ¿Es lícito preguntarse a qué velocidad? ¿Y hacia dónde? El sentido de la historia (y de lo que podríamos llamar el "tiempo lineal") parecería no existir sin un horizonte final. Esto es, darle un *sentido, trazar una ruta hipotética, construir un polo que actúe atrayendo el sentido de los acontecimientos.* Dicha finalidad no es más que la síntesis de una dialéctica Caos-Orden, cuyo otro aspecto es la ambivalencia Historia-Eternidad.

Pero debemos distinguir ante todo el fin en el sentido de finalidad, del fin en cuanto a extremo, límite último del tiempo. La simple idea de que el mundo actual, el fáctico, tenga un final implica construir un "mundo posible", un "cómo" de ese final. Este final, en la medida en que coincida con un *telos* o finalidad específica, puede dar sentido a la historia que atravesamos, a ese mundo que se está construyendo y que aún no ha llegado al extremo fatal de su existencia. Según Malcolm Bull: "Es posible crear una tipología formal de las filosofías de la historia determinando si son teleológicas o escatológicas y, en caso de que sean ambas cosas, si coinciden el *telos* y el término" (Bull, 1998, p. 13).

El mismo autor articula sociológicamente ambas ideas de *telos* y extinción, conformando una múltiple y complementaria concepción del tiempo y de la finalidad del mundo. De esta articulación, surgen cuatro categorías de pensamiento: el religioso elevado, el secular elevado, el religioso popular y el secular popular (Bull, 1998, p. 13). Cada una de estas concepciones podría asociarse perfectamente con una idea utópica de "tiempo o país ideal" (orden), posterior o "revelación" de una distopía anterior (Caos). La diferencia básica reside en qué conjunto de individuos implica y en qué escala espaciotemporal se despliega:

- Religioso popular: el premio y el castigo por las acciones cometidas, la idea de pecado y redención; la preocupación por el destino después de la muerte; el *Milenarismo* en su forma más primaria (advertencias sobre el fin del mundo, por ejemplo, acompañadas de una vida "superior" en donde no le faltará nada al hombre) suelen vincularse con esta visión, que hoy en día tiene como sus mejores exponentes a los llamados "pastores mediáticos".
- Secular popular: la *Abundantia*, el país de Jauja o La Cucaña, esencialmente, la satisfacción de las necesidades materiales.

- Religioso elevado: la Revelación y el camino del hombre como parte de un proyecto que lo trasciende; el *Milenarismo* en sus formas más complejas, en cuanto asume la *Historia* como parte de un proyecto que la supera, integrándola. Para un creyente de la época del *Apocalipsis de Daniel* (texto judío del S. VIII), del *Apocalipsis de Pedro* (apócrifo del S. II) o del mucho más conocido *Apocalipsis* de San Juan (S.I), el sentido se encuentra precisamente *detrás* de la catástrofe.
- Secular elevado: la *Historia* y su aspecto práctico, la *Política*, representadas en la dualidad complementaria Utopía-Ideología; esto es, la humanidad pensada en su conjunto, con un *telos* no solo material, sino intelectual (el conocimiento, el dominio sobre la materia, etc.).

En rigor, para una visión religioso-profética de la historia, no es imprescindible que el mundo tenga un *telos* determinado, o al menos, que ese *telos* sea conocido por el hombre. Tanto en uno como en otro caso, está presente y actuando, atrayendo la historia humana desde otro plano de existencia. No ocurre lo mismo con las teorías no religiosas, seculares, que pueden prescindir perfectamente de la idea apocalíptica, pero requieren de un *telos* específico (Bull, 1998, p. 14).

Observemos que esta "construcción ideológica" determina la finalidad, pero no el final, la concreción efectiva de dicha finalidad buscada. Esto llevó a que los pensadores seculares se focalizaran en un nuevo concepto de "futuro" que implicaba una preocupación por el desarrollo y el sentido de la historia, pero descartando la idea de su fin. Estos conceptos de final y de finalidad hacen a la esencia de lo religioso elevado y de lo secular elevado, ya que comparten una idea o principio básico: el final concreto o la finalidad específica de la historia del hombre se alcanzará dentro de un tiempo incalculable, determinado por Dios (en un caso) o por la misma dinámica de la historia (en el otro). En todo caso, nunca es inminente. La indeterminación humana del final o de la finalidad de la historia humana funciona como una suerte de *vector* que permite ver el momento presente (o el próximo cercano) como un eslabón o escala intermedia y necesaria hacia ese destino que, en ambos casos, admite el adjetivo "utópico" a través de un presente "distópico". No obstante, la visión religiosa elevada se aproximaría a la de "milenarismo", es decir, mesianismo, mientras que solo la secular implicaría la idea de una "utopía" en sentido estricto. Sin embargo, el mesianismo y la utopía muchas veces concluirán fundiéndose entre sí, o bien la utopía se desintegrará por "cansancio histórico", al permanecer siempre allá lejos del presente. En uno y otro caso, por imposición totalitaria o por agotamiento, la utopía devendrá distopía y terminará por asimilarse con el tiempo que la creó. En otras palabras, el Orden concluirá confundiéndose con el Caos.

Si el destino final es incierto o fatal, signado por el Caos y el vacío que dejó una finalidad ya incomprensible, y la velocidad de nuestro viaje se acelera sin cesar, surge un nuevo interrogante. ¿Sobre qué dimensión puede medirse ese "movimiento inmóvil" que implica el tiempo? No hay instrumento que pueda hacerlo. El reloj, la máquina que definió la

Modernidad y la Revolución Industrial,[5] auténtico talismán del progreso, no hace más que simplificar el concepto al trazar una analogía con el espacio, ya sea en un cuadrante dividido en doce partes (el cosmos en la palma de la mano), ya en una serie numérica destinada a repetirse y que imita a una curva que se cierra sobre ella misma.

Este tiempo denunciado por Henri Bergson es el que impide que veamos su verdadero paisaje, en donde coexisten el pasado como memoria y el futuro como imaginación (poblado de destinos inciertos), unidos en un presente puntual que, mientras transcurre, huye de lo posible para convertirse en recuerdo. La tentación de viajar por este paisaje tan singular y buscar su horizonte final puede volverse (casi) irresistible, en especial cuando el presente aparece jaqueado por una crisis. Sin embargo, subyace un problema central: ¿el viaje debe ser a través del tiempo o a través de la historia?

El mecanismo fluido del tiempo se asemeja a una gotera sobre la piedra, a la que va erosionando sin pausa, como si el futuro fuera una masa que atravesar y el pasado, arcilla destinada a dispersarse. La historia, en cambio, implica construir un cántaro con esa arcilla para que allí conservemos la idea de futuro. Lo posible y la memoria no dependen, entonces, de la greda ni del fuego, sino de su forma. No hay un límite concreto para la cantidad de sus formas posibles. Lo importante es que sea capaz de contener. Así, todo viaje en el tiempo, desde el del hombre que ve pasar la vida desde una ventana o el historiador que encuentra un documento para verificar la fecha de un acontecimiento, hasta el del héroe de H.G. Wells en su máquina o un personaje histórico que revive en una ucronía, opera con la misma materia. Solo cambian las manos que le dan una forma.

La fantasía del viaje en el tiempo es un subproducto de la Modernidad, un imaginario específico que nace de la encrucijada entre el fin del modelo lineal y estable de la física de Newton y el nacimiento de la teoría de la relatividad y de la mecánica cuántica en las primeras décadas del siglo XX. Este cambio de paradigmas no es solo científico, sino esencialmente filosófico y, en especial, literario. En efecto, el viaje es la antítesis de lo inmutable y, así como el espacio se transforma mientras es atravesado (es decir, mientras es vivido), el tiempo, si efectivamente puede ser recorrido por viajeros, puede mostrar paisajes cambiantes y contradictorios que el simple devenir no revela.

Estos aspectos se observan en la literatura, a la que muchas veces la filosofía y la misma física recurren para explicar o, incluso, comprender sus propias teorías. No debemos limitarnos solo a la especulación científica, ya que no es menor el impacto de este tipo de narraciones en la filosofía de corte más social o político. El viaje en el tiempo, muy popular en la

---

5. Lewis Mumford, autor de interesantes textos sobre la utopía, le otorga al reloj esta importancia (2009, pp. 26-35). Considero la idea de Mumford reveladora. No es la producción industrial lo que define la Modernidad, sino la construcción del futuro con la medida del presente. Este proceso profano requiere arrebatarle el tiempo a lo sagrado. El reloj es un talismán profano.

ciencia ficción occidental (H.G. Wells, Robert Heinlein, Ray Bradbury, H.P. Lovecraft, incluso Jorge Luis Borges, por no citar la infinidad de obras cinematográficas y de la novela gráfica e infanto-juvenil que lo toman como tema), es prácticamente inexistente en la literatura soviética, que, en compensación, es muy rica en viajes espaciales. En esta distinción subyace un problema en esencia político: el materialismo dialéctico marxista es, en términos de la física, profundamente newtoniano: en él, el tiempo es inalterable y, en cierto modo, dominado y encapsulado por la historia. Existen pocas excepciones a este "silencio soviético" sobre el tiempo, que, en general, recurren no a un "viaje" estrictamente hablando, sino a una "suspensión del presente", por hibernación u otros procedimientos. En esa línea, acaso el texto más paradigmático sea el del escritor ucraniano Vladimir Savchenko, quien publica, en 1956, el relato "El despertar del profesor Bern", en el cual un científico decide hibernar durante varias generaciones y, al despertar, inevitablemente encuentra un mundo que ha hecho realidad la utopía socialista. Sin embargo, el mismo autor publicará, en 1986 (es decir, en pleno "deshielo cultural" de la era Gorbachov), el relato "Fantasma del tiempo", en el que desarrolla el tema del viaje temporal.

Las razones de esta incomodidad que algunas ideologías pueden tener con esta temática resultan muy reveladoras, puesto que enfrenta a sus receptores con paradojas o, al menos, con una visión alternativa de la propia época. Esta, a veces, implica incluso una paradoja identitaria, que, a menudo, puede resultar políticamente molesta. Por tanto, podríamos plantearnos que, así como la literatura de viajes propone una peripecia metafísica a partir del encuentro con la otredad, la esencia del viaje temporal es "obtener una paradoja" que pone en entredicho no solo la concepción de la realidad, sino la misma identidad del viajero, no para enriquecerlo, mas para fragmentarlo (aunque bien podría resultar de esta fragmentación una identidad recuperada). El modo en que esa paradoja es construida nos permitiría distinguir diferentes tipos de viaje, en los que indagaremos a partir de otros tantos relatos.

Conceptos básicos del viaje temporal

Así como un viaje ordinario implica un mínimo conocimiento de la geografía del lugar por atravesar (desiertos, montañas, lagos), de las vías de comunicación (ferrocarriles, carreteras, hoteles, aeropuertos, etc.) y una espacialización efectivamente antibergsoniana del tiempo (tabla de horarios de trenes, combinaciones, carreteras perfectamente numeradas y medidas en su extensión, mapas, etc.), internarnos en el viaje temporal implica que debemos hacerlo imaginando un cosmos específico que requiere de una dimensión adicional, de modo de poder visualizar el tiempo en lugar de solo experimentarlo. Esto implica, de hecho, que, *a priori*, las herramientas narrativas comunes podrían resultar insuficientes.

Una primera distinción, tan necesaria como inevitable, si pretendemos viajar sin sobresaltos, es la que puede establecerse entre universo dinámico y universo estático; o bien, básicamente, entre las concepciones de Heráclito y Parménides (Torrengo, 2011, p. 5). El universo dinámico se caracteriza por ser abierto, complejo, indeterminado, siempre cambiante. Nuestra percepción del tiempo en él equivale a poseer un "sismógrafo" del tiempo, un instrumento que pueda dar cuenta de los cambios en su fisonomía y, por tanto, capaz de captarlo como algo que está actuando sobre el cosmos, transformándolo. El universo estático, por el contrario, es cerrado, simple, determinado. Lo percibimos como una cartografía del tiempo, como algo que describe la superficie invariable del cosmos. Nuestra intuición hace que pensemos el tiempo desde una cosmovisión más bien estática, como una sucesión, un fluir constante y regular en la misma dirección y en el mismo sentido, siguiendo un "mapa". Este "preconcepto", presente en la recepción de todo texto sobre el viaje en el tiempo o incluso de la ucronía, constituye, en definitiva, la "causa" de las paradojas del tiempo. En efecto, si viéramos al tiempo como un "volumen" dentro del cual existen deslizamientos y sismos, sobre el que podemos trazar rutas en cualquier dirección, no tendríamos la misma percepción "paradojal" propia de la recepción de este singular tipo de viaje.[6]

Precisamente por esta ambivalencia de visiones estática y dinámica, una primera distinción para evitar algunas paradojas del viaje temporal es la del tiempo "personal" del viajero y la del tiempo "público" de aquellos que permanecen en el presente (donde se inició el viaje). Y, agregaríamos, también al "otro público", aquel que ve llegar al viajero, en donde concluye el viaje (Torrengo, 2011, p. vii). En efecto, para el viajero del tiempo, él y su máquina se trasladarían "físicamente" de un tiempo a otro, como quien cambia de escenario; pero, para sus contemporáneos, él literalmente "desaparece", deja de existir, mientras que, para los espectadores del tiempo de destino, el viajero "surge de la nada". En ambos casos, el viaje en el tiempo convierte al hombre en un fantasma. Este efecto no es solo en cuanto a la recepción. En rigor, nos cuestiona el ser. O, más precisamente, el *Dasein*. Ante este tipo de viaje, ¿qué significaría el "ser ahí"?

Puede ayudarnos a comprender este dilema la propuesta del filósofo italiano Giuliano Torrengo, quien describe dos tipos de determinación temporal: las tensionales y las atensionales (Torrengo, 2011, p. 6). Las atensionales implican una suerte de referencia "relativa" a partir de un punto de referencia, también él, cambiante: nuestros adverbios de tiempo constituyen la forma lingüística de esta (in)determinación temporal, fijada a partir de un deíctico que se encuentra en el propio enunciador: *hoy, ahora, mañana, ayer, en este momento*. Las tensionales, en cambio, proponen efectivamente que los acontecimientos en el tiempo conforman una suerte de *tensó* entre sí. Esta tensión puede ser a nivel

---

6. Mataix Loma hace una breve reseña de las paradojas vinculadas con el viaje temporal (Mataix-Loma, 1999, pp. 177-187).

de causa-efecto o anterioridad-posterioridad (las guerras napoleónicas sucedieron después "y a causa" de la revolución francesa), con lo cual conforma un nodo en el tiempo y en la historia independientemente de la posición del observador. O bien una referencia "aparentemente absoluta" a partir de un sistema tomado como patrón (la independencia argentina fue el martes 9 de julio de 1816 en el calendario gregoriano, pero sucedió el martes 13 Cha'bân de 1231 en el calendario islámico).

Esta distinción entre tensional y atensional, según Torrengo, tiene su correlato con la que hemos expuesto antes, filosóficamente aún más compleja: la estática y la dinámica (2011, pp. 6-8). La visión dinámica (de evidente inspiración heracletiana) implica que somos una especie de "espectadores del tiempo" que fluye continuamente a nuestro alrededor. La "teoría A del tiempo", derivada de esta visión dinámica, sostiene que las relaciones tensionales determinan los eventos independientemente de nuestro modo de representación (Wahlberg, 2013). El punto de vista estático (Parménides) sostiene por el contrario que la realidad carece de aspectos tensionales, puesto que nuestra experiencia ordinaria sugeriría lo contrario. Los eventos no pertenecen al pasado o al presente de modo "independiente" de nuestra posición dentro del orden temporal. La así llamada "teoría B del tiempo" es un caso particular de teoría estática, que considera el pasado y el presente como perspectivas de nuestro modo de representar la realidad, sobre la que podríamos operar con prolepsis, elisiones, amplificaciones, analepsis, transformando el tiempo en *durée*. Desde un punto de vista narratológico, dependerían de una focalización y, con cierta laxitud, podríamos decir que también de una particular "narrativización" que podemos hacer de ella. No obstante, esta lógica no niega la realidad de un orden y una dirección temporal. Una forma más radical de teoría estática, el "idealismo del tiempo", plantea que incluso el orden y la dirección temporal, desde una perspectiva atensional, no pueden ser atribuidas a la realidad sin una actividad ordenadora de la mente. Esta idea es central en pensadores como Immanuel Kant, John McTaggart y Kurt Gödel (Torrengo, 2011, pp. 13-20).

Las visiones estática y dinámica implican diferentes formas del viaje en el tiempo, pero, según Torrengo (2011), la comparación entre ambas perspectivas parecería sugerir que los viajes en el tiempo se limitarían precisamente a una forma débil de la teoría estática, a la teoría B del tiempo. Es un interrogante abierto, pero, no obstante, podemos en efecto pensar narrativamente la teoría B, cosa que nos resulta más compleja desde las otras teorías. Es decir, una narrativa requiere de un plano de significación "constante" desde el cual "enunciar" esa narrativa. La teoría B, estática, habilita pensar desde esta lógica. Pero estos planos, ¿de qué naturaleza son? ¿Es el tiempo algo efectivamente uniforme? Parece que no y existen distintas teorías al respecto.

En este sentido, Torrengo (2011) y Wahlberg (2013), desde la filosofía y desde la física, proponen diferentes modos de comprender la elusiva esencia del flujo temporal:

- El *presentismo*, por ejemplo, sostiene que solo los objetos y eventos presentes existen (del mismo modo que la literatura solo existe en tiempo presente, es el texto lo que está en el pasado y, teóricamente, continuará en el futuro). La realidad es una *summa* de acontecimientos presentes. El influjo heracletiano sobre esta teoría es notorio. Desde esta focalización, el viaje en el tiempo es un recorrer "presentes", senderos que unen instantes (e interconectan la/s realidad/es), como una suerte de sucesión de elipsis y amplificaciones.
- El *incrementismo* incluye el pasado como parte de la realidad, un pasado (y una realidad) que se incrementan sin cesar. El viaje en el tiempo implicaría un recorrido a través de ese pasado desde "un presente". El vivir sería un proceso de "acumulación" de tiempo, una serie indefinida de analepsis, de recuerdos, de *flashbacks*.
- El *erosionismo*, por el contrario, sostiene que solo el futuro y el presente existen, y la vida no sería otra cosa que una "erosión" sobre ese futuro, cuya realidad contendría todas las posibilidades del tiempo. La realidad "se consume" en lugar de ser acumulada. Por tanto, vivir no sería otra cosa que un proceso de "descapitalización" de la vida.
- La teoría del "*presente reflector*" (*spotlight*) implica que el movimiento del tiempo constituye una suerte de corrimiento de la propiedad del "ser presente" de un instante al otro, como un reflector en movimiento que ilumina sucesivamente escenas diferentes.
- El *presentismo gradual* considera a los tres "tiempos" como reales, pero al presente, con un cierto grado superior de existencia, como aquel que es experimentable "en acto".
- Por último, el *futurismo* implicaría infinitas encrucijadas que permitirían determinar algunos de los caminos posibles de recorrer desde el presente hacia el futuro. Es un progresivo proceso de determinación que erosiona sin cesar la masa de las posibilidades y de la "fuga" de lo real hacia el pasado (y la memoria).

De esto surge la siguiente pregunta: ¿es la imaginación una dimensión externa (y superior) al tiempo? ¿O es una mera facultad de la psique, que nos permite "jugar" con la memoria, descomponiéndola, proyectándola y rearmándola? Imposible desarrollar estas preguntas aquí (ya no resolverlas, puesto que las consideramos irresolubles), pero podemos trazar líneas para pensar el problema. Y conjeturar que la imaginación hace que el presente no sea inmutable, sino siempre "promesa" de posibilidad. Al constituirse como "potencia del pensamiento", la imaginación "construye" el tiempo futuro y el pasado, ensamblándolos como en una moviola o, para emplear una metáfora más propia de nuestra época, como en una consola de efectos especiales. Esto nos lleva a una idea sumamente interesante: la literatura es, de por sí, una forma del "viaje en el tiempo", por lo que pensar este tipo de viajes desde la literatura implicaría una curiosa potenciación del efecto que estos provocan: el viajero en sí y su narración como una doble y solidaria experiencia de viaje.

Una taxonomía de los viajes en el tiempo

Podríamos aplicar a los viajes en el tiempo la misma taxonomía de la literatura de viajes, con sus referencias al partir, el *viaticum*, el *nostos* o regreso y la experiencia existencial vinculada con la propia narración del viaje.[7] No obstante, en este tan particular modo de trasladarse, surgen paradojas que lo vuelven tan complejo de narrar como interesante para ser narrado. Entre las más famosas, encontramos la paradoja del abuelo y la del lingote de plata. En la primera, un nieto viaja al pasado y, ansioso por suicidarse, asesina a su futuro abuelo. ¿Existiría él entonces? La segunda, la paradoja del lingote de plata, *a priori*, sin duda seduciría a muchos. Supongamos que tengo un lingote de plata, que deposito en un banco a un año de plazo. Luego, me introduzco en la máquina del tiempo y viajo hacia mi futuro 365 días. Retiro del banco el lingote y me lo llevo al presente. Repito la operación con el día 364, luego con el 363 y con todos los días hábiles de ese año de plazo en que deposité el lingote. Al terminar, tendría aproximadamente 200 lingotes de plata. Pero ¿es esto posible? ¿Puede el Ser desprenderse de su condición temporal? En otros términos, ¿puede el *Dasein* desprenderse del *Zeit*, existir y ser? ¿O bien, cuando extraemos o suprimimos un ente en el tiempo, estamos violando la condición básica de la existencia? Si así fuera, el nieto no podría matar a su abuelo y los lingotes de plata no podrían coexistir. Si esto se intentara, como en efecto ocurre en la literatura, se generarían curiosos efectos que implicarían un tipo de extrañamiento muy particular, que solo el viaje en el tiempo puede aportar con cierta lógica narrativa. Acaso la más inquietante de estas paradojas es, ni más ni menos, el encuentro consigo mismo, que las primeras narraciones de este tipo eludían escrupulosamente.

De hecho, podríamos establecer diferentes categorías del viaje en el tiempo en función de cómo se construyen las posibles paradojas que entrañaría:

-   El viaje "lineal", que implica concebir el tiempo de manera similar a una categoría espacial y, por tanto, el viajero puede "transportarse" por él mediante algún artilugio, tal como un automóvil o un avión nos transportan por el espacio. Es el caso de la célebre novela de Wells, *The Time Machine* (1895), y de la inmensa mayoría de los clásicos del género (el cuento "The Sound of the Thunder", de

---

7.   Efectivamente, las distintas etimologías de los términos aplicables a "viaje" (*tripalium, viaticum, tornus, nostos, pars, sáfara*) refieren, en última instancia, a la experiencia existencial de abrirse a un mundo nuevo a partir de un "trabajo" o vivencia dolorosa o, al menos, difícil. Los viajes de Odiseo, Eneas y Dante constituyen los mejores ejemplos posibles de cómo el viaje no solo transforma, sino que "hace", le da forma, al héroe. Para ampliar, sugiero consultar nuestra síntesis al respecto, en la cual hemos relacionado el viaje con la utopía en cuanto "narrativas complementarias" (Del Percio, 2015, pp. 70-78).

Ray Bradbury, o la novela *The End of Eternity*, de Isaac Asimov).[8] La paradoja, aquí, se produce al expresar narrativamente en qué medida el tiempo puede ser alterado y generar un efecto en "cascada" o "efecto mariposa" que altere el presente (como en el caso de "la paradoja del abuelo"). Es evidente que esta concepción responde a la teoría B del tiempo, ya que el viaje posee una lógica lineal.

- El viaje "mental", en el cual es la "consciencia" o la "psique" la que se desplaza, ya sea al pasado o al futuro. Este tipo de viaje establece un vínculo muy permeable entre ciencia ficción, teosofía y esoterismo. Si bien no abundan los ejemplos de este tipo, probablemente su paradigma sea el relato "The Shadow out of Time" (conocido en español como "En la noche de los tiempos"), de H.P. Lovecraft (1936). El tema del "doble" adquiere aquí aspectos no solo siniestros, sino terroríficos. Quizás podríamos considerar aquí también el relato de Jorge Luis Borges "Utopía de un hombre que está cansado" (1975), aun cuando el tema del viaje temporal en sí es secundario. También aquí podemos pensar en términos de teoría B del tiempo.

- La "bifurcación temporal", que implica un concepto de futuro en el cual conviven todas las combinaciones posibles del devenir (más vinculado con la teoría A). Es una elección o acción que el personaje realiza la que determina cuál de esos "futuros posibles" será efectivamente realizado. En este caso, la *tensó* propia de las determinaciones tensionales se resignifica a partir de la famosa pregunta "*as...if*", ¿qué hubiera pasado si...? El punto en donde el tiempo se bifurca hacia distintos mundos paralelos suele ser denominado "punto Jonbar", nombre tomado de un futuro posible y utópico descripto en una novela de 1938 de Jack Williamson, *The Legion of Time*. En ella, el personaje se encuentra, precisamente, frente a dos futuros alternativos y debe elegir. Como dato adicional (y simbólico), cada uno de estos futuros posibles (*Jonbar*, el mundo utópico, y *Gyronch*, el distópico) "envía" una mujer para intentar influir en la decisión: Lethonee, bella, celta y benigna, y Sorayina, cuyo nombre remite a un imaginario oriental, sensual y tenebrosa. La simplicidad, tanto moral como argumental, de esta novela por entregas (editada por la editorial Astounding a lo largo de 1938, por lo que incluso la fecha nos puede hacer reflexionar sobre el particular clima preguerra que se vivía) no nos debe engañar: formalmente, aun sin ser una ucronía propiamente dicha, posee una singular síntesis de toda nuestra pro-

---

8. Al respecto, quizás no exista mejor ejemplo que el relato breve de Robert Heinlein, "All you, zombies!" ("Todos ustedes, ¡zombies!"), en el cual el personaje deviene su propio abuelo (una singular variante de la paradoja del abuelo). Heinlein es más popular por la versión cinematográfica de su novela *Starship Troopers*, conocida en español como *Invasión*. Si bien el autor jamás lo comentó, parece que fue inspirada por la célebre historieta de Héctor Oesterheld y Solano López, *El Eternauta*. Un indicio indirecto de este origen sería el hecho de que, en la novela de Heinlein, la primera ciudad atacada por los alienígenas es Buenos Aires y porteños son, además, todos sus protagonistas. Dicho sea de paso, en este futuro, la Tierra está gobernada por un sistema fascista.

blemática: un punto de bifurcación de la historia ya hacia la utopía, ya hacia la distopía, y un principio de "atracción" (alegorizado de manera un tanto simplista por estas dos mujeres, la angélica y la *vamp*). Ellas constituyen los "atractores" de la historia y determinan una *tensó* entre dos futuros posibles.

- Ligeramente emparentada, como un subtipo de esta modalidad, es la ucronía o historial alternativa, como la que encontramos en *The Man in the High Castle*, de Philip Dick. La diferencia, no obstante, es epistemológica: la base de la ucronía es la bifurcación de la historia, no del tiempo.[9]

- Una singular combinación de los anteriores es la que se observa en la novela de Kurt Vonnegut, *Slaughterhouse Five* (*Matadero cinco*), de 1969. En efecto, en ella no existe el viaje, sino la percepción simultánea de todo el tiempo que poseen unos curiosos seres extraterrestres, provenientes del imaginario planeta Tralfamadore. El nombre del personaje, secuestrado por los alienígenas, es significativamente "Billy Pilgrim", sobreviviente del feroz bombardeo de Dresde en 1945. En este caso, el bizarro viaje en el tiempo planteado por la novela no es más que un mecanismo novedoso de extrañamiento para lograr un relato de catástrofe histórica sobre uno de los mayores crímenes de guerra que cometieron los aliados durante la Segunda Guerra Mundial.[10]

Sobre la ucronía y sus ricos vasos comunicantes con la historia hablaremos *in extenso* en los siguientes capítulos. Y, como ya comentamos, su raíz es esencialmente epistemológica antes que fantástica. El viaje en el tiempo, en cambio, se despliega en los tres subtipos restantes desde la lógica del *fantasy* y, en particular, de la ciencia ficción. Analizaremos tres casos representativos de cada uno de ellos.

Hegel y Wells

Wells, autor profundamente socialista (ideología política que manifiesta incluso en textos más cercanos a la fábula, como el relato "Esta calamidad de los zapatos"), plantea su viaje en el tiempo como una forma de exponer la realización monstruosa de la dialéctica hegeliana

---

9.   En la página de internet http://www.uchronia.net/, puede consultarse una lista (aparentemente interminable) de obras ucrónicas o pseudoucrónicas.

10.   En rigor, se plantea aquí la teoría del multiverso o múltiples mundos que se abren en cada bifurcación (teoría de los mundos posibles). Esto es efectivamente así en el plano de lo imaginario, pero, para poder recorrerlos en la realidad, debería ser posible una dimensión extra con respecto al tiempo. Esto es similar a lo que ocurre en nuestra realidad: el movimiento en el espacio es SIEMPRE en el tiempo (y el universo se encuentra SIEMPRE en movimiento, aunque nosotros individualmente permanezcamos inmóviles). Es decir, "avanzamos" por el sendero del tiempo para acceder al espacio. Pero al tiempo no podemos acceder: simplemente somos llevados por él.

del amo y del siervo, en un futuro a más de 800.000 años de distancia.[11] Así como en la dialéctica concebida por Hegel y retomada, luego, por el marxismo, la lucha mortal entre el amo y el siervo concluiría con el triunfo del siervo (situación que Hegel, más que imaginar o deducir, leyó efectivamente en las crónicas de la Revolución en Haití, en donde los exesclavos derrotaron al imperio napoleónico), el desarrollo de la Revolución Industrial deviene en un macabro predominio de los exsiervos (ahora llamados Morlocks) sobre los examos (los Elois), que les sirven de alimento, como simple ganado. Wells evita cuidadosamente las paradojas del encuentro consigo mismo, eludiendo el viaje al pasado, salvo como regreso —que, prudentemente, concluye unos días antes (es decir, cronológicamente posteriores) de su partida—. La visión de Wells es profundamente pesimista. Cuando ya ha huido del atroz mundo de los Morlocks y los Elois, llega, millones de años en el futuro, al fin de la vida en la Tierra, en donde solo unos seres amorfos habitan las playas y el sol, ya casi convertido en una estrella gigante roja, ocupa casi todo el cielo.[12]

Este uso al estilo "fábula" de la ciencia ficción será retomado por algunas versiones cinematográficas de la novela. En la que realiza George Pal (quien fue productor de otra famosa transposición de una novela de Wells, *La guerra de los mundos*) en 1960, el conflicto ya no resulta de la lucha de clases, sino de una guerra nuclear. Y en la que realiza, en 2002, Simon Wells, descendiente del escritor, la causa de la catástrofe es un daño irreversible en la ecología. Estas dos significativas adaptaciones del uso del viaje en el tiempo de Wells a los problemas y temas propios de cada contexto son claramente "optimistas".

Ricoeur y Lovecraft

En un singular pasaje de *Sí mismo como otro*, Paul Ricoeur, luego de describir la diferencia entre mismidad e identidad, sostiene que el problema de la identidad absoluta es específico de la ciencia ficción: "las variaciones imaginativas de la ciencia ficción son variaciones relativas a la mismidad, mientras que las de la ficción literaria son relativas a

---

11. El origen de la dialéctica hegeliana del amo y del siervo no podría ser más curiosa. Según Susan Buck-Morss (2005), Hegel concibió su dialéctica a partir de la lectura de los artículos sobre la revolución en Haití (isla de Santo Domingo), que, a principios del siglo XIX, publicaba la revista *Minerva*, editada por el pensador (y miembro de la masonería) Johann Wilhelm von Archenholz. Apenas dos años después de haber sido fundada, en 1794, *Minerva* tenía la reputación de ser el mejor periódico político europeo y, en 1798, alcanza una edición de 3000 ejemplares por número, una tirada absolutamente respetable incluso para una revista política actual. Entre sus lectores, podemos encontrar al Kaiser Federico Guillermo III de Prusia, a los escritores Goethe y Schiller (quien fue amigo personal de Archenholz), el poeta Klopstock, Schelling y Lafayette. Y, sobre todo, el mismo Georg Wilhelm Friedrich Hegel.

12. Dice al respecto el propio Wells en un prólogo que escribió para una edición posterior: "mi exposición adopta la trayectoria de paradoja característica de una ficción imaginaria, por el estilo de las de Stevenson y de la primera etapa de Kipling, durante la cual fue escrita" (Wells, 2016).

la ipseidad, o más exactamente a la ipseidad en su relación dialéctica con la mismidad" (2011, p. 150). En efecto, uno de los correlatos más inquietantes del viaje en el tiempo es que prácticamente aniquila el concepto de dialéctica. Traducido al modelo del *fantasy*, implicaría que el tema del doble absolutamente facsimilar es propio de esta singular rama de la ficción literaria. Pero dejando de lado lo que probablemente tenía Ricoeur en mente al escribir esta idea (y que no aclara), la clonación, la teletransportación y el encuentro consigo mismo "en otro tiempo", podemos reencontrar este planteo en un tipo específico de viaje temporal: el del viaje de la psique. Modelo de este problema de identidad es el relato de H.P. Lovecraft "En la noche de los tiempos" ("The Shadow out of Time", título más sugerente). En este texto, es la conciencia de los personajes, y no sus cuerpos, la que viaja: para reconstruir una historia imposible de contar en un primer caso; para escribir la historia de "otro tiempo" en el segundo.

"The Shadow out of Time" es un relato fantástico y terrorífico, en el cual seres inimaginables para nosotros y extintos eones atrás realizan un viaje mental al presente (principios del siglo XX) para "aprender de un futuro que no los contiene" y, a su vez, la mente de un hombre del siglo XX es transportada simétricamente a un pasado abisal para que narre la historia de una época que "aún no ocurrió". El sentido del texto se vuelve progresivamente no solo terrorífico, sino en esencia un planteo ontológico y hermenéutico, por cuanto el extrañamiento que sufre el personaje es atroz, porque involucra su cuerpo y su conciencia a la vez: es su mente dentro de un cuerpo monstruoso en otro tiempo, y es una mente monstruosa en su propio cuerpo y en su propio tiempo.

Para el conocedor de la obra de Lovecraft, es clara la proximidad de este relato con el ciclo de los viajes oníricos de Randolph Carter. ¿Cuál es la concepción de sujeto que tiene Lovecraft o, por lo menos, cuál es la que se desprende de su literatura? El *principium individuationis* lovecraftiano, según Fabián Ludueña Romandini, posee características singulares:

el sujeto, en Lovecraft, es un *sujeto acechado*, que jamás puede pronunciar "yo" sin hacer hablar, en ese mismo instante, a las más ominosas voces de los pliegues más insondables del cosmos [...] [;] la concepción clásica de sujeto (Benveniste, Ricoeur, etc.) es desmentida por los postulados de Lovecraft, para quien solo es posible una completa desmultiplicación psico-física [destacado en el original]. (2013, pp. 70-71).

La dimensión de este sujeto acechado puede pensarse en términos temporales. En el relato que nos ocupa, el protagonista (un profesor de economía llamado Wingate Peaslee) sufre un ataque en medio de una clase, cae en un coma profundo del que despierta con singulares olvidos, increíbles conocimientos y una extrema torpeza de movimientos, como si no supiera usar sus extremidades. Luego de cinco años, cuando abandona la economía y se dedica a estudios de esoterismo y arqueología, sufre un ataque similar, del que despierta exactamente en el momento en que había perdido el conocimiento en su última clase.

La condición de este "sujeto recobrado" es, efectivamente, la de sentirse "acechado" por una experiencia que no recuerda y que le hace vivir su propia identidad de manera psicótica. Pero, en realidad, es solo una "insignificante y fugaz" encrucijada cósmica, de la que solo lo rescataría momentáneamente el acto de soñar, pero estas pesadillas actuarán como "analepsis" que le permitirán "recobrar" ese "tiempo perdido". Este proceso demencial concluirá con el descubrimiento, en unas ruinas desconocidas, de un texto que el "mismo" profesor escribió millones de años en el pasado. ¿Qué es la identidad, entonces, cuando el sujeto adquiere esta dimensión, en la que el tiempo es tan vasto que aniquila el presente?

McTaggart y Vonnegut

Kurt Vonnegut es un autor muy original, porque emplea la problemática del viaje temporal para narrar un episodio de la II Guerra Mundial del que apenas se ha escrito hasta hoy, al estilo de *Sobre la historia natural de la destrucción*, de W.G. Sebald (1999). Solo que el escritor alemán trata de construir mecanismos hermenéuticos para pensar el problema, mientras que el norteamericano (de origen también alemán) cae en la cuenta de la imposibilidad de narrar cierto tipo de testimonios de manera tradicional. *Matadero cinco*, de Kurt Vonnegut (*Slaughterhouse-five*, de 1969), es una curiosa metamorfosis de la narración de una catástrofe histórica, cuyo tema central es el feroz bombardeo de Dresde del 13 de febrero de 1945. Considerado uno de los mayores crímenes de guerra que cometieron los aliados y el más letal bombardeo de la historia, causó 135.000 muertos y una destrucción sin precedentes en una ciudad habitada mayormente por niños y mujeres embarazadas.[13] El problema, que el narrador plantea en los primeros capítulos de la novela, es cómo contar una historia semejante. La necesidad de "dar un sentido a la memoria" es, en cierta forma, operar sobre el tiempo. Kurt Vonnegut lo resuelve con una (aparentemente) desopilante combinación de grotesco y ciencia ficción.

La concepción del tiempo de los Tralfamadorianos (alienígenas que secuestran al "héroe" de la historia, Billy Pilgrim) implica concebir un instante en la existencia como un insecto fósil atrapado en ámbar, como si todo el tiempo fuera un *continuum* de instantes discretos en el cual el hombre está "atrapado". Equivale a la "teoría estática" del tiempo y al eternismo, totalmente atensional, tal como la plantea la cuestionada teoría de McTaggart en cuanto describe un universo absolutamente monolítico, prefijado, incluso fatalista. McTaggart asume

---

13. La administración alemana había trasladado a las futuras madres allí, pues se creía que la ciudad no sería atacada al carecer de toda importancia estratégica, industrial y militar. De hecho, el bombardeo fue concebido como una auténtica operación de exterminio.

que la realidad es una totalidad que comprende los acontecimientos no solo en todo lugar, sino también en todo el tiempo (Torrengo, 2011, p. 17). Pero también puede pensarse como una semilla que encripta, en forma aparentemente estática, la dinámica del tiempo. En ella, presente, pasado y futuro coexisten como "totalidad" y el futuro aparece "encriptado" en un algoritmo que despliega el pasado, pero con un orden de relaciones diferente. Desde esta visión, el "futuro" sería el resultado de un "algoritmo" (el presente) cuyos datos están en el "pasado". Todo estaría perfectamente determinado desde siempre. Este algoritmo es asimilable a la teoría del *spotlight*.

Pero un viajero que disponga de la facultad de recorrer los senderos del tiempo, como el un tanto bizarro Billy Pilgrim, protagonista de la novela, o los mismos "alienígenas" que lo raptan, podría visitar todos los "rincones temporales", pero no modificar la historia. Entonces, una historia no modificable, ¿tendría un para qué?

Los misteriosos tralfamadorianos simplemente responden: "Todo el tiempo es todo el tiempo. Nada cambia ni necesita advertencia o explicación. Simplemente *es*" [destacado en el original] (Vonnegut, 2015, p. 82).

Todas las teorías sobre el tiempo, la realidad y las consecuencias éticas de ellas que se describen en la novela, están enunciadas o bien por los alienígenas o bien por los libros de ciencia ficción de un tal Kilgore Trout, autor que inventa Kurt Vonnegut junto con su amigo, también autor de ciencia ficción, Theodore Sturgeon. Presentes en otros libros de Vonnegut, los títulos de las novelas de Kilgore (desde ya, un autor fracasado y desconocido por todos salvo por Billy Pilgrim) son auténticas "teorías parlantes". Por ejemplo, *The Big Board, The Gospel from Outer Space, The Gutless Wonder, Maniacs in the Fourth-Dimension* y *The Money Tree*. De hecho, en la "teoría tralfamadoriana del tiempo", estos grotescos alienígenas ven las cosas en "todos sus tiempos, en todos sus instantes", por lo que un hombre es para ellos una suerte de enorme "gusano", bebé recién nacido en un extremo y anciano en el otro (Vonnegut, 2015, p. 83).

La dirección o "flecha del tiempo" y los sentidos de un viaje semejante permiten al autor mostrar los horrores puntuales de la guerra en una perspectiva general del tiempo humano, lo que concluye por amplificar esos horrores, pero manteniendo, a la vez, una curiosa distancia, producto de la propia lógica del viaje temporal. El núcleo de este extrañamiento podemos encontrarlo en la mitad de la novela, minutos antes de que Pilgrim salga al patio para ser secuestrado por los alienígenas (él ya sabe que eso ocurrirá, porque para él "ya ocurrió" y "ocurrirá siempre" porque ve el tiempo como los alienígenas). En esa instancia, narra la filmación del bombardeo de Dresde del 13 de febrero de 1945 a través de un documental fílmico, pero "al revés", es decir, haciendo funcionar el proyector en sentido contrario. Esta "técnica", que invierte la flecha del tiempo y que tiene un interesante paralelismo con el relato "Viaje a la semilla" de Alejo Carpentier, busca, a partir de este recurso que "simula" invertir la historia, el principio moral y el destino del hombre, en un "retroceso" que va desde Dresde en llamas hasta Adán y Eva en el Paraíso Terrenal.

Apuntes para una teoría narratológica del viaje en el tiempo

¿Cuál es el límite de un acontecimiento? ¿Cuál es su forma? Podemos postular que la forma deviene de la narración del propio acontecimiento. La narración es un proceso necesariamente temporal. Entonces, el tiempo se moldea "a sí mismo" si tiene como referencia un lenguaje que estructure su dinámica, su fluir. El lenguaje sería el elemento de una dialéctica con el tiempo, una hermenéutica en la que los deícticos son "el otro" del tiempo. Como esta forma cambia según el lenguaje, este define los *links* de cada acontecimiento y diseña la red que carga el tiempo de significado. Un viaje en el tiempo es, entonces, un viaje dentro de una narración y no dentro de una materialidad, y sus paradojas, las propias de la ficción.

¿Es el lenguaje, entonces, la *otredad* del tiempo? Acaso resulte erróneo suponer que el acontecimiento es algo independiente de las categorías de "pasado", "presente" y "futuro". El tiempo hace que los acontecimientos no sean "el mismo" y, en cierto modo, poseen una identidad cambiante. El acontecimiento "en sí" solo existe para nosotros de manera fantasmática, inapresable más allá de una narración. Y las sucesivas narraciones, a través del tamiz del tiempo narrativo, lo transforman dialécticamente. El mismo acontecimiento no es el mismo acontecimiento.[14] Por tanto, el viajero en el tiempo está sometido a una dialéctica identitaria similar y poco importa si viaja en persona o a través de la imaginación: en ambos casos, es otro. No hay identidad con el viajero que está a punto de abordar la máquina misteriosa, pero sí mismidad. Son el mismo y, a la vez, no son idénticos. En consecuencia, si viaja hacia el pasado o el futuro, el viajero es "otro sí mismo" en el pasado o en el futuro y una "ausencia" en "su presente". No hay en verdad paradoja en esto: tan solo narratividad.

En rigor, esto es lo que permite que el viaje en el tiempo, lejos de ser una literatura de evasión, pueda convertirse en un fuerte cuestionamiento de una época, de la historia en su conjunto, o incluso de la propia naturaleza del tiempo y del sujeto. Esta tipología de viaje, propia del *fantasy* y de la ciencia ficción en particular, posee infinidad de variantes, pero todas articuladas por una misma base ontológica: tiempo y existencia no pueden escindirse sin generar paradojas que, en definitiva, exponen una condición propia de la modernidad tardía o, incluso, de la posmodernidad, aquello que Tzvetan Todorov denominaba "los temas del yo" dentro de su teoría de lo fantástico. Según Juan Herrero Cecilia, Todorov los describe como aquellos que responden a la dinámica de la percepción subjetiva del

---

14. La política no es ajena a este enfoque. En efecto, en un universo newtoniano, propio de las perspectivas mesiánicas, el tiempo solo se puede mostrar "espacialmente", esto es, desde una estructura narrativa que lo "aplana" y lima sus contradicciones.

mundo, contrapuestos a los "temas del tú", que responden a la dinámica del deseo o a la atracción que la realidad de lo otro (en cuanto extraño o singular) ejerce sobre la afectividad o sobre la misma constitución del yo (2000, p. 128). En términos de psicoanálisis, los temas del yo están vinculados a las perturbaciones que produce la psicosis, mientras que los temas del tú corresponden al campo de la neurosis.

De este modo, la narrativa del viaje temporal nos proporcionaría una singular perspectiva de época, basada en la imposibilidad de concebir el "ser ahí" a partir de la constante impugnación que proveen las paradojas que este mismo viaje genera. No obstante, toda narración es en sí misma una suerte de "viaje temporal" y, por ende, existencial. Un viaje en la memoria y en la imaginación, espacios propios del tiempo que la ciencia ficción "materializa" ante nosotros para que, tan desconcertados como imbuidos de lo extraño, contemplemos fascinados nuestra propia presencia.

La "cinta de Moebius" de la historia

Así como la utopía y la distopía son "reacciones" ante una situación histórica y el viaje en el tiempo, una forma de explorar las posibilidades del presente, la ucronía, en cambio —y ya en su primer desarrollo, la famosa novela *Uchronie*, de Charles Renouvier (1876)—, permite construir otra historia y *otro* presente, en lo cual subyace su importancia.[15] Más que una mutación de las expectativas y de las experiencias propias de la historia, la ucronía constituye una mutación de la historia misma. De hecho, es la idea de historia lo que se ha transformado. Es esencial que aclaremos este punto.

La ucronía reconfigura la historia a partir de la pregunta "qué hubiera pasado sí" para generar otro presente y por este artilugio ficcional nos muestra un modo complementario de comprender la historia, no ya solo como una relación causa-efecto, que determina los acontecimientos y los hechos, sino fundamentalmente (y en esto radica el valor del caos en su configuración) como una relación de sincronía entre acontecimientos. La ucronía puede no basarse necesariamente en una modificación de las causas profundas de un acontecimiento complejo —por ejemplo, el surgimiento del nazismo, uno de los temas favoritos de los ucronistas, como sucede en la novela *The Iron Dream (El sueño de hierro)*, de Norman Spinrad—, sino en la sincronía dentro de la cual este acontecimiento se carga de sentido, principio que ubicaría la ucronía en una concepción tensional del tiempo. Por tanto, deberíamos hablar de "constelación de acontecimientos" para definir un hecho histórico, ya que, en sí, nunca se producen "individualmente", sino como una "convergencia".

Así como la relación causa-efecto es "vertical" (toda causa es anterior a su efecto) y genera sentido a partir de esta específica linealidad, las

---

15. Renouvier propone un mundo en donde existe una Europa "laica" y sin Edad Media a partir de la no conversión del Emperador Constantino al cristianismo.

relaciones de sincronía son "transversales", mucho más complejas de medir, y, en general, cargan de significado al acontecimiento central, ocultándose en él. La ucronía opera, en rigor, más que a partir de una modificación en las causas, sobre una modificación en la estructura de esta sincronía. Por ejemplo, en la novela *Nero italiano,* de Giampietro Stocco, a la que nos referiremos más adelante, Hitler muere en el famoso atentado del coronel von Stauffenberg, hecho que se vuelve premisa de un evento mayor que es "la finalización de la Segunda Guerra Mundial". Esto sucede "en sincronía" con una multiplicidad de otros eventos —una tarde no tan calurosa como la que efectivamente fue según la historia, fue causa de que la célebre reunión en la *Wolfsschanze* (la "Guarida del lobo") se llevara a cabo en un búnker en lugar de una habitación común, con ventanas abiertas, por lo que el efecto de la bomba, multiplicado por el hormigón y el acero de los muros, mató al dictador—. En definitiva, un cielo nublado podría haberlo cambiado todo.

Carl Gustav Jung, en un célebre prólogo al *I-Ching* o *Libro de las Mutaciones*, reflexiona acerca del papel de la sincronía y del azar en el desarrollo de los acontecimientos:

> podemos pensar a la sincronicidad como un concepto que configura un punto de vista diametralmente opuesto al de causalidad. Dado que esta última es una verdad meramente estadística y no absoluta, constituye una suerte de hipótesis de trabajo acerca de la forma en que los hechos se desarrollan uno a partir de otro, en tanto que la sincronicidad considera que la coincidencia de los hechos en el espacio y en el tiempo significa algo más que un mero azar, vale decir, una peculiar interdependencia de hechos objetivos, tanto entre sí, como entre ellos y los estados subjetivos (psíquicos) del observador o los observadores. (2009, p. 25).

Como vemos en Jung, la sincronicidad implica, ni más ni menos, el modo en que se reconfigura la complejidad del sistema. La sincronía resultaría ser, así, una "síntesis" del desarrollo diacrónico (es decir, histórico). Por tanto, la ucronía nos permite ver el desarrollo de la historia en esta doble dimensión: la de los eventos vinculados por su relación de causa-efecto (diacrónico-causal) y la de los eventos asociados estructuralmente por su sincronía. Y es en este punto en donde más visible se muestra el caos como factor des y reestructurante. De esta manera, la historia puede verse desde la forma de una cinta de Moebius, múltiple por su complejidad aparentemente centrífuga, pero que, en la instancia de la recepción, el lector recupera como un "modelo de explicación ficcional" de su propio tiempo, en el que posee su ambiguo centro.

Walter Benjamin supo diagnosticar muy tempranamente estas "transformaciones" y, en sus *Tesis sobre la filosofía de la historia*, desarrolla un muy interesante recorrido que orilla las cambiantes fronteras entre la ficción y la historia (2010, p. 75 y sig.). No es casual que su ensayo comience con un ejemplo literario, que nos remite (sin mencionarlo explícitamente) a un artículo de Edgar Allan Poe: "El jugador de ajedrez de Maelzel" (1973). La historia, verídica, consiste en el desarrollo de una ficción: en pleno siglo XIX, una máquina, una suerte de gran caja rodeada de espejos y con un muñeco con aspecto persa, turco o hindú sobre ella,[16] presentada como un infalible autómata que juega al ajedrez, derrota uno tras otro a todos sus rivales humanos.[17] Poe, que no en balde es el inventor del género policial, descubre el engaño: dentro de la estructura del autómata se escondía un enano campeón de ajedrez. El modo del hallazgo es un acto de la "máquina" que develó la verdad: en una ocasión, el mecanismo "dudó" antes de mover un alfil. La duda es la marca que la vida inscribe en todos los actos humanos. La duda es posibilidad. La historia es desandar posibilidades. Para la máquina, solo puede existir el desierto de la certidumbre.

Benjamin recrea la anécdota del autómata para referirse al *materialismo histórico*: un instrumento concebido para que triunfe siempre y, por tanto, esencialmente artificial. El enano oculto no sería para Benjamin otra cosa que la teología, que, "además de ser pequeña y fea, no debe dejarse ver por nadie" (2010, p. 75). Esta observación casi contradictoria anticipa los trabajos de Giorgio Agamben, sobre todo, los desarrollados en *El Reino y la Gloria*, en los que postula una genealogía teológica del gobierno y de la economía. En definitiva, la historia y la teología son dos formas diferentes (superficialmente contradictorias) de pensar el tiempo y representan dos tipos de teleologías diferentes. El hallazgo filosófico de Benjamin consiste en haber comprendido el valor de la singularidad y, más aún, el de la *discontinuidad* dentro del devenir histórico, y en cómo necesariamente las revoluciones le otorgan un contenido mesiánico. La clave: el concepto de felicidad, que conlleva aparejado la idea de "redención": "El pasado lleva un índice oculto que no deja de remitirlo a la redención" (Benjamin, 2010, p. 76). La redención coloca al ser humano en posesión de toda su historia simultáneamente, a lo que podríamos agregar que *esa posesión es también, sobre todo lo que podría haber tenido lugar, pero no ha sucedido.*

La retrotopía, concepto elaborado por Zygmunt Bauman en *Retrotopías* (2017) —quien no por mero efecto estético cita en la introducción este mismo ensayo de Benjamin— implica una especie de nostalgia, una inversión dramática del vector de las expectativas de la historia. A fin de cuentas, la vida humana también está hecha de las promesas de lo ausente, que, en la atribulada, fragmentada y confusa posmodernidad, suelen ser proyectadas hacia el pasado. Un pasado, también él, ficcional. Un ejercicio no tan diferente (pero de signo opuesto) del que propone el autor alemán, cuando afirma que "[h]acer la labor de historiador no significa 'saber cómo las cosas han pasado realmente'. Significa adueñarse de un recuerdo tal y como ha surgido en el instante de peligro" (Benjamin, 2010, p. 78). Dado el "continuo" de la historia, la primera meta es

---

16. Aparentemente, existieron distintas versiones y Benjamin rescata la del turco.

17. Parece que el mismo Napoleón jugó con ella y perdió, y, furioso, quedó convencido de que su oponente era una máquina.

imposible. La segunda, capturar el recuerdo en un instante especial, único y crítico, implica construir un hecho a partir de una singularidad. El hecho histórico debe ser así, fundamentalmente, *narrativo* y, como tal, ese "adueñarse" es un acto de voluntad, un tener la necesidad de decir. En el devenir histórico (paralelo, pero no independiente, del devenir existencial), las singularidades petrifican su flujo, al menos, fugazmente.

"La historia es objeto de una construcción cuyo lugar no es el tiempo homogéneo y vacío, sino el que está lleno de 'tiempo de ahora'", continúa Benjamin (2010, p. 86). El mundo referencial (el tiempo del ahora) y el mundo posible (la construcción de la historia) son los dos aspectos que "se solapan" y que deben hacerse realidad "simultáneamente", cuando la acción revolucionaria hace "saltar" el continuo del devenir histórico. De ahí que todo intento de "detener el tiempo" (objetivo no deliberado, pero implícito de la historia tradicional) busca detener las posibilidades del ahora. Así, el materialismo histórico determina las posibilidades "condensándolas" en un presente. Funciona como una "eternidad encriptada", en lugar de un "eterno pasado" o un "eterno retorno". En *Macbeth*, de Shakespeare, Banquo preguntará a las brujas por su destino con las siguientes palabras: "*If you can look into the seed of time, / And say which grain will grow, and which will not, / Speak then to me, who neither beg, nor fear / Your favours nor your hate*" (1999, pp. 74-77).[18] La imagen es muy adecuada: tanto para Benjamin como para Shakespeare, el hecho histórico es una semilla, una mónada, un sujeto del que pueden obtenerse todos sus predicados posibles. Esa semilla contiene al "Mesías" del porvenir, al tiempo mesiánico (en la mitología y en la retrotopía, una Edad de Oro, ya no como porvenir, sino como nostalgia). Los brotes que dará esta semilla son, desde este punto de vista, como "el mejor de los mundos posibles" de Gottfried Leibniz. Un destino "teológico" para lo posible encerrado en la historia.

Este mesianismo monadológico tiene un signo específico: el evento histórico. Esta visión de la historia implica un aprehender el pasado en el presente, un "pasado histórico". ¿Pero a qué nos referimos con esto? Según Hayden White:

> En nuestra época (esto es, en la modernidad tardía), un pasado específicamente histórico es creado por investigadores profesionales o de algún modo autorizados socialmente, a partir de lo que no es más que un pasado virtual hasta que es establecido como realmente sucedido, sobre la base de evidencias de un determinado tipo y autoridad. (2010, p. 124).

Por tanto, el pasado histórico es una construcción que se realiza seleccionando y "montando" entre sí (como las tomas de una película) un conjunto específico de eventos del pasado para los que puede establecerse

---

18. "Si puedes penetrar dentro de la semilla del tiempo, / y decir qué grano crece y cuáles no, / habladme a mí, que nada imploro, ni me asustan / vuestro favor o vuestro odio" (la traducción es nuestra).

un tipo y un lugar específicos.[19] Estos eventos conforman una sintaxis entre sí de carácter (casi) necesariamente diacrónico, para generar un relato que pueda servir como discurso identitario de un grupo a lo largo del tiempo. Esta interpretación de la historia nos permite ver con claridad que aun cuando los eventos permanezcan inalterados en sus contenidos, la mera variación de su sintaxis genera un nuevo relato, una nueva historia. Necesariamente, si existe una "morfología del evento histórico" (fechas, lugares, nombres propios: el significante del evento; y descripciones de sucesos: un significado) y una sintaxis que los vincula, también hemos de poder contar con una pragmática y una semántica histórica, que proyectan un referente (una identidad específica generada por el relato histórico). Según White, la Modernidad le otorgó a este tipo de evento el carácter de "fenómeno natural", estableciendo una suerte de continuidad entre la naturaleza y sus ciencias (la Física, la Biología, la Geología, etc.) y las sociedades humanas en el tiempo (la Historia, la Sociología, la Economía, el Derecho, etc.) (2010, p. 125). Por el contrario, lo ficcional ha tenido tradicionalmente un estatus opuesto, vinculado a lo sobrenatural, a lo onírico, al mito o a la religión y sus disciplinas (el Psicoanálisis, la Teología, el simbolismo, etc.).

Esta relación con el pasado y con lo imaginario es específicamente occidental. En otras sociedades (la islámica, por ejemplo), estas relaciones pueden ser muy diferentes y suelen considerarse "verdaderos" eventos propiamente ficcionales (un poema, un símbolo específico, un sueño). Podríamos decir, quizás adelantándonos un poco en nuestra exposición, que la historia y la ficción poseen elementos formales comunes, y son las condiciones de su enunciación y de su recepción las que construyen referentes tan disímiles. Observará el lector, además, que hemos dado escasa importancia al concepto de "verificabilidad" del evento histórico. Esta circunstancia, fundamental dentro de la disciplina específica de la historia, en cambio posee un valor muy pobre en cuanto a su capacidad o potencialidad para construir relatos. Constatar la hora exacta de una batalla no la hace más "real". Cuando el personaje de Exeter, en el drama histórico *Enrique V* de Shakespeare, se refiere a lo que experimenta ante el relato de una batalla, simplemente dice "y es mi madre la que ahora llora por mis ojos".[20] El evento debe tener el don de ser una "imagen" para ser "real", aunque resulte imposible de verificar.

Ahora bien, según White, "[u]n evento no puede ingresar en la historia hasta que sea establecido como un hecho [...] los eventos suceden, los hechos deben ser establecidos" (2010, p. 129). Si entendemos "hecho" en términos de Wittgenstein, esto implica un particular sistema de relaciones que lo establecen, en cuanto concibe al "*mundo como la tota-*

---

19. El concepto de *cronotopo* de Mijaíl Bajtín, muy utilizado en el análisis de textos ficcionales, es perfectamente válido para su empleo en textos históricos; presupone una unidad indivisible entre el tiempo y el lugar en donde se desarrolla un suceso, ya sea ficcional o histórico.

20. Shakespeare, Acto 4, Escena 6: "*my mother come into mine eyes, / and gave me up to tears*". La traducción es nuestra.

lidad de los hechos dentro de un espacio lógico" (2003, pp. 107-109; el resaltado es nuestro). Si concebimos como espacio lógico al dominio del lenguaje, en definitiva, el mundo es la totalidad de las conexiones que establecemos entre los hechos a través del lenguaje que nombra "cosas" (eventos). Nuestro mundo es un mundo de referentes, una construcción semántica. Y esto es tan válido para un evento histórico como para un evento ficcional; solo cambia el espacio lógico en que se desarrolla. Desde la Filosofía Analítica, un evento es histórico y puede transformarse en hecho histórico, si el espacio lógico que lo conecta con nosotros es el de la historia, sus leyes y su método de construcción de referentes.

Pero, si tomamos un ejemplo de la mecánica cuántica, según Stephen Hawking, un objeto no posee simplemente una sola historia, sino todas las historias posibles, como en la paradoja del gato de Schrödinger (Vásquez Roca, 2009, p. 7 y sig.).[21] Del mismo modo, antes que el evento histórico "suceda", es decir, antes de ser observado, este evento posee en sí todas las historias posibles. Estos "posibles" son efectivamente narrables (de hecho, son "ficciones" en diverso grado), lo que lleva a preguntarnos si el análisis de estas posibilidades, de estos "futuros aún no realizados o ya no realizables" nos permitiría obtener información sobre el mundo de los hechos efectivamente observados. Si estos posibles estaban ya dentro del evento, como dentro de una semilla, y si el azar y la finalidad o destino al que tiende ese evento hubieran hecho que esa "semilla", como diría Shakespeare, brotara de una manera específica y no de otra, realizando una posibilidad y negando las restantes, en realidad, lo no realizado sigue existiendo dentro del evento como una suerte de "sombra" o "doble" de lo real, de lo posible que ha resultado exitoso. Esta particular forma de pensar el evento histórico, que no niega la información que lo establece como hecho, sino que incorpora aquello que la información no revela, es, en esencia, el instrumento de la ucronía y de toda historia ficcional. Es, para emplear un término heideggeriano, una *alétheia*, un desocultamiento de otras posibilidades del ser, que las instala en la vida para enriquecer el tiempo futuro. De este modo, la ficción sobre la historia permite entrever otros caminos hacia un *telos* que, como los paisajes de los sueños, cambia su forma a medida que los recorremos.

---

21. El experimento del gato de Schrödinger, también conocido como "paradoja de Schrödinger", es un experimento concebido por este mismo científico en 1935 con la intención de explicar las consecuencias de la mecánica cuántica. En él, dentro de una caja opaca, se encuentran un gato y un recipiente con gas venenoso que es activado por una partícula radiactiva. Existe un cincuenta por ciento de probabilidades de que esa partícula se desintegre en un tiempo dado, por lo que existe un cincuenta por ciento de probabilidades de que el gato muera. En una descripción "clásica", el gato estará vivo o muerto antes de que el experimentador abra la caja y compruebe el resultado. En una interpretación "cuántica", en cambio, existen "dos mundos" diferentes, que se solapan antes de que se abra la caja: un mundo donde el gato vive y otro en donde el gato está muerto. Es la presencia del observador la que determina, al abrir la caja y concluir el experimento, cuál de esos mundos acontece efectivamente.

Una arqueología del presente

> *lo grande es un fragmento de lo pequeño*
> *es el tiempo quien desarma las piezas*
> *para engañarte*

Finalmente, estamos en condiciones de esbozar las características esenciales de la ucronía, de modo que podamos diferenciarla de la novela histórica y de la historia ficcional o virtual. De este modo, buscamos plantear la naturaleza de la narración ficcional aplicada a la historia para elaborar un método de análisis que permita articular sus discursos y sus contextos. El mismo White destaca la necesidad de este planteo, en su caso, aplicado a la narración de la ciencia histórica, ya que (y, en este punto, sus coincidencias con Ricoeur son importantes) la naturaleza de la narración es inseparable de la naturaleza de la cultura que la produce; de hecho, podríamos decir que cultura y narración son "simbióticas", en cuanto una no existiría sin la otra, se dan vida (y muerte) mutuamente: "Plantear la cuestión de la naturaleza de la narración es suscitar la reflexión sobre la naturaleza misma de la cultura y, posiblemente, incluso sobre la naturaleza de la propia humanidad" (White, 1992, p. 17).

La naturaleza de la novela histórica (y de toda ficción basada en hechos históricos documentados) es menos restrictiva que la de la ucronía, ya que implica un relato de ficción que, de manera ciertamente laxa, "reconstruye la historia y la recrea imaginativamente. Aparecen personajes históricos y ficcionales. Aunque escribe ficción, el buen novelista histórico investiga su período elegido con detenimiento y se esfuerza por lograr verosimilitud" (Cuddon, 2001, p. 571). Carlos Reis y Cristina Lopes nos suministran, a partir de Lukács, una aproximación más rigurosa al concepto: "La novela histórica exige no solo la colocación de la diégesis (narración) en épocas históricas remotas, sino también una estrategia narrativa capaz de reconstruir minuciosamente los componentes sociales, axiológicos, jurídicos y culturales que caracterizan a esas épocas" (1995, p. 184). En rigor, se trata de insertar una serie de historias individuales dentro de los grandes procesos históricos (acaso el mejor ejemplo sea *Guerra y Paz*, de Lev Tolstoi), sin que estos procesos históricos se vean afectados sustancialmente. La novela histórica no se centra en estos procesos, sino en cómo son vividos por el hombre, su significación no solo colectiva, sino, sobre todo, individual.

Pero ¿cuál es el valor de esta significación individual? Emmanuel Levinas ve en nuestro vínculo individual con el acontecimiento, ya sea histórico o ficcional, un principio de identificación que nos determina, a la vez, como comunidad y como fragmento de ella:

> Ser yo es, fuera de toda individuación a partir de un sistema de referencias, tener la identidad como contenido. El yo no es un ser que permanece siempre el mismo, sino el ser cuyo existir consiste en identificarse, en recobrar su

identidad a través de todo lo que le acontece. Es la identidad por excelencia, la obra original de la identificación. (2006, p. 60).

Observemos que Levinas propone que el "existir del ser consiste en identificarse [...] a través de todo lo que le acontece". Esto es lo que experimenta el sí mismo en la ficción, enfrentado a los personajes y sus peripecias en la trama que, de algún modo, provocan la emergencia de un Otro que permite al sí mismo pensarse en cuanto identidad. La hermenéutica de este proceso es compleja, porque, a partir de una particular prefiguración de la realidad, el autor configura un texto que deviene mundo posible, que, a su vez, es recepcionado por un conjunto de receptores heterogéneo social, cultural e históricamente. Esta recepción no es inocua, sino que implica una "acción", una modificación (tal vez muy pequeña, tal vez dramáticamente crucial) en la concepción del mundo del receptor.

Esta hermenéutica puede pensarse desde muchas teorías, pero el concepto de "mímesis" de Paul Ricoeur es, a nuestro entender, el más apropiado, porque precisamente enfatiza la acción que la recepción del texto implica. Ricoeur (2007) estructura su hermenéutica en tres momentos, que denomina Mímesis I (prefiguración), Mímesis II (configue ración) y Mímesis III (refiguración). Desde esta perspectiva de estudio, el texto es un elemento (si bien esencial) de una estructura dinámica de expresiones mucho más compleja y extensa, cuyo sentido es una "transformación" de la visión del mundo. Dicho en términos más cotidianos, un "laboratorio" en donde experimentamos con las posibilidades del mundo. La ficción es el instrumento fundamental de ese laboratorio. No es necesario agregar que tanto la novela histórica como la literatura utópica en general, pero la ucronía en particular, constituyen desde esta perspectiva experimentos inquietantes y sugerentes.

El proceso de la mímesis, en cuanto a la refiguración (Mímesis III), no es solo del mundo, sino también (y especialmente incluido en ese mundo) del receptor que ha "experimentado" en la trama la configuración de un personaje verosímil, ya sea este histórico o ficcional. Emmanuel Levinas lo expone de una manera más poética, pero muy clara: "El Yo es idéntico hasta en sus alteraciones, aun en otro sentido. En efecto, el yo que piensa se escucha pensar o se espanta de sus profundidades y, para sí, es otro" (2006, p. 60). Este "escucharse pensar" es, en la ficción histórica, múltiple y explica el porqué de la variedad de personajes y, a veces, de narradores. Ricoeur, desde un punto en donde establece un interesante contacto con el concepto de otredad de Levinas, interpreta el acto de narrar como una "mediación" para el conocimiento del sí mismo. El ser "otro" a través de un personaje es la base de esa mediación que, en definitiva, reconfigura al sí mismo:

> La mediación narrativa subraya, de ese modo, que una de las características del conocimiento de uno mismo consiste en ser una interpretación de sí. La apropiación de la identidad del personaje ficticio que lleva a cabo el lector es el vehículo privilegiado de esa interpretación. [...] [A]propiarse mediante

la identificación de un personaje conlleva que uno mismo se someta al ejercicio de las variaciones imaginativas, que se convierten de ese modo en las propias variaciones del sí mismo. (Ricoeur, 1999, pp. 227-228).

Por tanto, en la novela histórica en general es esencial la presencia de estos personajes como "mediaciones" entre el receptor y la historia. Constituyen formas individuales de comprender los acontecimientos, que enriquecen la ubicación dentro de la historia que posee el individuo sobre sí mismo y sobre la sociedad de la que él forma parte.

La ficción histórica pura, en cambio, opera sobre un tipo de discurso esencialmente científico: desde esta perspectiva, la narrativa de la ciencia histórica debería pensarse, también, como una estructura que incluye elementos ficcionales, en cuanto a su capacidad de proyectar futuros posibles en el tiempo. Este rasgo ficcional de la historia ha sido aprovechado tanto desde la ciencia histórica como desde la literatura. En el primer caso, el concepto de "historia virtual" (e, incluso, de caos-historia), elaborado por Niall Ferguson (Ferguson, 1998, pp. 77-86), se basa en someter los sucesos históricos a la (ya previsible) pregunta "qué hubiera pasado si", en la cual el condicional determina un cambio crucial en un acontecimiento, ya sea este simple o complejo. Esto ha dado origen a interesantes "historias virtuales" como, por ejemplo, un Napoleón que no fue derrotado en Waterloo, una Alemania victoriosa en la Segunda Guerra Mundial, un movimiento obrero en la Argentina sin un 17 de octubre. Sus defensores postulan algo similar a lo que hemos desarrollado hasta aquí: que, desde una historia virtual, puede comprenderse el presente desde la óptica de lo que este ha conservado de sus posibilidades no desarrolladas. Por tanto, sería posible conocer más en profundidad la lógica del devenir y estudiar en qué medida los procesos históricos pueden ser determinados por sus acontecimientos. La historia ficcional, en este caso, no puede tomar jamás la forma de una novela o de un relato de ficción, sino que debe limitarse estrictamente a un tipo de narración científica, que implique la rigurosidad propia de la Historia como ciencia, e incluso la Historiografía, en cuanto se debe documentar con detalle la "ficción". Por esta razón, la historia virtual necesariamente desdeña o no considera significativa la historia individual, en tanto que su tipo específico de discurso no contempla personajes que, individualmente, actúen de mediadores. En este caso, existe también una mediación, pero única y de diferente tipo a la que presenta la novela histórica: *otra historia* media entre el acontecimiento original y nuestro presente; otra causa dio un mundo igual, diferente o similar al presente de la recepción. Nuestro "otro" es colectivo. En la historia ficcional pura o historia virtual es el acontecimiento, con su cadena diacrónica de causas y efectos y su red sincrónica de significados entre los acontecimientos mismos, la que se hace "otra" para impugnar o evaluar a la historia presente, es decir, tal como la conocemos por el relato que tenemos de ella. Su "tiempo" es esencialmente el tiempo de la historia como ciencia, es decir, la narración sucesiva de los eventos históricos.

Por otro lado, inmersa en una historia alternativa, la ficción ucrónica ubica a distintos personajes que actúen como "otros", como mediadores hacia ese sí mismo de nuestra identidad colectiva e individual. Las modificaciones sobre la historia no pueden ser arbitrarias y deben ser experimentadas por distintos personajes. Estas perspectivas constituyen lo que diferencia a la ucronía de la historia virtual: construir una ficción con elementos históricos alterados (o, incluso, agregados) que permitan explorar no solo el devenir histórico, sino mostrar en qué medida existe dentro de la historia una dimensión individual, frecuentemente puesta de relieve a través de una estructura metaficcional. En las ucronías suele estar presente una discusión sobre la naturaleza de la ficción y sobre el modo en que esta ficción, estos cambios en el devenir histórico, afectan a los personajes.

Según Umberto Eco, la literatura ucrónica poseería las siguientes variantes:

> Ucronía: La utopía puede transformarse en ucronía, donde el contrafactual asume la forma siguiente: "qué cosa habría sucedido si lo que ha realmente sucedido hubiese sucedido de manera diferente" [...]. Tenemos bellísimos ejemplos de historiografía ucrónica empleadas para comprender mejor los eventos que han producido la sociedad actual.
>
> Metatopía y Metacronía: En fin, el mundo posible representa una fase futura del mundo real presente; y en cuanto es estructuralmente diverso del mundo real, el mundo posible es posible (y verosímil) propiamente porque las transformaciones a las cuales es expuesto no hacen otra cosa que completar líneas y tendencias del mundo real. Definiremos este tipo de literatura fantástica como novela de anticipación y nos serviremos de esta noción para definir de manera más correcta la fantaciencia. (1995, pp. 174-175; la traducción es nuestra).[22]

Observemos cómo Eco distingue claramente la ucronía de toda ficción por desarrollarse en un futuro, en una senda similar a la que expusimos en nuestro análisis del viaje en el tiempo.[23] La ucronía refi-

---

22. *"Ucronia: L'utopia può trasformarsi in ucronia, dove il controfattuale assume la forma seguente: 'cosa sarebbe accaduto se ciò che è realmente accaduto fosse accaduto diversamente' [...] Abbiamo bellissimi esempi di storiografia ucronica usata per capire meglio gli eventi che hanno prodotto la società attuale".*
   "Metatopia e Metacronia: Infine, il mondo possibile rappresenta una fase futura del mondo reale presente; e per quanto strutturalmente diverso dal mondo reale il mondo possibile è possibile (e verosimile) proprio perché le trasformazioni a cui è sottoposto altro non fanno che completare linee di tendenza del mondo reale. Definiremo questo tipo di letteratura fantastica come romanzo di anticipazione e ci serviremo di questa nozione per definire in modo più corretto la fantascienza".

23. Un caso interesante de estudio es la novela de los hermanos Arcadi y Boris Strugatsky *¡Qué difícil es ser Dios!* (*Trudno byt bogom*) de 1964, en la cual un astronauta llega a un mundo similar a la Tierra, pero con una cultura que tiene mil años menos de desarrollo, lo que le da una fisonomía casi igual a nuestra Edad Media. En este contexto, el astronauta observa cómo actúan diversas fuerzas que amenazan, y luego extinguen, todos los esfuerzos por un

gura el presente bajo la misma mecánica que la historia, pero desde la ficción, incluyendo la dimensión humana y mediadora de los personajes e, implícitamente, la pregunta sobre el estatus mismo de la realidad. Esta refiguración implica una "mutación contextual del receptor", por cuanto lo que no ha ocurrido es incorporado al espacio de experiencia individual. Las formas en que interactúan lo inexistente pero posible con lo "fáctico" del contexto tiende a "ficcionalizar" ese mundo fáctico y poner en entredicho el relato de la historia. Esta lógica narrativa podría tentarnos a clasificar la ucronía como una rama de la literatura fantástica, pero en realidad el problema es más complejo. Pablo Capanna rescata una definición de ciencia ficción de la escritora Judith Merril que parece muy apropiada para albergar todas las formas de ucronía:

> Esta autora [Judith Merril], compiladora de algunas de las mejores antologías del género, intenta salir de la maraña de definiciones analizadas estableciendo algunas distinciones. Merril acepta y emplea la sigla "s-f" (*science-fiction*) haciendo la salvedad de que la "S" puede significar tanto "ciencia" (*science*) como "especulación" (*speculation*) y la "F" abarca tanto "ficción" (*fiction*) como "fantasía" (*fantasy*) o "hechos" (*facts*).
>
> Su definición es aún una de las mejores que hemos recogido: "ciencia ficción es la literatura de la imaginación disciplinada". (1966, p. 14).[24] [25]

Si bien desde esta observación de Capanna hasta hoy se han sucedido nuevos intentos de definición de este género de por sí muy proteico y que podrían plantearse objeciones sobre qué entenderíamos por "hechos" y "ficciones", nos atrevemos a conjeturar que la forma en que la autora canadiense aborda el problema contiene la ucronía *in toto*, como si historia y ficción se disciplinaran entre sí. El concepto de heterocósmica de Lubomir Doležel bien podría haberse inspirado en esta idea.

Doležel estudia específicamente las relaciones entre historia y ficción desde la teoría de los mundos posibles. Según este autor, "[l]os Mundos ficcionales en la literatura están constituidos por un conjunto especial de mundos posibles; ellos son artefactos estéticos construidos, preservados y en circulación por medio de textos ficcionales" (Doležel, 1998, p. 16; la traducción es nuestra).[26] Por esto, un mundo ficcional "es

---

desarrollo intelectual, asesinando a pensadores y artiśtas, lo que traerá como consecuencia que ese planeta no alcanzará nada similar al Renacimiento y al Humanismo. En eśte caso, la literatura de anticipación funciona de manera muy similar a la ucronía, pero no a través de una bifurcación hiśtórica, sino del encuentro con otros mundos. La presencia del aśtronauta terreśtre actúa de personaje mediador, imprescindible para lograr eśte efecto. Eśta novela ha tenido una excelente versión cinematográfica en 2013, realizada por Alexei German.

24. El artículo de Judith Merril puede consultarse en la sección de crítica literaria del *Magazine of Fantasy and Science Fiction* de enero de 1966. Mercury Press Inc., pp. 39-43. En http://www.isfdb.org/cgi-bin/pl.cgi?61131.

25. No obśtante, como veremos en el caso de la novela *The Plot Against America* de Philip Roth, no toda ucronía respondería necesariamente al *fantasy*.

26. "*Fictional worlds of literature are a special kind of possible worlds; they are aeśthetic artifacts conśtructed, preserved and circulating in the medium of fictional texts*".

una macroestructura conformada por entidades (personajes, objetos y lugares) [nosotros incluiríamos 'objetos' como memoria y tiempo] y por las relaciones entre ellos".[27] Entonces, si un mundo ficcional es una macroestructura compuesta por personajes, objetos y lugares y por sus múltiples relaciones, los mundos "ficcionales" de la ciencia histórica estarían representados también por personajes, objetos y lugares, pero *documentados*, es decir, con un registro físico que establezca un anclaje material de estos *en el presente.* Un punto de convergencia o nodo en este sistema estaría compuesto por todos estos elementos, como una articulación de sus relaciones en el tiempo (pasado-presente y presente-futuro). La documentación hace a la configuración del mundo posible y, a menudo, basta con el hallazgo de un nuevo documento o evidencia para "desmaterializar", al menos, uno de estos nodos y establecer un nuevo sistema de relaciones. Esto puede implicar la completa desaparición del nodo o, más frecuentemente, un nuevo diseño del sistema, en cuanto ese nodo se articularía de manera diferente con el resto. La "energía semántica" de estos elementos otorga entidad y existencia al mundo posible. Es en este sentido en que el concepto de *telos*, finalidad o "punto de atracción" de la historia adquiere un significado particular, en cuanto introduce un tipo específico de "energía semántica" al sistema y, de hecho, el mapa de relaciones entre los nodos adquiere un valor y una configuración especial en función de este *telos* de la historia. Benjamin vio este punto con enorme claridad al articular el concepto de lo mesiánico (propio de las religiones monoteístas) con el materialismo histórico: no se trata de un punto que pueda alcanzarse; se trata, más bien, de un horizonte siempre lejano cuya vista a la distancia, sin embargo, otorga "energía" al sistema. Pero debe ser visible en la lejanía. De lo contrario, el sistema se vaciaría de significado.

Desde esta lectura, no existe un "cumplimiento" en el sentido mesiánico o determinista. Esta determinación se introduce en la narración, en la trama o en la configuración para ser refigurada (o sea, incorporada por los receptores en su "cosmos"). De hecho, la teleología es siempre una "construcción narrativa", sostenida por una serie de discursos o narrativas que le dan verosimilitud. Como estos discursos no son independientes del proceso del que forman parte, desde la trama pueden ser impugnados y, por consiguiente, los conceptos de verdad y destino (ya no de pasado o presente), mutar dramáticamente. Por tanto, la introducción de la ucronía precisamente impugna estos relatos en los que se apoya la verosimilitud del presente no para reemplazarlos (tarea más propia de un revisionismo histórico), sino precisamente para advertirnos sobre los modos en que esos discursos han sido construidos y la forma en que lo que no ha ocurrido de alguna manera "sucede" encriptado dentro de lo que conocemos como "lo real". Por tanto, a diferencia de la utopía o la distopía, que no operan sobre el evento ni construyen un nuevo hecho

---

27. "*[...] is a macrostructure consisting of entities (characters, objects and places) and relations between them*".

histórico contrafáctico, ya que ellas actúan sobre el desarrollo operado en un futuro o un presente físicamente distintos (otra isla, otro continente u otro tiempo hacia adelante o hacia atrás), la ucronía reconfigura la historia para generar otro presente. Toda historia contrafáctica es, ante todo, un presente "contrafáctico" mediador entre aquello que "sabemos" que ha sucedido y lo que nos sucede.

Ondřej Sládek busca definir la naturaleza de lo contrafáctico a través de cinco sentencias, que sintetizan estudios de Doležel, Eco y Jaako Hintikka, entre otros, y que reproducimos a continuación:

- "Los mundos ficcionales son mundos cuya existencia se da solamente en virtud de la energía semántica del texto [...] [;] un mundo posible es accesible solo a través de canales semióticos (reinstalados en el acto de lectura)".

- "Los mundos ficcionales y sus componentes individuales tienen el status de lo posible infrecuente".

- "Los mundos ficcionales son 'mundos pequeños'" (es decir, contenidos dentro del mundo "actual").

- "Los mundos ficcionales contienen inevitablemente aberturas [o 'puntos en blanco', sin definición] en cuanto son construidos a partir de textos finitos (los cuales a su vez contienen muchos puntos en blanco)".

- "Estos blancos surgen en el acto mismo de la creación del mundo ficcional y, por tanto, su naturaleza es primariamente ontológica". (Sládek, 2007, p. 3; la traducción es nuestra).[28]

De estas cinco condiciones que lo limitan, podemos concluir que un mundo ficcional es construido textualmente y, por tanto, posee muchas "lagunas" o vacíos en su estructura. Es inevitablemente incompleto y esta incompletud determina su ontología. Podemos acceder a él solo si en el acto de lectura (es decir, siempre en tiempo *presente*) se establecen los canales semióticos entre el texto y el lector. Esto es, en definitiva, un sistema ficcional y, por ende, abierto. En línea con esta concepción, Thomas Pavel describe estos mundos posibles como estructuras conformadas por un *set* de elementos, relacionados cada uno como *link* o vínculo de accesibilidad entre varios mundos desplegados (un sistema de mundos) y sus posibles alternativas (Pavel, 2011, p. 44). De hecho,

---

28. *"Fictional worlds are worlds existing only by virtue of the semantic energy of the text [...] [;] a fictional world is accessible through semiotic channels only (reinstated in the act of reading)".*
"Fictional worlds and their individual components have the status of unused possibilities".
"Fictional worlds are 'small worlds'".
"Fictional worlds inevitably contain gaps as they are constructed by finite texts (which themselves contain many a gap)".
"These gaps arise in the act of creation of the fictional worlds and their nature is therefore primarily ontological".

no existe un mundo o simplemente mundos, sino *sistemas de mundos* relacionados por variables que los configuran y permiten el "tránsito" entre ellos, y de esta propiedad tan singular deriva su capacidad de mutar en una fina gama entre lo epistémico y lo ficcional. El mundo del receptor (junto con el del autor) forma parte de este sistema. En rigor, la construcción de mundos posibles no es más que un proceso de derivación (en el sentido de transformación) del mundo factual ("real") a partir de distintas reglas de accesibilidad.

Este proceso de derivación modifica la "sintaxis" de lo factual, graduando o incluyendo distintos componentes imaginarios (que pueden sustituir distintos elementos del marco "real"). A este proceso de mundos derivables lógicamente, que implica no solo los actos como la imaginación, el deseo, el sueño, etc., sino también la creación de mundos ficcionales como los de la literatura, debe añadirse el componente (absolutamente crítico) de lo *temporal*. Los Mundos Posibles, como las aguas de Heráclito, siempre están en movimiento, ya que al ser sin excepción la base de lo posible un mundo "factual" (es decir, la particular sintaxis entre lo "real" e "imaginario" que constituye el mundo), dichas posibilidades se transforman en cuanto el mundo "factual" o "de referencia" funciona como "dos mundos": aquel del proceso de génesis ficcional, y el que constituye el marco del receptor. Esto incluso puede ser aún más complejo, si pensamos que el autor puede darle al narrador un mundo-marco diferente, e incluso pensar un mundo-marco para el narratario.[29] Es decir que, potencialmente, la construcción de un texto ficcional puede involucrar una multiplicidad de mundos-marcos de referencia. Para Pavel, todo "mundo" remite a un contexto que funciona como un *libro acerca del mundo*, el *Magnum Opus*. Esto lo lleva a afirmar que "Los mundos posibles pueden ser concebidos como una colección abstracta de estados de sucesos, distintos de las sentencias que los describen, distintos a su vez de las sentencias guardadas en el *libro acerca del mundo*" (Pavel, 2011, p. 50; la traducción es nuestra).[30]

A partir de este punto, podemos avanzar en otro sentido: si los mundos ficcionales son esencialmente ontológicos (como la literatura fantástica en general) y la historia, en cuanto ciencia, es "epistemológica", ¿qué resulta de concebir la historia como un mundo posible y articularla con personajes que la perciben, sufren y juzgan individualmente? Estamos ante una contrafactura de la historia, una reorganización de las relaciones entre sus nodos ya no pautada como *episteme* sino como *poiesis* que se despliega a partir del *Magnum Opus* o libro total que contiene

---

29. El narratario es el concepto y el término correlativo al de narrador: una entidad ficticia, un "ser de papel" con existencia puramente textual que depende de otro "ser de papel" como él, el narrador. El lector ideal, en cambio, no es una entidad ficticia del mismo tipo, ya que no puede ser construido por el emisor con autonomía absoluta con respecto a los hipotéticos lectores reales (Reis y Lopes, 1995, pp. 133 y 162-163).

30. "*Possible worlds can be understood as abstract collections of states of affairs, distinct from the statements describing those states, distinct thereby from the complete list of sentences kept in the book about the world*".

todas sus posibilidades (o bien, la suma de todos los libros posibles).[31]
Sládek lo explica del siguiente modo:

- Sentencia 1: "Una historia contrafáctica es un desarrollo experimental
focalizado en el análisis de aquello que podría haber sucedido en lugar
de lo que ha sucedido efectivamente[.] [...] La creación de una historia
contrafáctica implica un determinado conocimiento y comprensión de
ambos conceptos —noiesis y poiesis".

- Sentencia 2: "La naturaleza de los hechos en los mundos contrafácticos
es a la vez epistemológica y ontológica".

- Sentencia 3: "Los mundos de la historia contrafáctica son físicamente
reconocibles" (esto es, implican una alternancia tiempo-espacio, en la cual
un mismo espacio es reconocible en tiempos diferentes).

- Sentencia 4: "La historia contrafáctica es un experimento: nosotros veri-
ficamos la importancia de un factor particular en la historia actual [un
acontecimiento] por medio de esta modificación o eliminación".

- Sentencia 5: "La historia contrafáctica no es arbitraria —debe ser sujeto
de crítica".

- Sentencia 6: "La historia contrafáctica no puede existir sin un control de
la imaginación". (2007, pp. 4-5; la traducción es nuestra).[32]

Los mundos de la ficción, de la historia y de la contrafactura histórica son fundamentalmente diferentes. Mientras la ficción y la historia
constituyen mundos relativamente independientes y estructurados de
manera diversa, las narrativas contrafácticas constituyen mundos que
oscilan en los límites entre los mundos de la ficción y de la historia. Por
tanto, *noiesis* y *poiesis* se sintetizan en los márgenes de ambos mundos.
Son, entonces, "marginales". Marginalidad que deviene en "escándalo"

---

31. Pavel toma el término *Magnum Opus* de la Alquimia. Al conocedor de la obra de Jorge Luis
Borges le resultará evidente la conexión de la teoría de Pavel con el cuento "El Aleph" y con
el canto XXXIII del Paraíso dantesco, en donde Dante describe al cosmos como una serie
infinita de libros que se deshojan por gracia de su Hacedor (*Commedia*, Paradiso, XXXIII,
vv. 85-87).

32. "*Counterfactual history is a thought experiment focused on the analysis of what could have
happened rather than what did happen[.] [...] Creation of counterfactual history takes both
certain knowledge and understanding —noiesis and poiesis*".
"*The nature of gaps in counterfactual worlds is both epistemological and ontological*".
"*Worlds of counterfactual history are physically feasible worlds*".
"*Counterfactual history is a thought experiment: we are testing the importance of a particular
factor in actual history [event] by its modification or elimination*".
"*Counterfactual history is not arbitrary —it may be subjected to criticism*".
"*Counterfactual history can do without uncontrolled imagination*".

de la centralidad de la historia, tal como la describe el novelista francés Emmanuel Carrère en su ensayo *Le Détroit de Behring* (1986).[33] El ensayo de Carrère es singular desde muchos puntos de vista porque, además, realiza una indagación poco frecuente: los usos de la ucronía en la vida diaria. Sostiene Carrère:

> Da cuerpo a una obsesión a la vez curiosa y banal. Porque imaginar el estado del mundo si tal evento, juzgado como determinante, hubiera tenido lugar de otra manera, es uno de los ejercicios más naturales y frecuentes que el pensamiento humano ejerce. Más natural, más común que construir ciudades ideales con el pensamiento. [...] Una especie de holgazanería intelectual, un tabú quizás, ha prohibido su extrapolación razonada, su acceso, a la dignidad de género literario. (1986, pp. 9-10; la traducción es nuestra).[34]

Y efectivamente comprobamos esto incluso en los periodistas deportivos, que suelen elaborar curiosas e imaginativas hipótesis contrafácticas con las vicisitudes cambiantes de un torneo. Claro que el dominio de la historia es harto más complejo que el del fútbol. Tal como los describen Doležel, Pavel y Sládek, estos mundos son incompletos, porque son fundamentalmente semánticos. Son construidos por un tipo específico de texto narrativo. Y, por tanto, poseen una estructura, a la vez, epistemológica y ontológica. Sus "accesos" son esencialmente ontológicos en el caso de *fictional worlds* y epistemológicos en los *historical worlds*. Y, al mismo tiempo, pueden ser físicamente localizables (historia) o fantásticos (ficcionales).

El lugar de lo contrafáctico puede corresponder al texto o complementarse con la instancia de configuración. En lo contrafáctico-configurativo, el personaje "sabe" las diferencias entre ambos mundos, por lo que lo contrafáctico se localiza en el encuentro de dos "cosmos" que, sin embargo, poseen la suficiente sustancia en común para que ese encuentro se vuelva un diálogo. Podríamos aventurar incluso que historia y ficción pueden estar tan estrechamente unidas que, en rigor, funcionan significando de manera solidaria. Si retomamos el concepto de mímesis de Ricoeur, claramente podemos pensar que la prefiguración del mundo corresponde a la historia tal como es conocida previamente, en dos planos diferentes: el del narrador y el del narratario/receptor. La

---

33. Lamentablemente poco traducido, *Le Détroit de Behring* ha obtenido en Francia el *Grand Prix de la Science-Fiction* 1987 y el *Prix Valery-Larbaud* en el mismo año. En realidad, es una gran elaboración de lo que después será la poética del autor. Allí, dice: "*Le propos de l'uchronie, scandaleux, est de modifier ce qui a été*"; "El propósito de la ucronía, escandaloso, es cambiar lo que ha sido" (p. X; la traducción es nuestra). Y ese "ha sido" es lo que nos ha contado la historia.

34. "*Il donne corps à une hantise à la fois curieuse et banale. Se figurer l'état du monde si tel événement, jugé déterminant, s'était déroulé autrement, est un des exercices les plus naturels et fréquents qu'opère la pensée humaine. Plus naturel, plus fréquent à tout prendre que d'édifier en pensée des cités idéales. [...] Qu'une sorte de paresse intellectuelle, de tabou peut-être, ont interdit à l'extrapolation raisonnée en ce domaine d'accéder à la dignité de genre littéraire*".

historia es un relato que otorga verosimilitud a una obra literaria, articulado desde esa instancia de prefiguración o Mímesis I. La configuración de nuevas posibilidades a partir de este relato "verosimilizador" (que, desde otra focalización, Koselleck denomina "espacio de experiencia"), se produce en la instancia de Mímesis II a partir de una determinada estructuración de la trama (que define el "horizonte de posibilidades").[35] En la recepción o Mímesis III, se genera la acción, no necesariamente transformadora, que es propia de la dialogía que se establece entre la ficción presentada y el mundo de referencia.

Esto nos permite elaborar el siguiente esquema sobre la relación de los mundos entre la historia y la ficción en un texto ucrónico, en el cual tenemos, además de un "mundo factual", un "mundo configurador o configural", constituido por los relatos que legitiman (o, acaso, impugnan) el mundo factual. En general, estos relatos pueden pensarse incluidos dentro del primero de estos mundos, como parte de sus elementos "imaginarios", con lo cual parecería, en primera instancia, innecesaria (e incluso confusa) esta especificidad. No obstante, entendemos que esta discriminación es útil, sobre todo, si distinguimos la instancia de creación de la obra de la de su recepción, que es siempre múltiple y variada. Este mundo configural es más propio del receptor, quien, muchas veces separado por siglos del mundo factual del autor, solo conoce este mundo de manera textual. Llamaremos "enciclopedia" al conocimiento del mundo (tanto epistemológico como ontológico) que poseen el autor y el receptor. Nuestro esquema es, entonces, el siguiente:

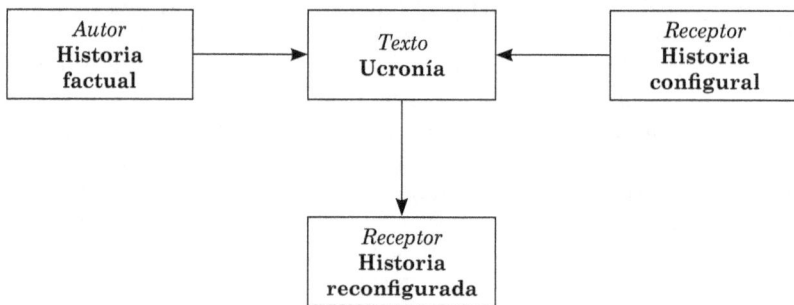

Autor **Historia factual**	→	*Texto* **Ucronía**	←	*Receptor* **Historia configural**

↓

Receptor
**Historia
reconfigurada**

El esquema refleja la relación directa entre la enciclopedia del autor y la historia factual, por un lado, y la enciclopedia del receptor y la historia configural. La historia reconfigurada adquiere el carácter de "nueva enciclopedia" del receptor. Debemos considerar como enciclopedia, fundamentalmente, la Historia (en cuanto ciencia e Historiografía) y, en particular, la historia de las ideas políticas, concepciones dentro del tiempo, pero determinadas por la falta de un destino extrahistórico. No

---

35. Reinhardt Koselleck plantea desde la ciencia histórica los conceptos de espacio de experiencia y horizonte de posibilidades en *Futuro pasado: para una semántica de los tiempos históricos* (1993).

existe una idea de fin del tiempo ni del fin de la historia. La historia, entendida como relato de un determinado sujeto cultural, será para el receptor de una ucronía, el mundo configural de la Modernidad y de la Posmodernidad.

Desde esta estructura, la idea de hipotexto, propia de la narratología, se articula de una manera, a nuestro entender, sumamente enriquecedora, ya que estos mundos están constituidos por un número indeterminado de "textos" que, sobre todo en el plano del receptor, no siempre (o casi nunca) son conocidos de manera detallada. Por tanto, podemos extrapolar esta idea de hipotexto no solo a lo que está comprendido dentro del texto, sino a las instancias que lo hacen verosímil y que hacen posible su recepción, esto es, a todo aquello que conforme la enciclopedia del lector y que resulta, en general, fragmentario: textos que se han leído solo en parte, novelas cuyo argumento se recuerda de manera imperfecta, críticas de libros en diarios o revistas. Desde esta perspectiva, incluso el olvido se vuelve elemento crítico de esta enciclopedia, en cuando la hace mutable. Podemos pensar que esos hipotextos conforman, en última instancia, "experiencia" y, específicamente, experiencia en parte común y en parte individual, y pueden constituirse en elementos que permiten el acceso y la circulación de sentido entre los distintos mundos. Desde una perspectiva hermenéutica, todos los sistemas semióticos han de considerarse mediaciones en el núcleo de una experiencia. La historia puede pensarse entonces como una intermediación entre eventos (el pasado) y los sujetos culturales (el presente), lo cual construye la posibilidad del futuro, al determinar las combinaciones "plausibles" o verosímiles. Pensada de este modo, la ucronía "crea" un evento nuevo, aunque este "crear" es simplemente mutilar, cortar y pegar elementos de eventos diversos. Este evento nuevo se convierte en "hecho" al verificar su verosimilitud con el discurso del presente y construye un "nuevo presente", paralelo o, más bien, alternativo, especular, semilla de una nueva cadena de posibilidades.

Tanto en la utopía como en la ucronía y la distopía, encontramos, en definitiva, el mismo esquema estructurante: un mundo posible que se nos ofrece, a partir de una estética del extrañamiento, como contraste del mundo factual del receptor. Este extrañamiento es el que habilita una toma de conciencia sobre la realidad. Acaso la diferencia radica en una variación clave acerca del futuro. Mientras los mundos posibles de la utopía tienden a llevarnos hacia mundos "mejores" (y a esto apunta su toma de conciencia), no sucede lo mismo con los otros, en donde la reflexión apunta a pensar en los peligros de ese futuro (en la distopía) o en los peligros de las decisiones que hemos tomado en el pasado, y de la manera como pensamos el presente (en la ucronía). En resumen, podríamos esbozar las siguientes conjeturas:

- En la ucronía, se produce una dialéctica hecho histórico / hecho ficcional/histórico.
- La identidad es también (y, acaso, principalmente) una construcción de lo que no se es, pero se podría haber sido.

- Entonces, la pregunta por la posibilidad histórica implica una "mediación" (en términos de Ricoeur) entre nuestro *sí mismo individual-colectivo* y los distintos sujetos históricos y ficcionales que podemos representar.
- Esta mediación es entre el sujeto histórico (del receptor, esencialmente) y su "sombra" (lo negado o lo desconocido de ese sujeto).
- Esta mediación hacia un sí mismo individual-colectivo que propone la ucronía muestra las contradicciones de la historia (es decir, de sus relatos) y, de algún modo, el hecho histórico "se contamina de ficción" y el ficcional, de "historia". Nos introduce en una ambigüedad no-determinista (implica una apertura hacia la teoría del caos).
- La ucronía puede pensarse como una forma ficcional del revisionismo histórico no centrada en los datos concretos (Historiografía), sino en la estructura narrativa. Le quita a la historia su "horizonte ontológico" y la convierte en una suerte de "relato flotante" sobre una infinidad de relatos "sumergidos" y posibles.

La ucronía nos muestra, de esta forma, un modo complementario de comprender la historia a partir de su sombra, de lo posible no realizado. Para emplear una metáfora de Italo Calvino, las "ramas secas" de la vida: "Los futuros no realizados son solo ramas del pasado: ramas secas" (Calvino, 1999, p. 27; la traducción es nuestra).[36]

La longitud de esta sombra, de estas "ramas del pasado que no brotaron", depende de la luz que se proyecte sobre ellas, y su medida es, en definitiva, siempre fluctuante. No podemos determinarla sino, simplemente, imaginarla. Pero si pensamos que todo evento histórico se encuentra fuertemente condicionado por una multitud de relaciones, nuestro experimento ficcional podría funcionar perfectamente, mostrando al menos uno de los ángulos de todas las sombras posibles de la historia. Una modificación o alteración de una de relaciones supone una reorganización (sincrónica y diacrónica) de todos los demás (que puede implicar, además, el surgimiento de eventos nuevos y la desaparición de otros). Entre las infinitas sombras posibles, acaso deberíamos buscar la que más pavor nos provoca, si es que pretendemos que la ucronía tenga un valor oracular.

Sistematizar estas relaciones puede ser una empresa, también ella, infinita. Pero el autor de *Uchronie*, Charles Renouvier, impulsado sin duda por su pensamiento neokantiano, describe nueve categorías que determinarían las mutaciones de la historia: relación, número, posición, sucesión, cualidad, porvenir, causalidad, finalidad y personalidad (Ferrater Mora, 2001b, pp. 3071-3073). De todas maneras, entendemos que podrían sumarse o restarse categorías; la riqueza no está en su clasificación, sino en el tejido no diferenciable que articulan. La dinámica viva de este tejido se basa en que cada una de ellas se despliega a través de un esquema dialéctico de tesis, antítesis y síntesis. La sincronía resultaría

---

36. *"I futuri non realizzati sono solo rami del passato: rami secchi"*.

ser una "síntesis" del desarrollo diacrónico (histórico), similar a pensar la historia como "las brujas de Macbeth", como una semilla: encriptada en su estructura se encuentra el pasado y el futuro. Por tanto, la ucronía, como la historia ficcional, tal como ya afirmamos, nos permite ver el desarrollo de la historia en esta doble dimensión: la de los eventos vinculados por su relación de causa-efecto (diacrónica-causal) y la de los eventos asociados estructuralmente por su sincronía.

A partir de todas estas reflexiones, podemos esbozar una primera definición de ucronía:

> La ucronía como ficción histórica implica la construcción de un tipo particular de mundo posible, configurado a través de hechos (los referentes del texto-Mímesis II) en el espacio lógico (la historia y el lenguaje-Mímesis I) para crear el mundo posible o contrafactual de naturaleza fantástica (ontológica-Mímesis III), que implica una reconfiguración del mundo de referencia, conformado por la historia "ontologizada" y un sujeto (el receptor) inmerso en esa historia.

Definición teórica compleja que podríamos expresar de una manera más simple y, posiblemente, más completa:

> La ucronía es la expresión narrativa de lo que no nos ha sucedido en nuestra historia, pero sigue siendo parte de nosotros de manera invisible.

Y lo que determina su valor (mucho más concretamente que en el *fantasy*, el viaje en el tiempo o la novela histórica) es la distancia entre la enunciación y el enunciado, entre los distintos tiempos presentes y en las diferentes historias que habitan en cada uno de ellos.

A partir de estos conceptos, podemos repensar el esquema propuesto con anterioridad, de tal modo de incluir el proceso por el cual se produce este "surgimiento del otro" en sí mismo, ya que tenemos, en realidad, dos receptores "distintos", marcados por una diferente "conciencia de sí". En esta estructura dinámica, en rigor, no es el texto lo efectivamente "ucrónico", sino el sistema del que forma parte. O más aún: conforma un sistema de expresiones de contenido contrafactual. Nuestro esquema de expresiones ucrónicas sería, entonces, el siguiente:

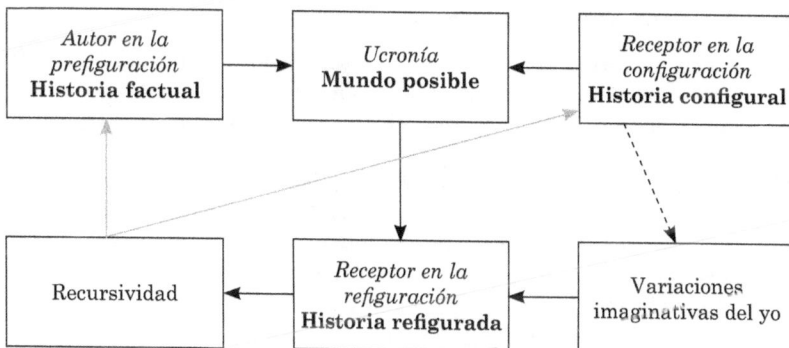

Autor en la prefiguración **Historia factual**	→	Ucronía **Mundo posible**	←	Receptor en la configuración **Historia configural**
Recursividad	←	Receptor en la refiguración **Historia refigurada**	←	Variaciones imaginativas del yo

Aquí tenemos:

- Historia factual: prefiguración a partir de una concepción de historia, de destino o *telos* (y, eventualmente, de utopía o distopía).
- Historia configural: propio del receptor en la instancia previa al proceso de recepción. El espacio de experiencia que comparte con la Historia factual determina la verosimilitud del relato.
- Ucronía-Mundo posible: configuración en la que las modificaciones provocadas a través de la ficción en los eventos extienden, a través de nuevas posibilidades, las expectativas del receptor. En este caso, se trata de una configuración ficcional que articula hechos históricos. Estos hechos determinan las reglas de acceso entre los mundos.
- Variaciones imaginativas del yo: personajes mediadores con el receptor en la ficción, esenciales para la refiguración.
- Historia refigurada: refiguración del mundo y del yo (receptor) a partir del advenimiento de un otro generado por las variaciones imaginativas de los personajes *individuales* en el mundo posible.

¿Qué deja al receptor una ucronía? Precisamente, una dialogía entre lo sucedido y lo posible que el narrador, en general, no resuelve. Esta irresolución es transformadora porque plantea (o vuelve a plantear) el problema del compromiso con el propio tiempo histórico. Sucede acaso que, en esta fragmentación posmoderna, la verdadera utopía, en realidad, no tiene como relato generador de verosimilitud a la historia; esta no ha llevado más que al desencanto. Esta utopía, si existe en una de las múltiples variaciones imaginativas, está en el lenguaje mismo. La articulación de las utopías y de la historia deja un desierto lleno de discursos fragmentados. Pero el tomarlos, darles forma y dirigirlos hacia un sentido revolucionario hace de la revolución un encuentro. El horizonte de expectativas es esta recuperación de la vida en el texto.

Puesto que la ucronía propone que el devenir histórico no depende tanto del acontecimiento en sí, sino de la sintaxis que esos acontecimientos conforman dentro del relato, podemos pensar entonces una serie de reglas que permitan pensar esta *proyección de realidad*. En términos menos complejos, podemos concebir esta estructura como una "gramática" de la ficción histórica. Desde nuestro punto de vista, esta gramática implicaría, al menos, tres reglas básicas:

- Los acontecimientos deben ser verosímiles a partir de su derivación con respecto a un relato al que inevitablemente se referencian (la historia, la instancia de enunciación). Este relato conforma el *espacio de experiencia*.
- Estos acontecimientos son reorganizados de modo que entre ellos exista, a su vez, un "relato verosimilizador", un relato que garantice la consistencia de la ficción. Este relato está "ausente" o no está explícitamente en el texto, pero debe estar presente de tal modo que pueda ser inferido a partir de la exposición de estos mismos acontecimientos. En general, este relato es la "historia" de ese mundo posible.

- La sintaxis de los eventos configura un "futuro posible" doblemente ficcional a partir de dos "historias" diferentes, la virtual (la que existe dentro de la ficción) y la configural (la que comparten como espacio común de experiencias y como horizonte de expectativas el autor y los receptores). Este futuro posible en el texto determina un "horizonte de interrogantes" en el receptor que debería exceder su "horizonte de expectativas". En este caso, se tiende a transmutar una situación histórica en otra que, sin embargo, deviene esencialmente idéntica. Solo han cambiado sus aspectos contingentes.[37]

En definitiva, estamos ante una polifonía de horizontes en donde el receptor, autoextrañándose a través de distintos personajes, juzga su presente histórico como "no familiar". La neurosis propia de los temas del "tú" (la crisis de una época determinada) adquiere desde la ucronía una forma propia de los temas del "yo", una psicosis en donde la ucronía adquiere un rostro terriblemente similar, el rostro de un *Doppelgänger* de nuestro propio tiempo. De esta perplejidad, surge la fascinación que este tipo de ficción provoca. Una fascinación que nos interroga.

Ucronía, genología y literatura comparada

La ucronía no es un tema en sí, sino un modelo de explicación ficcional de la historia. Un auténtico género literario que, como hemos visto a lo largo de este estudio, puede ser pensado derivado pero autónomo no solo de la utopía sino incluso del *fantasy*. En efecto, su gramática y su estructura dinámica lo evidencian. En la ya clásica definición que nos brinda Tzvetan Todorov (1988), el género (tanto literario como de otro tipo) es el producto del fruto de una elección, de una transformación y de una codificación de determinados actos lingüísticos empleados recurrentemente e institucionalizados en el marco de una ideología por una sociedad o grupo (p. 38 y sig.). Los textos producidos dentro de esa codificación pueden ser reconocidos por los lectores, lo que a su vez relaciona la noción de género con la estética de la recepción (Sinopoli, 2002, p. 179). Y, como hemos visto, la recepción define en sí misma a la ucronía. Con mayor nivel de detalle, el comparatista Claudio Guillén organiza la genología desde el punto de vista del investigador en seis perspectivas: histórica, sociológica, pragmática, estructural, conceptual y comparativa (2005, pp. 137-145). Alineados con la visión de Guillén, un género como la ucronía se define por su diálogo con la historia y la sociedad, por la presencia de un modelo estructural, por su pragmática lectora, por el espacio conceptual de reflexión que genera, y por los límites que definen su universalidad, que trascienden la historia como disciplina y el *fantasy* como estética.

---

37. Esto puede observarse en el cuento de J.L. Borges "Emma Zunz", en el cual el narrador hace una deliberada valoración de los hechos "contingentes".

Por tanto, abordar el estudio de la ucronía desde la teoría de la literatura comparada se vuelve particularmente interesante. Tanto la imagología[38] como la tematología[39] serían ejes de análisis muy productivos, aunque en absoluto excluyentes. En la imagología, estas "imágenes del otro" corresponden no a otra cultura sino a "otro tiempo" u "otra historia posible" de esa misma cultura, tema sobre el cual nos hemos referido *in extenso*. En el caso particular de la tematología, es evidente la multiplicidad de temas, tanto de naturaleza histórica como ontológica, que pueden abordarse. Es preciso tener presente que sus temas son propios de la historia y de la sociedad en una época determinada, y que el acontecimiento clave o "punto Jonbar" deber ser pensado en la medida estricta de lo posible y no como una mera fantasía. Un listado de las ucronías, tanto en literatura como en otras artes, en particular, el cine y el cómic, sería extenso. No obstante, podemos observar dos motivos recurrentes en ellas:

- La presencia mayoritaria de lo distópico. En general, las ucronías plantean presentes alternativos distópicos (o, al menos, más distópicos que los de la realidad fáctica). Sin embargo, existen fuertes matices ideológicos en esta lectura. Mucho más claramente que en la distopía propiamente dicha, la antiutopía dentro de la ucronía debe leerse casi siempre de manera comparativa con respecto al mundo de referencia, y el eje de análisis de esa comparación es la ideología (tanto del autor como de los potenciales receptores).
- La catástrofe histórica, que normalmente se encuentra en la prehistoria del texto y forma parte de su mundo prefigural, pero que también puede acechar al final del camino. La distopía perfecta dentro de una ucronía sería aquella cuya historia quedara atrapada entre dos catástrofes. Una vez más, incluso esta idea de catástrofe debe pensarse de manera comparativa con el mundo de referencia.

La teoría del desastre histórico o *catacronismo* resulta sumamente útil para pensar de qué modo gravita la catástrofe histórica en el desarrollo y en el destino de la distopía y, en particular, de la discronía o distopía ucrónica. El concepto fue definido por Pablo Capanna, quien lo aplica, en principio, a la lógica del viaje temporal y a sus terribles y paradojales efectos, sobre los que ya hemos indagado (1999, pp. 33-36). Sostiene que este tipo de catástrofe puede pensarse si convenimos en que

---

38. Nora Moll define la imagología como "el estudio de las imágenes, de los prejuicios, de los clichés, de los estereotipos y, en general, de las opiniones sobre otros pueblos o culturas que la literatura transmite, desde el convencimiento de que estas *images*, tal y como se definen comúnmente, tienen una importancia que va más allá del puro dato literario o del estudio de las ideas y de la imaginación artística del autor" (Moll, 2002, p. 349).

39. "La tematología es una rama de la literatura comparada que estudia aquella dimensión abstracta de la literatura que son los materiales de que está hecha, así como sus transformaciones y actualizaciones; estudia, en otras palabras, los temas y motivos que, como filtros, seleccionan, orientan e informan el proceso de producción de los textos literarios" (Pimentel, 1993, p. 215).

el tiempo puede ser recorrido como una dimensión más y, por tanto, el camino de regreso podría no coincidir con el de ida (por lo cual, el punto inicial del viaje cambiaría su historia). Pero esto supondría, a su vez, una concepción "cerrada" del tiempo y condicionada a que un acontecimiento definiera unívocamente causa y efecto. Podemos postular que no es así de manera estricta pues, en un sistema abierto, los caminos de regreso son, inevitablemente, múltiples, pero con frecuencia convergentes.

Podemos trasladar este concepto para aplicarlo a la ucronía. La alteración de un acontecimiento histórico, ya en el "viaje en el tiempo" (en cualquiera de sus variantes) como en la "ucronía", llevaría al desastre solo si no existieran dos condiciones: 1) el despliegue de la vida en el tiempo (y, en su narración, la historia) es un sistema abierto, por lo que, en sí mismo, tiende a compensarse y equilibrarse (incluso una tempestad sirve para retornar al equilibrio en el sistema del clima); 2) el "atractor" o polo hacia el que convergen las acciones humanas en una dirección determinada y acota sus posibilidades de cambio. Esta convergencia hace que el movimiento en la historia sea "centrípeto" y no "centrífugo", y tiende a redirigir la "tempestad". Por tanto, matar una mariposa en el Jurásico ("A Sound of Thunder", de Ray Bradbury) o mover una piedra en el Mesozoico ("Me, Myself and I", de William Tenn) serían catástrofes *si y solo si* ese acontecimiento únicamente pudiera leerse como una relación de "causa-efecto" y no como una relación de sincronía, y *si y solo si* los infinitos puntos que conforman esa sincronía no buscaran "un centro", un punto de destino en el tiempo. En definitiva, la "tentación determinista" no puede desembocar sino en una catástrofe (la "impugnación del determinismo" o la "afirmación del caos"). A menos que, como sostiene Pablo Capanna, el pasado resulte inalterable (1999, pp. 35-36), como se observa en la novela breve *Enviado extraordinario* de William Golding, en la cual un "científico" romano anticipa una serie de desarrollos tecnológicos que inquietaron al emperador (la pólvora, la brújula, la máquina de vapor) y, para que estos no se desarrollen, lo envía como embajador a China (donde finalmente se concretarán).

Desde esta perspectiva, Pablo Capanna (1999, pp. 37-38) distingue dos tipos de ucronías, la eucronía y la discronía:

- La eucronía se plantea como una operación de corrección sobre la historia, generalmente, gracias a un viaje en el tiempo. No ha habido muchas eucronías: Capanna menciona dos textos de Lyon Sprague de Camp, *Lest Darkness Fall* (*Para que no caigan las tinieblas*), de 1939, en el cual se introducen deliberadamente pequeños avances tecnológicos en la Edad Media para acelerar la Modernidad, y *The Wheels of If* (*Las ruedas del sí*), de 1940.[40] Este limitado desarrollo de la eucronía probablemente ocurra por el simple hecho de que (al menos, desde la Primera Guerra Mundial) hay muchos que no están muy seguros de que la Modernidad haya sido tan positiva. A esta

---

40. No obstante, en estas obras se observa también la lógica del tiempo alternativo.

lista podríamos agregar la obra de Charles Renouvier, *Ucronía*, cuya "eucronía" es la continuidad del mundo clásico.

Dentro de la "historia virtual", en cambio, es frecuente, al menos, la búsqueda de la eucronía, en particular, tratando de evitar, a partir de pequeñas modificaciones en los acontecimientos, ciclos políticos que el autor juzga negativos (como el texto de Juan Carlos Torre, "La Argentina sin peronismo"). Estos textos, en general, no son de ficción y suelen poseer una matriz ideológica muy explícita.

Los autores de eucronías pueden considerarse no fatalistas, en cuanto creen que el pasado podría haber sido mejor. Pero, indudablemente, no consideran el presente "el mejor de los mundos posibles". En rigor, la eucronía es, en esencia, pesimista sobre el presente, con lo cual se cumple la "regla" básica de un modelo de explicación ficcional: se vuelve espejo de la época de producción del texto, invirtiendo las expectativas que genera.

- La discronía, como es fácil advertir simplemente haciendo un inventario de la literatura ucrónica, es la más frecuente. Esta "distopía en el tiempo" es la que encontraremos en las obras de nuestro *corpus* de trabajo y, si hemos de creerle al mismísimo Philip Dick, representan, en realidad, una forma de observar cuánto peor podría haber sido nuestra suerte en el mundo. Según Pablo Capanna, el autor de discronías es un "optimista", porque, en definitiva, el mundo de ficción es mucho peor que el factual (al menos, desde la lógica y la ideología del autor). Esto sucede con las ucronías más célebres. Junto con las tres que componen nuestro *corpus*, muy famosas, mencionamos algunas menos conocidas y, no obstante, sumamente interesantes:

- *Pavana*, de Keith Roberts (1981), obra en la cual la muerte prematura de Isabel I en un atentado lleva al predominio de España sobre Inglaterra, que, a su vez, provoca que la Revolución Industrial deba esperar varios siglos más, constantemente retrasada por la acción de la Iglesia Católica. Obviamente, se trata de una ucronía protestante y probritánica.
- *Lo que el tiempo se llevó (Bring the Jubilee)*, de Ward Moore (1953) describe un mundo en donde los Confederados triunfan en la Guerra de Secesión, lo que lleva a que EE.UU. nunca se convierta en una potencia. La historia se desarrolla en el siglo XX, en el contexto de un conflicto entre los Estados Confederados y el Imperio Alemán, su rival.
- *Roma eterna*, de Robert Silverberg (2003), ucronía claramente inspirada en la de Charles Renouvier, en la cual el cristianismo nunca surgió, lo que llevará, a su vez, a la indefinida continuidad del Imperio Romano.
- *Tiempos de arroz y sal (The Years of Rice and Salt)*, de Kim Stanley Robinson (2002), describe una Europa que ha quedado arruinada por causa de la peste negra, por lo que el dominio mundial pertenece a Asia, hacia donde, dicho sea de paso, parece regresar en

nuestra historia del siglo XXI, lo cual le otorga una muy interesante lectura contemporánea.

- *Nero italiano* (2003) y *Dea del caos* (2005), de Giampietro Stocco, en las que Italia no participa de la Segunda Guerra Mundial y el fascismo, por tanto, perdura hasta bien entrada la década del '70 del siglo XX. En los hechos, una visión "algo peor" de los gobiernos de Berlusconi en la Península. *Nero italiano* posee una característica poco frecuente en las ucronías: dos "puntos Jonbar" o bifurcaciones históricas. En la primera, el Conde Ciano convence a Mussolini de no participar en la Segunda Guerra Mundial (el Duce muere poco después de una hemorragia cerebral y Ciano asume el gobierno). En la segunda, Hitler muere en el atentado que realiza el coronel von Stauffenberg en 1944. La elección de dos bifurcaciones no parece ser un acierto, sino más bien todo lo contrario, ya que genera complejos problemas de sincronía entre los acontecimientos, que llevan, a su vez, a una trama narrativa que requiere un *deus ex machina* para no devenir caótica.

- *En el día de hoy*, de Jesús Torbado (1976), es un caso singular de ucronía española, en la que se describe el triunfo republicano en la Guerra Civil. Además de por su origen (recordemos que la ucronía es mucho más frecuente en el mundo anglosajón), esta novela resulta interesante por su año de publicación, a muy poco de terminada la larguísima era franquista.

- *Hitler victorioso (Hitler victorious)*, de 1986, es una antología de once relatos de distintos autores, compilada por Gregory Benford y Martin Greenberg y con una introducción escrita por Norman Spinrad, que describe un mundo ominoso dominado por el nazismo. El prefacio, de Gregory Benford, significativamente tiene por título "Imaginen el abismo".

- *A la sombra de los bárbaros*, de Eduardo Goligorsky, publicada en 1977, es una colección de cuentos que, de manera fragmentaria, retrata los avatares de una nación que ha optado por cerrarse al mundo y vivir en la "pureza" de su nacionalidad. En este particular caso de ucronía sudamericana, Goligorsky retoma la dicotomía civilización o barbarie, propia de la historia y la cultura argentinas, y la extiende hacia un futuro indefinido, a partir de una elección por la "barbarie". Ficción perturbadora que critica los extremos absurdos del nacionalismo, generó un fuerte rechazo desde ciertas áreas de la política de aquel entonces. Si bien Goligorsky no hace referencias explícitas, el libro claramente apunta su fábula a las dictaduras militares que se sucedieron por aquellos años (los '60 y '70) y al Peronismo más conservador.[41]

---

41. Uno de los eventos que probablemente más influyó en la concepción de esta obra fue la "Noche de los bastones largos", cuando el 29 de julio de 1966, a poco más de un mes de iniciada la dictadura del general Juan Carlos Onganía, la Policía Federal Argentina desalojó

- *Peter Kampf lo sabía*, cómic de Trillo y Mandrafina, de 1987, es otro caso de ucronía compuesta en la periferia de la "literatura ucrónica", que retoma la trama de *El sueño de hierro*, de Spinrad. En este caso, Hitler, quien jamás se dedicó a la política, fue dibujante de historietas en EE.UU., donde crea el personaje de Peter Kampf (en un claro juego con *Mein Kampf*, tristemente célebre texto hitleriano). Lo más singular, no obstante, es su contexto de producción y publicación: el gobierno de Ronald Reagan, con el que traza inquietantes vasos comunicantes. Fue publicado por entregas en la famosa revista *Fierro*.[42]

La lista de ucronías es inmensa y, en los últimos años, se ha transformado en un recurso ficcional muy frecuente en el cómic y el cine, sobre todo, a partir de *Watchmen*, de Dave Gibbons —dibujante—, John Higgins —quien elaboró los colores— y Alan Moore —guionista— (1986-1987); y, en especial, por su versión cinematográfica de 2009, dirigida por Zack Snyder. Sin embargo, las ucronías siempre buscan el mismo efecto: interrogar sobre el presente, mostrándonos su espejo, su alternativa, su lado oscuro la mayoría de las veces y, en ocasiones, el luminoso. A partir de esta perspectiva, la elección de las novelas que hemos hecho es apenas una muestra de este múltiple universo por explorar. Desde el símbolo, desde la historia y desde la metafísica, la ucronía constituye una gran pregunta sobre el sentido del tiempo y sobre lo que hacemos con él. Cada instante cuenta, como si el universo cristalizara solo en lo ínfimo. Lo grande (Hitler, la Segunda Guerra Mundial, Stalingrado) se convierte en un fragmento de lo pequeño (el viento, una mariposa, una palabra no dicha). En definitiva, este es (qué otro si no) el único tema que se repite una y otra vez, y en todos los tiempos.

---

violentamente a estudiantes y profesores de cinco facultades de la Universidad de Buenos Aires.

42. Sobre este cómic, hemos publicado un estudio específico: "Mirarse en el espejo del tiempo: La narratividad de la ucronía en 'Peter Kampf lo sabía', de Trillo-Mandrafina" (Del Percio, 2013).

❧ SEGUNDA PARTE ❧

Tres ucronías en el horizonte de posibilidades del nazismo

⟫❦ INTRODUCCIÓN ❦⟪

Ante tanta variedad de ucronías, posiblemente resulte imposible agotar el estudio de sus características. Sin embargo, como consideramos que existe una articulación específica entre una ucronía en particular y el tipo puntual de hecho histórico que la origina (es decir, un evento o acontecimiento perfectamente documentado por la ciencia histórica en nuestro mundo), entendemos que es posible trazar tres ejes de análisis centrales y tres modos esenciales de construirlas.

Tal como explicamos, dada la doble línea de correspondencias que la ucronía traza entre los distintos hechos, una "vertical" de causa-efecto y otra "transversal" de sincronía entre las relaciones que los conectan, el modo en que estos hechos históricos son transformados, suprimidos o añadidos genera, indudablemente, mundos de distinto tipo. Por tanto, no son equivalentes un cambio en la biografía de un personaje principal de la historia (Hitler, Goebbels, etc.), como un crimen o el resultado general de una guerra. En efecto, podríamos pensar (sin intención de generar nuevas clasificaciones generales) que existen microucronías y megaucronías, tal como son construidas por sus autores, aunque juzgamos evidente un hecho esencial: todo cambio, por mínimo que sea, remite a una regresión limitada hacia el pasado hasta dar con un hecho histórico que no puede cambiar (es decir, existiría un límite más allá del cual los "acontecimientos ficcionales" no cambian con respecto a la documentación histórica), pero permiten una progresión infinita hacia el futuro (o sea, que la ficción puede expandirse indefinidamente solo sostenida por un principio de coherencia histórica y semántica, pero no limitado por ninguna documentación). Podríamos añadir que la ucronía es una suerte de "vector" de eventos ficcionales sin límite efectivo, pero de origen histórico documentado.

Sobre esta base, organizaremos nuestro trabajo sobre el *corpus* en tres partes. En la primera, nos enfocaremos en la novela de Norman Spinrad *The Iron Dream* (*El sueño de hierro*), una ucronía centrada en el destino de un personaje: Adolf Hitler, quien, por razones aparentemente menores (y deliberadamente no precisadas por el autor), no se ha dedicado a la política y emigra a EE.UU., en donde se gana la vida como novelista de ciencia ficción y dibujante. En la segunda, revisaremos la construcción y la aplicación de mundos posibles a partir de un hecho histórico concreto y aislable: *The Plot Against America (La conjura contra América)*, de Philip Roth. En este caso de estudio, se podrá observar la lógica de la exclusión y del antisemitismo en Estados Unidos de América (particularmente, en Nueva York) a partir de un resultado electoral adverso para el partido demócrata. En la tercera, abordaremos *The Man in the High Castle (El hombre en el castillo)*, de Philip Dick, novela que parte de un "megahecho" histórico, cuyos innumerables componentes carecen de importancia narrativa: el Eje (particularmente, el nazismo) resultó victorioso en la Segunda Guerra Mundial. La segmentación del *corpus* tiene por objeto, entonces, no solo estudiar obras puntuales, sino también articular cada ucronía con una lectura específica de la historia. Esto implica, tal como anticipamos en la introducción, mundos basados en una visión fundamentalmente mítica, histórica y ontológica del nazismo, y su conexión no solo con el tiempo de enunciación de cada una de estas obras, sino con nuestro presente. Se harán visibles, entonces, los rasgos comunes entre ellas y, en particular, sus singularidades, de modo que podremos extraer para el futuro una metodología eficaz.

En el primer caso, analizaremos las particularísimas relaciones entre la biografía ficcional (género ya utilizado por Marcel Schwob y Antonio Tabucchi) y la historia, y mostraremos la posibilidad de que las variaciones en los actantes[43] individuales posean, en realidad, escasa relevancia dentro de los hechos históricos vistos desde una perspectiva amplia, ya que los procesos, acaso con diferente intensidad y otras consecuencias inmediatas, continuaron desarrollándose, siguiendo *el mismo vector*. De este modo, podremos observar cómo el nazismo, no obstante la inexistencia de su líder emblemático, lograría manifestarse de maneras menos cruentas, pero pasibles de un uso político, y cómo otras ideologías y otros estados llevarían a una considerable parte de la humanidad hacia el Holocausto.

En el segundo caso, la alteración de un hecho histórico concreto, que modifica esencialmente las motivaciones del secuestro del hijo del héroe norteamericano Charles Lindbergh (este último, un hecho histórico perfectamente documentado y célebre), provoca una variación y una reconexión entre eventos que *suceden* tanto en la historia como en la novela (las elecciones norteamericanas de 1940, con el triunfo de un candidato republicano en lugar de un demócrata; la no ocurrencia en tiempo y forma de la batalla de Pearl Harbor, una derrota soviética en Stalingrado; serie de sucesos que abarcan los meses de diciembre de 1941 y enero de 1942). Este reordenamiento de las estructuras ideológicas

---

43. El término actante proviene del ámbito de la narratología. Son los seres o las cosas que participan en el proceso de la narración, aun de forma pasiva. (Reis y Lopes, 1995, p. 14).

y de poder desde la política interior de EE.UU., y de la sincronía entre
los acontecimientos, se presenta complementada por una minuciosa
(aunque ideológicamente seleccionada) documentación histórica "real"
(es decir, de la historia tal cual como la conocemos), que el autor inserta
al final de la novela. Por tanto, si bien, dentro de las obras estudiadas,
es la ucronía con menos desarrollo de lo fantástico, es también la que
con mayor énfasis busca contrastar lo posible con la documentación de
lo efectivamente sucedido.

Nuestro tercer caso de estudio es, en rigor, el más ambicioso, ya
que implica una reconfiguración a escala global de lo que resultaría
de un nazismo triunfante en la Segunda Guerra Mundial y ya con un
único rival posible: el Japón imperial. No resultan importantes aquí los
eventos puntuales, puesto que el autor busca reflexionar desde lo que
podríamos llamar *una lógica inversa* a la de Leibniz: cómo sería la vida
en este mundo si se configurara como "el peor de los mundos posibles".
Así, sucesivamente, el nazismo devorará con su lógica expansiva toda
Europa, exterminará a la población africana y planificará secretamente
la destrucción de su antiguo aliado.

Un rasgo común a la estructura narrativa de las tres obras reside
en el modo de la focalización que adoptan los distintos narradores. Esta
focalización es siempre *periférica* y jamás se corresponde con un actante
que tenga el dominio o la decisión fundamental sobre las acciones narrativas: los comentarios de un editor en *The Iron Dream*, el relato de un
niño en *The Plot Against America*, un anillo de voces complementarias
(un miembro del partido nazi, una muchacha, un funcionario japonés
que practica la filosofía zen, un vendedor de imitaciones de revólveres
Colt y, en el centro de ese anillo, un escritor) en *The Man in the High
Castle*. Y, como eje estructural, un recurrente planteo metaficcional (y
metahistórico) desde formas muy diferentes. En efecto, lo que hace a
estas obras efectivamente útiles para pensar la historia no es solo la
forma en que combinan hechos ficcionales e históricos, sino cómo *piensan* esa articulación, y en qué medida esa reflexión refigura el modo en
que pensamos el mundo o su relato, tal como lo conocemos en nuestro
presente.

❧ I ❧

The Iron Dream (El sueño de hierro), de Norman Spinrad

Tema y estructura general de la obra: la articulación de tres formas de la utopía

En términos metafóricos, esta novela (publicada originalmente en inglés en 1972 y editada en español por la editorial Minotauro de Buenos Aires en 1978) es una puesta en abismo de todo el sistema simbólico del nazismo y una construcción especular de un momento apocalíptico de la historia: la amenaza nuclear en la Guerra Fría. Por tanto, necesariamente, The Iron Dream debe ser, a la vez, grotesca en su afán descriptivo del pensamiento de Hitler y reflejar, al mismo tiempo, la cosmovisión nazi y sus mitos fundacionales que, como tales, quedan efectivamente fuera de la historia y tienen vida más allá de los acontecimientos puntuales. Estas propiedades, que, a primera vista, quizás resulten paradójicas, en realidad la hacen perfectamente coherente, ya que el eje del cambio es precisamente la psicología del que, en nuestro mundo, fue, a la vez, un genocida y un líder capaz de catalizar las fuerzas oscuras de gran parte del planeta. Fuerzas que han cambiado para siempre la forma en que pensamos nuestro destino.

El proyecto de Spinrad se basa en una original articulación entre ficción, metaficción e historia, lo que le permite operar en diferentes niveles de recepción. De hecho, construye una serie de "mundos" ficcionales insertos unos dentro de otros, como cajas chinas o muñecas rusas, cada uno de ellos, con un narratario específico.

En el nivel inferior de estos mundos posibles, encontramos una "novela" típica de la ciencia ficción "dura", con una poco frecuente combinación (más bien, mezcla un tanto incoherente) entre relato de aventuras, un Bildungsroman o novela de formación muy particular que desarrolla el camino del héroe de la novela (Feric Jaggar), un mito típico de restauración de la Edad Dorada (que no prescinde de ninguno de sus lugares comunes, como ser la profecía y la magia) y una guerra con amplísimos desarrollos tecnológicos que concluye, por si fuera poco, con la conquista del espacio y el desarrollo de la clonación. Esta "novela" inserta dentro de la novela posee el sugestivo título de *El señor de la esvástica (Lord of the Swastika)* y su autor no es otro que Adolf Hitler, quien la *escribió* poco antes de *morir*, en 1953.

Por encima de este nivel, se desarrolla la estructura del "libro" en el que es editada la novela. Por tanto, aquí hay una gran variedad de elementos *no literarios*, sino propios de la industria editorial. Encontramos, primero, un resumen publicitario, que actúa como *prolepsis* o *puesta en abismo* de *El señor de la esvástica*, que la presenta como la obra mejor lograda de su autor, Adolf Hitler, que, sugestivamente, es galardonada de manera póstuma, en 1955, con el Premio Hugo, que existe realmente en la actualidad y que han recibido, entre otros, Philip Dick y Ursula Le Guin. Luego, como es típico en estas ediciones, un índice de las otras novelas del autor, un resumen biográfico, la "cubierta" de la novela, decorada con cruces esvásticas en sus bordes y, al final, luego de la novela de Hitler, un "Comentario a la Segunda Edición" por parte de un crítico literario, Homer Whipple, fechado en 1959 en Nueva York. No es preciso indicar que todo lo contenido en este nivel es, también, estrictamente ficcional, pero es presentado como factual.

Por último, un tercer nivel, conformado por la novela de Spinrad en sí, que implica los dos niveles anteriores. Aquí encontramos el título, *The Iron Dream*, su fecha de edición, 1972 (o 1978 en español), con una tapa ilustrada de manera sugestiva: sobre un fondo de color azul de Prusia, un motociclista surge de un círculo junto con un puño derecho cerrado, en actitud de afirmación o amenaza, y una bandera nazi (cruz esvástica negra en círculo blanco dentro de un cuadrado rojo).

Por tanto, el autor construye la ficción simulando un clásico libro de ciencia ficción, al que estructura del siguiente modo:

- Presentación del libro.
- Una lista de las "otras novelas" de ciencia ficción de Adolf Hitler.
- Una reseña de la vida y la obra del autor.
- La carátula de la novela *El señor de la esvástica*, de Adolf Hitler.
- El desarrollo de la "novela" propiamente dicha, que abarca catorce capítulos.
- Un "Comentario a la Segunda Edición", firmado por Homer Whipple en Nueva York y fechado en 1959 (es decir, seis años después de la "escritura" y cinco de su "primera edición").

Spinrad, entonces, nos propone una construcción narrativa compleja, en la cual intervienen elementos no literarios (una reseña biográfica, una lista de libros, una presentación, una carátula) utilizados narrativamente. El receptor (el lector modelo, en particular, el lector de ciencia ficción "dura"), en estos casos, opera por analogía y por verosimilitud: sabe que las ediciones de este tipo poseen esta organización, por lo que la misma estructura del texto garantiza una continuidad verosímil (es decir, un primer punto de acceso o criterio de accesibilidad) entre el mundo del receptor y el mundo ficcional que se está desplegando.

La biografía ficcional como mundo factual o prefiguración de "Hitler novelista"

Veamos, en primer lugar, la "presentación" del texto:

Adolf Hitler nos transportará a una Tierra del futuro, donde solamente Feric Jaggar y su arma poderosa, el Cetro de Acero, se alza entre los restos de la auténtica humanidad y las hordas de mutantes descerebrados a quienes los perversos dominantes controlan por completo.

Los aficionados del mundo entero admiten que *El Señor de la Esvástica* es la más ágil y popular de las obras de ciencia ficción de Adolf Hitler; en 1954 recibió justamente el premio Hugo a la mejor novela del género. Agotada durante mucho tiempo, ahora puede obtenérsela otra vez en esta nueva edición, con un comentario de Homer Whipple, de la Universidad de Nueva York. Compruebe personalmente por qué tantos lectores han acudido a las páginas de esta novela, como un rayo de esperanza en tiempos tan sombríos y terribles como los nuestros. (Spinrad, 1978, p. 9).[44]

Más que una breve puesta en abismo de la novela de Hitler, esta introducción es, en esencia, publicitaria, y refleja las expectativas del público al que va dirigida *Lord of the Swastika*: una tierra del futuro, con un escenario postapocalíptico, poblado de "subhumanos", que logrará resurgir de sus cenizas por medio de un arma mítica. Observemos que esta introducción no se aleja en exceso de otras similares, de obras ficcionales "reales" (que, en la década del 50, fueron particularmente frecuentes, tanto en literatura como en cómic y cine), y que su frase final refleja (o, al menos, sugiere) la complejidad y la incertidumbre política de ese presente. Por tanto, Spinrad hace coincidir, en ambos mundos, un mismo temor social: el apocalipsis nuclear. De hecho, en el tiempo del enunciado de la novela (como ya mencionamos), sobreabundan las narraciones de este tipo, tanto en literatura como en el cómic y el cine, enmarcados dentro del contexto de la Guerra Fría, y que perfectamente podemos considerar como parte de "lo apocalíptico secular" (el fin de nuestra civilización prescindiendo de lecturas religiosas y escatológicas). Volveremos sobre este punto más adelante.

Las "otras novelas" de Adolf Hitler, indicadas o, más bien, anunciadas publicitariamente, son altamente representativas de su pensamiento,

---

44. *"Let Adolf Hitler transport you to a far-future Earth, where only FERIC JAGGAR and his mighty weapon, the Steel Commander, stand between the remnants of true humanity and annihilation at the hands of the totally evil Dominators and the mindless mutant hordes they completely control.*
Lord of the Swastika *is recognized as the most vivid and popular of Hitler's science-fiction novels by fans the world over, who honored it with a Hugo as Best Science-Fiction Novel of 1954. Long out of print, it is now once more available in this new edition, with an Afterword by Homer Whipple of New York University. See for yourself why so many people have turned to this science-fantasy novel as a beacon of hope in these grim and terrifying times"* (Spinrad, 2014, p. 4).

por lo que funcionan como una suerte de puesta en abismo o prolepsis de la cosmovisión o estructura simbólica de su pensamiento:

Otras novelas de Ciencia Ficción de Adolf Hitler:

EL EMPERADOR DE LOS ASTEROIDES
LOS CONSTRUCTORES DE MARTE
LA GUERRA ESTELAR
EL CREPÚSCULO DE LA TIERRA
EL SALVADOR DEL ESPACIO
LA RAZA DE LOS AMOS
MIL AÑOS DE DOMINIO
EL TRIUNFO DE LA VOLUNTAD
EL FUTURO DEL MUNDO. (Spinrad, 1978, p. 10).[45]

Esta enumeración permite establecer una relación bastante directa entre cada uno de los títulos y el pensamiento de Hitler como "ideólogo" nazi.[46] Esta relación implica una continuidad evidente ficción-ideología (si expandimos la idea, podríamos hablar de utopía/ucronía-ideología). O, dicho en otros términos, la ficción como realización ideológica. Estos núcleos simbólicos o *isomorfismos* entre mundos diferentes constituyen, después de la explícita referencia al autor, los primeros puntos de articulación entre la historia y la ucronía:

EL EMPERADOR DE LOS ASTEROIDES	IMPERIO
LOS CONSTRUCTORES DE MARTE	EL GUERRERO
LA GUERRA ESTELAR	LA GUERRA
EL CREPÚSCULO DE LA TIERRA	LO CREPUSCULAR
EL SALVADOR DEL ESPACIO	EL MESÍAS O LO MESIÁNICO
LA RAZA DE LOS AMOS	LA RAZA ELEGIDA
MIL AÑOS DE DOMINIO	EL MILENARISMO
EL TRIUNFO DE LA VOLUNTAD	LA VOLUNTAD[47]
EL FUTURO DEL MUNDO	LA UTOPÍA MILENARISTA

Este universo simbólico, que profundizaremos más adelante, se basa en la verosimilitud (para el lector de nuestro mundo) de los títulos que Hitler escritor ha puesto a sus obras.

El núcleo de esta ucronía o bien lo que podríamos llamar el "punto de inflexión" a partir del cual nace la historia ficcional, se encuentra en la misma biografía del autor-personaje:

---

45. *"Other Science-Fiction Novels by Adolf Hitler*
EMPEROR OF THE ASTEROIDS / THE BUILDERS OF MARS /FIGHT FOR THE STARS / THE TWILIGHT OF TERRA / SAVIOR FROM SPACE / THE MASTER RACE / THE THOUSAND YEAR RULE / THE TRIUMPH OF THE WILL / TOMORROW THE WORLD" (Spinrad, 2014, p. 5).

46. Optamos por indicar la palabra "ideólogo" entre comillas, ya que. más adelante y a partir del pensamiento de Levinas, discutiremos la pertinencia de este término aplicado al nazismo.

47. *El triunfo de la voluntad* es el título de un famoso film documental de Leni Riefenstahl sobre el desarrollo del congreso del Partido Nacionalsocialista en Nürnberg en 1934.

Acerca del autor:

Adolf Hitler nació en Austria el 20 de abril de 1889. En su juventud emigró a Alemania y sirvió en el ejército alemán durante la Gran Guerra. Luego intervino durante un breve período en actividades políticas extremistas en Múnich, antes de emigrar finalmente a Nueva York en 1919. Mientras aprendía inglés, consiguió ganarse precariamente la vida como artista de bulevar y traductor ocasional en Greenwich Village, el barrio bohemio de Nueva York. Después de varios años, comenzó a trabajar como ilustrador de revistas e historietas. En 1930 publicó su primera ilustración en la revista de ciencia ficción titulada *Amazing*. Hacia 1932 ilustraba regularmente las revistas del género, y hacia 1935 ya sabía bastante inglés como para iniciarse como autor de ciencia ficción. Consagró el resto de su vida a la composición literaria en este género, y también fue ilustrador y editor de una revista para aficionados. Aunque los lectores lo conocen más bien por sus novelas y sus cuentos, Hitler fue un ilustrador popular durante la Edad de Oro de la década de 1930, editó varias antologías, escribió interesantes críticas y durante casi diez años publicó una revista popular, llamada *Storm*.

En 1955 se le otorgó un premio Hugo póstumo en la Convención Mundial de Ciencia Ficción de 1955 por *El Señor de la Esvástica*, que terminó poco antes de morir en 1953. Durante muchos años había sido una figura conocida en las convenciones del género, y era muy popular en su condición de narrador ingenioso y entusiasta. Desde la publicación del libro, los atuendos coloridos que creó en *El Señor de la Esvástica* fueron temas favoritos en las convenciones anuales del género. Hitler falleció en 1953, pero los relatos y las novelas que dejó escritas son un verdadero legado para todos los entusiastas de la ciencia ficción. (Spinrad, 1978, pp. 11-12).[48]

---

48. "*About the Author:*
   Adolf Hitler was born in Austria on April 20, 1889.
   As a young man he migrated to Germany and served in the German army during the Great War. After the war, he dabbled briefly in radical politics in Munich before finally emigrating to New York in 1919. While learning English, he eked out a precarious existence as a sidewalk artist and occasional translator in New York's bohemian haven, Greenwich Village. After several years of this freewheeling life, he began to pick up odd jobs as a magazine and comic illustrator. He did his first interior illustration for the science-fiction magazine Amazing *in 1930. By 1932, he was a regular illustrator for the science-fiction magazines, and, by 1935, he had enough confidence in his English to make his debut as a science-fiction writer. He devoted the rest of his life to the science-fiction genre as a writer, illustrator, and fanzine editor. Although best known to present-day SF fans for his novels and stories, Hitler was a popular illustrator during the Golden Age of the thirties, edited several anthologies, wrote lively reviews, and published a popular fanzine,* Storm, *for nearly ten years.*
   He won a posthumous Hugo at the 1955 World Science-Fiction Convention for Lord of the Swastika, *which was completed just before his death in 1953. For many years, he had been a popular figure at SF conventions, widely known in science-fiction fandom as a wit and nonstop raconteur. Ever since the book's publication, the colorful costumes he created in* Lord of the Swastika *have been favorite themes at convention masquerades. Hitler died in 1953, but the stories and novels he left behind remain as a legacy to all science-fiction enthusiasts*" (Spinrad, 2014, pp. 7-9).

Como vemos, después de una serie de datos comunes entre la historia y la ficción (fecha de nacimiento, origen, participación en la Primera Guerra Mundial), la reseña biográfica menciona, sin mayor detalle, un "breve período en actividades políticas extremistas en Munich", después del cual Adolf Hitler emigra definitivamente a EE.UU. Históricamente, ese período es altamente complejo, ya que Hitler fue reclutado en 1919 por la inteligencia del ejército alemán para infiltrar el *Deutsche Arbeiterpartei* (DAP), el Partido de los Trabajadores Alemanes, de carácter ultranacionalista.[49] El DAP era, en sus comienzos, insignificante en cuanto a cantidad de miembros y simpatizantes, pero el ejército estaba interesado en saber qué se pensaba en ese grupo y qué proyectos podrían llegar a elaborar. El punto de inflexión lo constituye, sin destacar ningún hecho puntual concreto, la no integración de Hitler al DAP. No importan los motivos de esto, que podrían parecer absolutamente insignificantes en sí mismos (una desavenencia con un partidario, una enfermedad, una falta de sincronía en algún encuentro o diálogo). Lo cierto es que, en la biografía ficcional, Hitler nunca dio su famoso discurso del 24 de febrero de 1920 en la (en nuestro mundo) célebre cervecería Hofbräuhaus.[50] En él, frente a casi dos mil personas, Hitler es ovacionado luego de leer los veinticinco puntos del programa del partido y se convierte en el orador más admirado. Si este discurso no hubiese existido (como en efecto sucede en *The Iron Dream*), el nazismo jamás habría existido como partido, al menos, no con una capacidad decisiva sobre la historia alemana y mundial.

A partir de este punto de inflexión, el desarrollo de la biografía es el de un artista e inmigrante que lucha por integrarse a la industria editorial, lo que logrará ya casi al final de su vida. Es significativa la referencia a la *Golden Age* (Edad Dorada) de la historieta y de la ciencia ficción en EE.UU., época en que Hitler se convertiría en ilustrador popular. Emblemáticas historietas de ciencia ficción vieron la luz por esos años, como Superman o Batman, tema no menor si pensamos la relación de este tipo de personajes con la psicología de masas: una sociedad devaluada, con profundos problemas de autoestima, proyecta sus ansias en héroes que implican, ya en su nombre, una superación de lo humano.

Estructura simbólica de *Lord of the Swastika*

El argumento sigue una trama perfectamente lineal, a partir de un narrador heterodiegético[51] que, no obstante, no oculta en ningún

---

49. El capitán Karl Mayr, quien reclutó a Hitler, comentaría después: "Cuando lo vi por primera vez, me dio la impresión de un perro vagabundo en busca de un amo" (Vitkine, 2011, p. 14). Un comentario muy sugerente para comprender la psicología del futuro dictador de Alemania y del "escritor de ciencia-ficción".

50. *Hof* hace referencia a la Corte bávara. La palabra *Hofbräuhaus* se podría traducir como "La destilería (de cerveza) de la Corte".

51. La expresión "narrador Heterodiegético" fue introducida en la narratología por Gerard Genette y se emplea para designar un tipo de narrador que relata una historia a la que es extraño, ya que no integra ni ha integrado el universo del relato (diégesis).

momento su simpatía por el personaje. En un mundo postapocalíptico, contaminado de radiación producto de una guerra nuclear y poblado, en su mayor parte, por mutantes, el héroe, Eric Jaggar, llega a su patria, Heldon (la única que se ha preservado sin contaminar), desde un forzado exilio en un territorio que aborrece (sus padres habían sido expulsados antes de que él naciera). Como todo héroe mesiánico, es consciente de su deber para con su pueblo. Progresivamente, encuentra su camino (su única duda, al comienzo, es si lograr su objetivo, el resurgimiento de su patria, mediante una carrera militar o una política), toma la dirección de un movimiento que comienza a aglutinar a todos aquellos que se consideran "hombres verdaderos" e inicia una lucha despiadada contra los Doms o dominantes, quienes, mediante aberrantes experimentos genéticos, forman ejércitos monstruosos. En esta lucha, Feric Jaggar obtiene un arma mítica, que será vital tanto para aglutinar a su pueblo como para enfrentar al enemigo: el Gran Garrote de Held o Cetro de Acero, arma forjada antes de la guerra. En esta guerra, no faltan referencias a la historia documentada y a nuestro espacio de experiencias: campos de concentración para los mutantes, la denuncia del pacto de Karmak (que, por sus características, recuerda al tratado de Versalles), la aparición del tanque, del avión de combate de reacción y del cohete, y, finalmente, luego de la victoria final sobre Zind (el país de los dominantes), la clonación. La última acción de Zind, el estallido de armas nucleares que destruyen la pureza genética de Heldon, deja a sus habitantes sin la posibilidad de reproducirse. El futuro, entonces, estará en las estrellas, por obra de una tecnología cuya fantástica evolución parece fruto de la magia.

Esta sinopsis, que deja de lado inevitablemente sutilezas muy importantes del texto, nos sirve para destacar sus elementos más significativos, que responden a una atenta lectura de los símbolos propios del nazismo. Claro que, antes, debemos aclarar qué entendemos por símbolo y mito. La etimología griega de *mythos* se refiere, precisamente, a la idea de "historia contada" o "cuento" y, de algún modo, su "desprestigio" frente al *logos* (que, entre otras cosas, señala la idea de "discurso racional") generó en Occidente una "escisión" en esa raíz: la *Historia* como disciplina o ciencia, que, al poseer una estructura lógica científica basada en datos, tiende a *inmovilizar* la memoria, y el *mito* (al que podemos asimilar a la tradición y al cuento popular) que, al poseer una estructura narrativa que opera con símbolos, es esencialmente "abierto". De hecho, en tiempos de crisis, las identidades colectivas se aglutinan y refuerzan recurriendo a sus mitos más que a su Historia. Esto, sin duda, se vincula con la "atemporalidad" del mito o bien con su carácter "supra-temporal", que permite "extraer" el pasado y traerlo al presente.

En este sentido, Gilbert Durand nos habla de la triple dimensión del símbolo:

> [...] todo símbolo auténtico posee tres dimensiones concretas: es al mismo tiempo "cósmico" (es decir, extrae de lleno su representación del mundo

bien visible que nos rodea), "onírico" (es decir, se arraiga en los recuerdos, los gestos, que aparecen en nuestros sueños y que constituyen, como
demostró Freud, la materia muy concreta de nuestra biografía más íntima)
y por último "poético", o sea que también recurre al lenguaje, y al lenguaje
más íntimo, por lo tanto, el más concreto. (2000, pp. 15-16).

Estos tres planos o aspectos del símbolo son indivisibles entre sí,
entendiendo el lenguaje no solo como "palabra", sino en el sentido más
primigenio de "fábula", una historia narrada o, más específicamente,
el acto de narrar en sí. Por tanto, conforman una unidad el cosmos o
mundo concreto de la sociedad y del individuo, su memoria y sus fantasías
(tradiciones, leyendas, anhelos o deseos pendientes de cumplimiento),
y el lenguaje, entendido fundamentalmente como "habla", como puesta
en acción de la lengua para aglutinar lo cósmico y lo onírico.

Resulta pertinente, entonces, que realicemos un análisis simbólico
a *Lord of the Swastika*, ya que (tal como hizo el propio nazismo) aplica
el mito para revalorizar una historia que ya ha perdido sentido. De ahí
que, si bien parecería, *a priori*, que una combinación entre el mito y el
"nihilismo" o *telos* apocalíptico secular presentes en la novela podría
resultar contradictoria, en rigor, no lo es en absoluto, ya que el mito
y los símbolos que contiene, al establecer esta triple relación cosmos-
sueños-poiesis, son utilizados como un plus de sentido extra-histórico.
Podemos identificar los que, a nuestro juicio, constituyen los símbolos
más relevantes:

- un pasado legendario, que es preciso recuperar (concepción utópica
  del *milenarismo* o *millenium*);
- el héroe restaurador de ese pasado legendario;
- el arma con poderes mágicos;
- el enemigo monstruoso;
- la misma esvástica, como signo (y símbolo) de esta energía "restauradora".

Basta revisar la propaganda pro-nazi (tanto la del partido Nazi
como la actual) para observar cómo estos cinco elementos aparecen
recurrentemente. Podríamos agregar otros (la "coreografía" nazi, el
Valhalla, la patria), pero entendemos que los indicados los condensan.

Desde este punto de vista, proponemos la siguiente lectura de la
simbología de *Lord of Swastika:*

El Milenarismo (el reino de Tule). Los reinos legendarios constituyen, desde siempre, un punto de referencia para todo tipo de pensamiento milenarista, ya que fundan su carácter utópico. Sin un reino
primordial que recuperar, un proyecto milenarista carece de *telos,* de
destino, de finalidad. Es sencillo, por tanto, detectar estos elementos
legendarios en el pensamiento nazi: la espada, el culto solar, la raza
original. Rosa Sale Rose lo detalla con gran precisión en su diccionario
de mitos y símbolos del nazismo:

Dos aspectos de esta Tule legendaria interesaron especialmente en la cosmovisión nazi: por una parte, la supuesta situación en el extremo septentrional de Europa convertía a Tule en una suerte de símbolo geográfico de lo nórdico. Por otra, sus largos días de verano [...] permiten relacionarla simbólicamente con la devoción por la luz propia del dualismo gnóstico del nazismo. [...] Según Sebottendorff [ariosofista nazi que desarrolló este mito] Tule habría sido la cultura primigenia a partir de la cual se habrían desarrollado todas las restantes civilizaciones del globo dignas de tal nombre. Con esta creencia, el mito de Tule permitió la apropiación aria de los principales logros culturales ajenos, compensando así el complejo de inferioridad que sentían algunos nazis —entre ellos, el propio Hitler—, ocasionado por el menor desarrollo técnico y cultural de los pueblos germánicos frente a los grandes logros de sus coetáneos griegos y romanos. (2003, pp. 382-383).

Desde esta perspectiva, Heldon, literalmente *la tierra de los héroes,* aparece como una nación que puede recuperar su pasado legendario manteniéndolo vivo, evocándolo y reconstruyéndolo, lo que justifica y hace verosímil su superioridad sobre los demás pueblos. La recuperación de esta Edad Dorada es la base de este milenarismo que no parte del principio teológico-religioso del reino de Dios en la Tierra, sino una suerte de milenarismo secular, paradojalmente basado en principios sagrados míticos (es decir, no religiosos, pero tampoco seculares). Esta curiosa amalgama llena de contradicciones el proyecto, contradicciones que, tanto en la novela como en la historia, nunca fueron asumidas por Hitler, en un caso, y por el nazismo en general, en el otro.

En términos de pensamiento utópico, como ya anticipamos, esta paradoja puede pensarse como un mito secular, cuyo sentido último es una Edad Dorada en el futuro. De todos modos, incluso el número mil debe interpretarse "míticamente", en cuanto representa "la eternidad" o, más precisamente, "lo innumerable", antes que una cifra concreta. La refundación de Heldon a partir de la recuperación de su Edad Dorada (Tule) lo ubicaría más allá de la historia y, a la vez, anclado en el mito.

El héroe. La construcción del héroe es fundamental en la novela ya desde un comienzo. *Lord of the Swastika* se inicia *in media res*, con la llegada a un pueblo de frontera del protagonista principal y héroe de la novela, Feric Jaggar:

Con un sonoro chirrido de metal fatigado y un chorro siseante de vapor, el vehículo de Gormond se detuvo en el patio mugriento de la estación de Pormi, retrasado apenas tres horas; un rendimiento muy respetable, de acuerdo con las normas borgravianas. Del vehículo de vapor descendió atropelladamente un variado surtido de criaturas aproximadamente humanoides, que exhibían la acostumbrada diversidad borgraviana de colores de piel, partes del cuerpo y modos de hablar. En las prendas toscas y en general deshilachadas que les cubrían los cuerpos había restos de alimentos, como resultado del picnic casi permanente que estos mutantes habían celebrado durante el viaje de doce horas. Un olor agrio y rancio se desprendió de la turba de abigarrados especímenes mientras iban por el patio lodoso hacia el desnudo edificio de cemento: la estación terminal. Por último, de la cabina del vehículo emergió una figura de sorprendente e inesperada nobleza: un verdadero humano, alto y vigoroso, en la flor de la virilidad. Tenía los cabellos pajizos, la piel blanca, y los ojos azules y brillantes. La musculatura, la estructura del esqueleto y el porte eran perfectos, y la ajustada túnica azul estaba limpia y en buenas condiciones. (Spinrad, 1978, p. 15).[52]

Detengámonos brevemente en el nombre del protagonista. La raíz *Jag*, en alemán, implica el campo semántico de la cacería, incluyendo al animal *Jaguar*. De este modo, formas como *Jäger*, "cazador"; *jagen*, "cazar"; o *jagden*, "ir de caza", son fácilmente asimilables a Jaggar, quien llega a la frontera de Borgravia (una suerte de país subdesarrollado habitado por seres mutantes) con la determinación propia de un cazador. Feric es una derivación de *Eric*, nombre de origen nórdico derivado, a su vez, de *Eiríkr*, compuesto por el prefijo ei-, de la raíz *aina, *único* o *solo*, y *aiwa, *siempre* o *eterno*. Por otra parte, -ríkr deriva de *rík(a)z, *gobernante, príncipe, poderoso o rico*. Su nombre vincula al personaje con los arquetípicos héroes fundacionales y legendarios, masculinos, varoniles y solares, aunque deliberadamente Spinrad hace que Hitler construya a su héroe de una forma un tanto decepcionante desde el punto de vista mítico, ya que no cumple con varias de las premisas básicas de estos arquetipos.[53]

Precisamente, la "novela de Hitler" que elabora Spinrad está estructurada a través del camino de este héroe particular. Por tanto, replica los elementos básicos del mito, con interesantes (y, frecuentemente, poco sutiles y deliberadas) variaciones, que el autor utiliza para manifestar con mayor eficacia la psicología hitleriana. El esquema básico de este camino, según Christopher Vogler, es el siguiente:

- el mundo ordinario;
- la llamada de la aventura;
- el rechazo de la llamada;
- el mentor;

---

52. *"With a great groaning of tired metal and a hiss of escaping ſteam, the roadſteamer from Gormond came to a halt in the grimy yard of the Pormi depot, a mere three hours late; quite a respectable performance by Borgravian ſtandards. Assorted, roughly humanoid, creatures shambled from the ſteamer displaying the usual Borgravian variety of skin hues, body parts, and gaits. Bits of food from the more or less continuous picnic that these mutants had held throughout the twelve-hour trip clung to their rude and, for the moſt part, threadbare clothing. A sour ſtale odor clung to this gaggle of motley specimens as they scuttled across the muddy courtyard toward the unadorned concrete shed that served as a terminal. Finally, there emerged from the cabin of the ſteamer a figure of ſtartling and unexpected nobility: a tall, powerfully built true human in the prime of manhood. His hair was yellow, his skin was fair, his eyes were blue and brilliant. His musculature, skeletal ſtructure, and carriage were letter-perfect, and his trim blue tunic was clean and in good repair"* (Spinrad, 2014, p. 11).

53. Para la compleja etimología de los nombres, nos hemos basado fundamentalmente en Roberts, E. y Paſtor, B. (1997). *Diccionario etimológico indoeuropeo de la lengua española*. Madrid: Alianza.

- el primer umbral;
- las pruebas, los aliados, los enemigos;
- la aproximación a la caverna más profunda;
- la odisea;
- la recompensa (apoderarse de la espada);
- el camino de regreso;
- la resurrección;
- el retorno con el elixir.

Mientras que los arquetipos de este viaje serían:[54]

- el héroe;
- el mentor o guía;
- la figura cambiante;
- el embaucador;
- el heraldo;
- los aliados;
- la sombra;
- los guardianes del umbral (2002, p. 351).

Claro que este esquema no es fijo e incluso, muchas veces, no se cumplen algunas de sus etapas. En rigor, los elementos básicos de este camino, de los que no podríamos prescindir, serían, según Jean Joseph Goux, los siguientes:

- El origen oscuro o incierto del héroe.
- Su infancia y su adolescencia suceden lejos (ya sea espacial o simbólicamente) del escenario de sus aventuras.
- La prueba, que suele tomar la forma del combate con el monstruo (la mayoría de las veces, un monstruo femenino).
- La victoria contra el monstruo, de lo cual deviene el premio (en general, el casamiento con la hija del rey) (1999, pp. 18-19).

Por lo tanto, en esencia el héroe es un desconocido que proviene de otro lugar, en donde ha permanecido oculto, desterrado o preparándose para su misión. En general, esta "prehistoria" del héroe es solamente aludida, no así los demás avatares. El regreso lo enfrenta con la prueba (en la que suele contar con ayudantes y, en especial, con auxiliares mágicos), que determinará su misión. El premio es, en realidad, el reino, simbolizado en la hija del rey. En rigor, el héroe debe "encontrarse" a sí mismo a partir de la prueba, vencer sus miedos, sus debilidades y sus dudas, por lo que podríamos decir que su misión es, en esencia, vencerse a sí mismo o, en términos de Jung, *integrar su sombra*.

En un esquema más simple, nuestros arquetipos básicos serían:

- el héroe;
- el guía (el maestro, el padre, etc.);

---

54. Entendemos por "arquetipo" a la forma básica y mítica que adoptan los diferentes roles de los personajes. De este modo, Aquiles o Sigfrido son dos formas del arquetipo del guerrero.

- los aliados (con más amplitud, los ayudantes que colaborarán con el héroe);
- la sombra (el verdadero enemigo, que se agrega o simplemente reemplaza al monstruo, y el primer adversario que debe vencer);
- el premio (el reino, la muchacha, etc.).

En el comienzo de la novela de Hitler, el nombre de su personaje y su descripción lo ubican claramente como un héroe arquetípico: origen oscuro, características sobresalientes y un nombre que implicaría su misma substancia. A su vez, espacialmente, la acción se ubica en una zona de frontera, en el momento previo al regreso del futuro héroe a su patria, marcado no solo por el contraste con seres que el narrador juzga "inferiores", sino por la aparición temprana del enemigo (el monstruo, que aquí conjuga los aspectos de la figura cambiante y el embaucador). De hecho, Spinrad deliberadamente hace que Hitler describa su propia sombra al hablar de estos enemigos o "monstruos", a los que denominará "los dominantes":

> Pero pocos metros después una impresión ya familiar cruzó flotando la mente de Feric y lo impulsó a detenerse. Una larga experiencia le había enseñado que esta aura psíquica indicaba la presencia de un dominante en la zona. Y en efecto, cuando Feric examinó la hilera de chozas de la derecha, pudo comprobar la proximidad de un Dom, aunque el sistema de dominio no era por cierto demasiado sutil.
>
> Sobre la calle había cinco puestos alineados, presididos por tres enanos: un mestizo de piel azul, un hombre sapo de piel verrugosa, y un hombre lagarto. Todas estas criaturas exhibían la expresión alicaída y la mirada apagada típicas de los mutantes capturados desde hacía mucho en un sistema de dominio. En los puestos había carne, frutas y verduras, todo en un lamentable estado de descomposición, aun de acuerdo con las normas borgravianas. Y sin embargo, hordas de mestizos y mutantes se apiñaban alrededor de estos puestos, abarrotándose de los artículos pútridos a precios exorbitantes, sin la más mínima vacilación. (Spinrad, 1978, p. 18).[55]

---

55. "*However, a few dozen yards up the street, a familiar floating feeling wafted gently through Feric's mind; this indeed gave him pause, for long experience had taught him that this psychic aura was sure indication that a Dominator was in the area. Sure enough, when Feric studied the row of shacks to his right, his eyes confirmed the proximity of a Dom, and the dominance pattern was hardly the subtlest he had ever encountered either.*
Five stalls sat on the street all in a line, presided over by three dwarfs, a Blueskin-Toadman mongrel with warty blue skin, and a Lizardman. All of these creatures displayed the slackness of expression and deadness of eye characteristic of mutants captured in a long-standing dominance pattern. The stalls themselves held meat, fruit, and vegetables in a loathsome state of advanced decay that should have rendered them totally unsalable, even by Borgravian standards. Nevertheless, hordes of mongrels and mutants flocked around these stands, snapping up the putrid goods at inflated prices without so much as a moment's haggling" (Spinrad, 2014, p. 13).

La primera prueba que debe afrontar el héroe no es el paródico y rutinario control genético al que es sometido al querer ingresar en Heldon, sino su primera victoria sobre este Dom. Ante una decisión, no importa su riesgo, Feric Jaggar *jamás duda*. Esta absoluta certidumbre es, por lo demás, contradictoria con el mismo desarrollo del camino del héroe que, dicho sea de paso, en este caso no conocerá la derrota. Por tanto, su personalidad apenas sufre cambios de importancia y es, en esencia, un personaje plano, sin complejidades psicológicas ni tentaciones.[56] De hecho, sabremos más de su psicología por la manera en que construye a su enemigo, absolutamente complementario del héroe. Esta complementariedad constituye, además, una gran ironía.

El enemigo o el monstruo. Para el "autor" Hitler, el monstruo tiene dos formas: una superficial, el mutante, y otra oculta, el dominante. El combate es con el enemigo oculto, mientras que el mutante, al ser un mero instrumento del dominante, constituye una especie de "efecto colateral necesario" de esta lucha a muerte. No es preciso reflexionar mucho para observar que la construcción del referente "enemigo" (enemigo monstruoso) tiene como eje lo genéticamente impuro, es decir, una visión estrictamente racial. En este sentido, lo apocalíptico secular de la novela *existe* como fondo "simbiótico" del racismo. No es necesario vincular este concepto con la historia documentada para asociar (en la "simbología hitleriana") a este enemigo con los judíos en general. Precisamente, Rosa Sale Rose vincula la visión del Anticristo (elemento esencial de todo apocalipsis) con la del judío que hace Lutero (2003, p. 224 y sig.). La paulatina secularización de la cultura hizo que esta figura del Anticristo (que, evidentemente, no se puede "convertir" en otra cosa, ya que su ontología es la ontología del mal, sin diálogo posible) fuera cada vez menos "teológica" y adoptara otra forma y otro fundamento. Es lógico, entonces, que esta figura apocalíptico-religiosa se transforme en secular y esto implicaría, además, una traslación semántica de la fuente del mal, de lo judío como religión a lo judío como raza.

No es casual que estos procesos se incubaran durante el siglo XIX en obras como la de Ernest Renan y Joseph de Gobineau (autores, entre otras obras, de ¿Qué es una nación? y de *Ensayo sobre la desigualdad de las razas humanas*, respectivamente), precisamente ante la secularización del pensamiento y el descarte de toda metafísica. Incluso la idea "positiva" de Nación aparece vinculada a este concepto. Los parámetros religiosos ceden su lugar a parámetros biológicos. Al respecto, las distintas teorizaciones que diferentes ideólogos nazis realizaron sobre el tema (muchas veces, basadas en argumentos pseudocientíficos o en una

---

56. La tentación es la prueba más difícil que debe atravesar un héroe. Solo para ilustrar el concepto, podemos citar al Odiseo homérico, que es tentado a no regresar en muchas ocasiones (por Circe, por Calypso, por el olvido que prometen las flores del loto), y el mismo Jesús, que es continuamente tentado en el desierto por el demonio. La tentación suele implicar el deseo inconsciente del héroe de no cumplir con la misión encomendada y ser un hombre común.

teoría de la evolución sesgada) solían tropezar con inconsistencias como la que indica Sale Rose:

> [...] una de las contradicciones ideológicas de la cosmovisión nazi [...] era que se considerara a los judíos una raza inferior, cuando, según las leyes de Darwin, debería de ser la superior, ya que había logrado sobrevivir incólume a más de dos mil años de persecución. (2003, p. 230).

Esto implica una tergiversación de la escala de valores de Darwin, que los nazis tomaron como esencialmente moral (el cuerpo sería una manifestación de esa moral superior y no al revés), mientras que, en Darwin, es la adaptación física al medio, la "competencia" en el sentido de "ser competente" o "estar dotado para" vivir en determinado ambiente.

En *Lord of the Swastika*, esta adaptación al medio parte de una serie de mutaciones, propias de un mundo superviviente a una guerra nuclear. La combinación del dominante (o Dom) con el mutante da lugar al monstruo perfecto, ya que los vincula simbióticamente en una relación no dialéctica amo-siervo (mente-materia), en la cual tienden a borrarse los límites entre lo humano y lo animal. El adversario (como, ya adelantamos, es, en realidad, la propia sombra del "héroe", con quien establece una relación simbiótica o, al menos, complementaria) "es" existencia mutante y el mismo dominio hipnótico que ejercen los Doms. No es necesaria mucha imaginación para observar que los Doms de la ficción ocupan el lugar de los judíos de la historia, mientras que los mutantes no serían otros que los eslavos y las demás razas no arias. Por tanto, así como el héroe (y sus ayudantes) conforman una unidad racial específica, lo que caracteriza al adversario es precisamente la heterogeneidad, la mutación, el mestizaje, la mezcla y, salvo en los Doms, la ausencia de voluntad propia. Pero incluso estos operarán a distancia, ya que, a pesar de poseer voluntad de dominio, carecerían del valor para ejercerlo abiertamente.

Esta visión del enemigo puede amplificarse a partir de un rasgo descriptivo del personaje que, si bien aparece como menor, es muy significativo no solo para marcar la continuidad ficción-historia en la biografía ficcional, sino que revela todo un sistema simbólico asociado al mismo concepto de humanidad. Este dato es dado como circunstancial: luego de cruzar el puente que lleva a Heldon, el país que ha preservado la pureza racial, de descubrir un Dom oculto en el puesto fronterizo y de superar las pruebas genéticas (muy pobres, según Jaggar), el personaje llega a un pueblo y entra en una cervecería que, significativamente, se llama "El nido del águila":[57]

> Feric eligió una mesa vacía que le permitía oír las palabras del orador enjuto y nervioso, pero un poco al margen de la conmoción de alrededor. Un mozo de uniforme pardo con adornos rojos se le acercó apenas ocupó la silla.

---

57. Nombre de una residencia en los Alpes Bávaros que el Partido Nacionalsocialista obsequió oficialmente a Adolf Hitler para su 50° cumpleaños.

"La dirección actual de la Alta Republica, o más exactamente los alcorno-
ques y tontos de sucios traseros que profanan los asientos de la Cámara
del Consejo no tienen la más mínima idea de la verdadera amenaza que se
cierne sobre Heldon" —decía el orador—. Aunque tenía una boca arro-
gante y un ligero aire de burla en la voz, había algo en el humor sardónico
de los vivaces ojos negros que atrajo la atención y la aprobación de Feric.
"¿Qué desea, verdadero hombre?" —preguntó el mozo distrayendo momentáneamente la atención de Feric.
"Un jarro de cerveza y una ensalada de lechuga, zanahoria, pepinos, tomates,
cebollas y cualquier otra verdura que tenga disponible, y que esté fresca y
cruda".
El mozo echó a Feric una mirada un tanto severa, y se alejó. Por supuesto,
en Heldon como en otros lugares la carne era el alimento tradicional, y en
ocasiones Feric aceptaba ese manjar discutible, pues la consagración fanática al vegetarianismo le parecía impráctica y al mismo tiempo quizá no del
todo sana. De todos modos, sabía perfectamente bien que el desarrollo de
la cadena alimenticia, de las sustancias vegetales a la carne, concentraba el
nivel de contaminación radiactiva, y por eso mismo evitaba todo lo posible comer carne. No podía arriesgarse a rebajar su pureza genética para
complacer un apetito ocasional; en un sentido superior, dicha pureza era
propiedad común de los hombres auténticos, y tenía que defenderla como
una especie de fideicomiso racial. La mirada peculiar que de tanto en tanto
le echaba el mozo de un restaurante no bastaba para que dejara de lado sus
deberes raciales. (Spinrad, 1978, pp. 41-42).[58]

La cita nos suministra una considerable información histórico-ficcional. Por lo pronto, la taberna ocupa el lugar de la famosa cervecería

---

58. *"Feric chose an empty table well within earshot of the slim, intense speaker, but somewhat*
outside the commotion that surrounded him. A waiter in a brown uniform with red piping
approached him even as he seated himself.
'The present leadership of the High Republic, or more accurately the deadheads and
simpletons who profane the seats of the Council Chamber with their unclean buttocks, has
not the vaguest notion of the true threat to Heldon', the speaker was saying. Though there
was a faint trace of superciliousness about his lips and a light hint of mockery in his voice,
there was something about the very sardonic humor of his bright black eyes that drew Feric's
attention and approval. 'Your pleasure, Trueman?' the waiter inquired, diverting Feric's
attention momentarily. 'A mug of beer and a salad of lettuce, carrots, cucumbers, tomatoes,
onions, and whatever other vegetables you may have at hand that are fresh and uncooked'.
The waiter gave Feric a somewhat arch look as he departed. Meat was, of course, the
traditional staple in Heldon as elsewhere, and upon occasion Feric indulged himself with this
questionable fare, since fanatic dedication to vegetarianism seemed to him both impractical
and perhaps a bit unwholesome. Nevertheless, he knew full well that progress up the food
chain from vegetable matter to meat concentrated the level of radioactive contamination of
foodstuffs, and he therefore eschewed flesh as much as possible. His genetic purity was not his
to squander on the indulgence of his appetite; in a higher sense it was the common property
of the community of true men and demanded to be guarded as a racial trust. A peculiar look
from a waiter now and then was not enough to keep him from sticking to his racial duty"
(Spinrad, 2014, pp. 33).

Hofbräuhaus, el discurso del hombre de los ojos negros, que oscila, en opinión del protagonista, entre la efervescencia patriótica y la autoindulgencia, conforma la base sobre la que, en la escena inmediatamente posterior, Feric armará su propio discurso, con el cual movilizará a su, hasta ese momento, no muy enfervorizado auditorio, para asaltar el puesto fronterizo (cuyo comandante, Heimat, es decir, "pueblo" o "patria chica", está atrapado junto con su dotación en las redes de un Dom)[59] y liberarlo. Pero un detalle aparentemente menor revela no solo una articulación con la biografía documentada de Hitler, sino con la esencia de su pensamiento y de su simbolismo: una referencia puntual al vegetarianismo. Más que un mero detalle biográfico, el vínculo del pensamiento hitleriano con lo animal y, más específicamente, con el establecimiento de límites precisos entre lo animal y lo humano, conforma la base sobre la cual se construirá el referente del enemigo (los mutantes y los dominantes en el mundo de la ficción, los eslavos y los judíos en la historia documentada).

Es conocido el hecho de que a Hitler le repugnaba comer carne (se sabe que era vegetariano, al menos, desde 1924) y del profundo afecto que sentía por los animales en general, con la excepción de todo aquello que tuviera que ver con lo "impuro". El Hitler histórico se referirá repetidamente a los judíos como "ratas", "sanguijuelas" y otros animales parasitarios del hombre, una de cuyas características principales será, precisamente, el alimentarse de carne o sangre en general, incluso (llevando este pensamiento a extremos grotescos) de carne humana.[60] Con semejantes antecedentes, no parece tan extraordinario el siguiente razonamiento de Richard Wagner sobre el origen del mal y de su esencia dentro del judaísmo:

> Para Wagner, los hombres, originariamente vegetarianos, vivían felices e inocentes en lo alto de las cimas asiáticas hasta que se produjo el pecado original, consistente en la caza del primer animal. Desde entonces, la sed de sangre se había apoderado de la especie humana y ya solo se sucedieron guerras y asesinatos. Jesucristo habría intentado redimir a los hombres mostrándoles el camino del vegetarianismo primigenio, simbolizado con la conversión del pan en carne y del vino en sangre durante la Última Cena. Sin embargo, la judaización de la Iglesia corrompió el mensaje sagrado de Cristo, y la humanidad, contaminada tanto por la carne animal como por la sangre judía, siguió adelante en su camino hacia la decadencia. El reden-

---

59. Es preciso aclarar que el poder del Dom es esencialmente telepático y carece de toda capacidad para actuar si no es a través de un dominado.

60. A esto no es ajeno el prejuicio, extendido durante la Edad Media, de que los judíos rendían culto al demonio y le ofrecían sacrificios de niños cristianos, a quienes devoraban en satánicos banquetes. Rastros de este prejuicio se encuentran en las obras de Gonzalo de Berceo, *Los Milagros de Nuestra Señora*, y en *Los Cuentos de Canterbury*, de Geoffrey Chaucer. Es importante observar que, en las obras citadas, estas consideraciones no corresponden a la raza en sí, sino a la religión o a ser practicante de la fe judía. Por tanto, no son directamente comparables.

tor germánico Parsifal, un segundo Mesías, constituía la única esperanza simbólica de salvación. (Sale Rose, 2003, p. 393).

Esta idea resultará ampliada por distintos ideólogos antisemitas de principios del siglo XX, como Georg Schönerer y Herman Wirth. Por tanto, el origen de la decadencia de la humanidad estaría, para Wagner y para una considerable cantidad de autores tanto pangermanistas como directamente nazis, en esta degradación física, fatalmente vinculada con el mito de la caída del hombre, y por la presencia del Anticristo o bien de los judíos, los grandes "corruptores" del hombre.

Encontramos, entonces, un punto en donde se articulan una serie de ideas y prejuicios que, combinados, resultarán nefastos tanto en la ficción como en la historia. El Hitler de la ficción (en su personaje Feric Jaggar) es vegetariano porque considera que la carne absorbe más la radiación (constante en el mundo postapocalíptico), mientras que el histórico lo es porque ama los animales, pero, sobre todo, porque considera que comer carne contamina la pureza racial y profundiza un proceso de degeneración corporal. Incluso el tipo de vegetarianismo que practica lo limita a comer preferentemente alimentos crudos, ya que la cocción eliminaría o, al menos, degradaría la resistencia humana ante las enfermedades. La explicación de estas actitudes es particularmente interesante:

> Algunos autores pretendidamente científicos atribuían al consumo de carne un papel estimulante de los órganos genitales; de ahí que la carne, al incrementar el deseo sexual, pudiera contribuir al aumento de relaciones sexuales indiscriminadas, favoreciendo así la anatemizada mezcla racial. Desde este punto de vista, el papel del pecado original atribuido al consumo de carne tendría un claro paralelismo con el pecado primigenio de la unión sexual con criaturas inferiores. (Sale Rose, 2003, p. 394).

Por tanto, también existe un profundo rechazo a la experiencia de la sexualidad pues su "exceso" desembocaría en la degradación de la raza. Es por este camino que Spinrad construye la ficción del héroe Feric Jaggar como la biografía ficcional de su autor: en ambos replica una misma y singular negación de la sexualidad, al punto que el objetivo más alto del desarrollo científico de Heldon (en *Lord of the Swastika*) es la clonación, la reproducción sin necesidad de la mujer. En la misma línea lógica *reversible*, Hitler morirá en 1953, víctima, "probablemente", de secuelas de la sífilis.

El concepto de degradación de la humanidad aparece vinculado de forma muy siniestra con una realidad presente tanto en el contexto de producción de la novela de Spinrad (1972) como en el contexto ficcional de la novela de Hitler (1953): el terror a una guerra nuclear y la verosimilitud de un escenario postapocalíptico. En *Lord of the Swastika*, como hemos visto, este escenario posee múltiples índices (descripciones de paisajes, por ejemplo, o una continua recurrencia a una Edad Dorada anterior al apocalipsis), pero ninguno de ellos es tan significativo e importante dentro de la novela como la constante, abrumadora repetición de descripciones de mutantes. En una cita anterior, hacíamos referencia a tres criaturas que Feric Jaggar veía al llegar a Gormond: "Un mestizo piel azul, un hombre sapo de piel verrugosa y un hombre lagarto" (1978, p. 18).[61] El esquema que emplea el autor ("Hitler" y Spinrad) implica borrar los límites existentes entre lo humano y lo animal. Las criaturas descriptas son el resultado de una degradación física que los vincula, siempre, con un tipo inferior del mundo animal (que comparten el mismo campo semántico que el nazismo empleaba para referirse a los judíos; es decir, nunca la mutación implica un animal simbólicamente superador de la naturaleza humana, como los pájaros). En esta situación, los seres han perdido su humanidad, pero no han podido adquirir tampoco un valor propio como animales. Son "humanos" inferiores a los animales.

Giorgio Agamben ubica en estos límites ambiguos una de las bases de la biopolítica (es decir, la administración de la vida biológica desde la política). Lo vincula, además, con la pérdida de un destino común, de lo que llamaríamos un *telos* secular no apocalíptico:

> [...] el hombre ha alcanzado ya su *telos* histórico y no queda otra opción, para una humanidad devenida nuevamente animal, que la despolitización de las sociedades humanas a través del despliegue incondicionado de la *oikonomía*,[62] o bien la asunción de la misma vida biológica como tarea política (o, más bien, impolítica) suprema. (Agamben, 2006, pp. 140-141).

Esto resulta así porque la Modernidad, es decir, el surgimiento de este *telos* o destino histórico, aparece asociado ya desde un comienzo con la idea de que el hombre, más que el animal en algunos sentidos y menos que él en otros, debe "construirse" un rostro humano. Agamben llamará a este proceso "la máquina antropológica" del humanismo, a la que describirá como un "dispositivo irónico".

> La máquina antropológica del humanismo es un dispositivo irónico que verifica la ausencia para Homo de una naturaleza propia, manteniéndolo suspendido entre una naturaleza celeste y una terrena, entre lo animal y lo humano; y por ello, siendo siempre menos y más que sí mismo. (2006, p. 63).

La ironía es que aquello que *nos da una naturaleza* resulte de un proceso de configuración colectiva de la propia identidad (en realidad, de constante refiguración a partir de una continua pregunta sobre la naturaleza humana). No es una identidad fijada, como en el caso del animal, y, por ende, puede variar, admitiendo en su aplicación diferentes refiguraciones.[63] Esta máquina irónica funciona, en no poca medida,

---

61. *"Five stalls sat on the street all in a line, presided over by three dwarfs, a Blueskin-Toadman mongrel with warty blue skin, and a Lizardman"* (Spinrad, 2014, p. 13).

62. *Economía*: en griego y destacado en el original.

63. Observemos, no obstante, que este proceso también es aplicado hoy día (y cada vez con mayor frecuencia) sobre el mundo animal, al establecerse un debate acerca del trato que los

sobre la base del prejuicio y de la proyección sobre el otro, determinando o imponiendo una identidad a un grupo. El concepto de "raza", tan caro al nazismo y a distintas ideologías similares anteriores y posteriores, es construido por este proceso irónico que permite proyectar lo negativo o rechazado en el grupo propio sobre los otros, que pasarán a ser adversarios o, simplemente, inferiores, animales o, precisamente por ser humanos degradados, menos que animales y menos que humanos. A lo negativo o rechazado en el grupo propio lo llamaremos, en línea con la psicología junguiana, "la sombra".

El psicólogo suizo Carl Gustav Jung se refirió al tema de la sombra en un ensayo publicado originalmente en 1917, "Sobre la psicología de lo inconsciente", como "el *otro* en nosotros": "Por sombra entiendo la parte «negativa» de la personalidad, es decir, la suma de las propiedades escondidas y desventajosas, las funciones defectuosamente desarrolladas y los contenidos de lo inconsciente personal" (2013, p. 78).[64] El horror a no ser "puro" provoca este rechazo múltiple que abarca la carne y la sexualidad, y proyecta esa impureza sobre el otro. Esta proyección posee una cierta "fuerza ontológica" y hace al *Dasein* del grupo. Tal como es concebido y formulado, no puede discutirse sin poner en juego, justamente de manera irónica, la propia identidad. De hecho, el principal motivo por el cual Feric no cumple adecuadamente con el esquema del camino del héroe es que no se propone vencer a su propia sombra (no la integra al derrotarla), sino que busca (y, en la ficción, logra) *aniquilarla*. Esta supresión absoluta de lo que debe ser superado e integrado constituye una de las patologías más profundas de su personalidad, que se hará colectiva. Para lograr la integración, la "máquina" del humanismo debería haber funcionado humanizando en lugar de animalizando. Pero, al producir precisamente esto último, se constituye en la base del mecanismo ideológico del exterminio.

Las consecuencias de "no tener sombra" pueden ser abrumadoras, ya que la lógica del proceso lleva a una continua (y, potencialmente, infinita) regeneración y reproyección de ella sobre otros grupos. En efecto, en *The Iron Dream*, este problema es, literalmente, enviado al espacio, mediante una nave que llevará la simiente de Heldon a otros mundos. Y, anticipándonos, podríamos agregar que, en *The Man in the High Castle*, es este mismo proceso el que lleva a los nazis a planear la destrucción del imperio japonés.

El arma. El Arma, ya mítica, ya tecnológica, constituye un evidente símbolo de poder. Según Juan Eduardo Cirlot, el arma, destinada a ser empleada en combates míticos, caracteriza tanto al héroe como al enemigo

---

animales reciben y de cuál es su condición dentro del mundo, al menos, con respecto a los seres humanos.

64. Jung desarrolla esta definición en una nota al pie. Sin embargo, a lo largo del texto principal el problema de la sombra es abordado de múltiples formas, a partir de una premisa básica: "La sombra es una parte inferior de la personalidad" (p. 63).

que debe ser destruido. "No siendo el enemigo —en una interpretación psicológica del símbolo— sino el peligro interior del héroe, el arma se convierte en genuina representación del estado de conflicto" (1997, p. 94). Por tanto, no son equivalentes una espada, una lanza o un garrote. Que el arma de Feric Jaggar sea precisamente *El Gran Garrote de Held*, nos lleva a preguntarnos qué tipo de enemigo es aquel que debe ser combatido con un garrote. Efectivamente, si el enemigo fuera otro héroe (como el Caballero Negro en las novelas de caballería), parecería más apropiada la espada (como Excalibur, del ciclo artúrico). Pero el garrote es el arma de la plebe, se utiliza para acabar con un enemigo de una entidad moral que se considera inferior. Por tanto, el garrote es el arma para vencer a los Doms y sus lacayos, los mutantes. Quizás aquí la simetría con el nazismo no parezca tan precisa, ya que el culto a la espada es recurrente en él. Pero, a la vez, el garrote es perfectamente asociable al origen del nazismo, a las fuerzas de choque, de carácter parapolicial, que empleó Hitler, en sus comienzos, para abrirse paso políticamente. Su trabajo, más propio de las pandillas o de delincuentes de bajo nivel, requería el garrote.

En *Lord of the Swastika*, la historia del Gran Garrote de Held, que tiene un origen mítico, parece vincular de una manera bizarra dos temas del nazismo histórico: el mito de Sigfrido y estas fuerzas de choque tristemente célebres. El arma legendaria que le dará poder a Feric Jaggar y que se consideraba perdida aparecerá de pronto en sus manos cuando él deba enfrentarse a unos pandilleros montados en motocicletas, que eran los "custodios" del arma. Al triunfar en esta prueba con la ayuda del garrote legendario, estos motociclistas reverenciarán a Feric Jaggar como su líder (aplicando la lógica de la jauría: el más fuerte es quien tiene el poder) y se convertirán en su fuerza de choque. Podríamos profundizar este análisis remarcando el carácter esencialmente fálico (grotescamente fálico) del garrote. Homer Whipple, en su "comentario", pondrá mucho énfasis en ese análisis, que, de todos modos, sería común a cualquier arma propia de un héroe masculino-solar. El mismo carácter fálico lo tienen la espada (artúrica, de Sigfrido, del Cid, etc.) y la lanza (Aquiles), aunque con otra estilización que le da un carácter trascendente.

Más interesante, sin embargo, nos parece tratar el otro tipo de arma presente, tanto en la historia como en la novela: el arma secreta. Surgida de la investigación científica, será tratada también en términos míticos, ya que, a punto de ser derrotado, el nazismo empleaba la idea de un "arma milagrosa" o "maravillosa" (*Wunderwaffe*) para sostener la esperanza en la victoria (Sale Rose, 2003, p. 65 y sig.). Curiosamente, aún hoy en día existe un culto "encubierto" a las armas secretas nazis, con abundantes publicaciones al respecto. Estas armas, desde el avión cohete "Komet" o el tanque "Tiger" hasta el misil teledirigido o el "bombardeo antipódico", que podría bombardear Nueva York partiendo de Alemania, tuvieron un diferente grado de realización, muchas veces superior a cualquier arma disponible por los aliados, pero muy inferiores a las expectativas en ellas depositadas.[65] La evolución de este tipo de armas en *Lord of the Swastika* sigue un patrón más grotesco, en cuanto fueron simplemente "imaginadas" por Hitler, sin mediar su realización efectiva. Por tanto, no debería sorprendernos que, en el lapso de un año, poco más o menos, Heldon pasara de una tecnología de máquinas de vapor al cohete. La ciencia, vista como milagrosa, se reconvierte en mítica, lo que es propio de una mentalidad pseudocientífica como la de Hitler. De una manera insólita, estas armas milagrosas convivirán con el garrote, un arma fundamental en las batallas, al punto de que, muchas veces, el éxito de Heldon es decidido por el garrote y no por la tecnología. Esta curiosa simplificación es, también, un reflejo de la mentalidad del Hitler "desencantado" de la ficción y de su patología sexual, imaginada por Spinrad.

La cruz esvástica. Es inevitable referirnos a la esvástica como elemento simbólico, ya que es una constante que se replica en la historia y en la ficción (Feric Jaggar es *El señor de la esvástica*). Esta cruz constituye un símbolo antiquísimo, cuyo testimonio más antiguo data del 2000 a. C. aproximadamente, en la India. Según Cirlot, es un símbolo que destaca la concreción y el dinamismo, la *energeia* del cosmos en cuanto capacidad creadora (1997, pp. 205-207). Este efecto surge de integrar dos símbolos más simples: la cruz de brazos iguales (griega) y los cuatro ejes del mundo en un mismo eje de rotación. La *tetraskelion*, cruz gamada o gamadión posee cuatro ramas en ángulo recto y se llama gamada, precisamente, porque puede construirse uniendo cuatro letras gama. El sentido de la rotación define su simbología: dextroversa (*swastica*) y sinistroversa (*swavastica*), es decir, puede replicar el movimiento solar o bien su negación, como en el caso de la esvástica nazi.

En la Edad de Hierro, cuando quizás tuvo su origen el mito de Tule, la esvástica representaba al Dios Supremo, la encarnación de la energía del cosmos, solar y masculina. Autores como René Guénon sostienen que la esvástica es el signo del polo en cuanto eje del movimiento, por lo que significaría la acción del Principio sobre el universo. Rosa Sale Rose comenta al respecto que, en 1919, Friedrich Krohn, miembro de distintas sociedades secretas arias, escribió un memorándum esencial en la simbología nazi: *¿Resulta apropiada la esvástica como símbolo del Partido Nacional Socialista?* (Sale Rose, 2003, p. 128 y sig.). En su trabajo, Krohn propone la cruz gamada dextroversa o dextrógira como símbolo del DAP, precursor del Partido Nacionalsocialista Obrero Alemán (NSDAP), luego, simplemente, Nacional Socialista o Nazi. Dado su carácter solar, la elección de Krohn parece en sintonía con la idea del culto solar, la buena fortuna y el orden cósmico, pero Hitler optó por la

---

65. El culto actual a las armas secretas nazis alcanza niveles míticos, aunque restringido a un público muy específico, pero, no obstante, entusiasta. Una de las "teorías" más espectaculares es la que propone la existencia de una base secreta nazi en la Antártida, desde la que operarían "platos voladores", invento (no podría ser de otro modo) de la tecnología nazi.

sinistroversa o sinistrógira, su inversión, logrando imponer (como casi siempre) su opinión a los demás miembros de la cúpula del partido. Estamos frente a *un signo positivo, pero invertido*. Esta inversión puede tomarse como un elemento efectivamente satánico (el simbolismo de la inversión suele tener este carácter en la antigüedad), aunque es posible que la preferencia de Hitler no tuviera solamente razones esotéricas, ya que la Sociedad de Tule la había elegido con anterioridad, y puede ser que Hitler quisiera mantener esa correspondencia. De todos modos, este carácter de inversión es coherente con el proyecto del nazismo: puesto que la esvástica sinistrógira implica un movimiento inverso al del desarrollo de la vida, es lógico que resulte símbolo de un tipo de pensamiento que hace un culto de la muerte (de otros) en honor de la vida (propia). Esta inversión no es ajena a una lectura política: ya no es Oriente el que avanza sobre Occidente, sino precisamente lo contrario. Más allá de enfrentarse con Francia, Inglaterra y EE.UU., para el Hitler histórico el enemigo será, siempre, el Este, la Unión Soviética.

¿Por qué emplear un símbolo esotérico? El recurso de la magia y la astrología, ya utilizado por Giordano Bruno y por utopistas como Campanella, responde, en realidad, a la necesidad de constituir instrumentos de poder que estuvieran más allá de lo meramente tecnológico. Esto es, *un poder no histórico sino extra-histórico*. Al respecto, dice Ioan Culianu:

> En su desarrollo máximo, alcanzado con la obra de Giordano Bruno, la magia es un método de control sobre el individuo y los medios de comunicación, basada en el conocimiento profundo de las pulsiones eróticas personales y colectivas. Se puede reconocer en ella el antepasado lejano, no solo del psicoanálisis sino también, y en primer lugar, del de la psicología aplicada y la psicología de masas. (1999, p. 22).

Evidentemente, como buen psicólogo de masas, el Hitler histórico comprendió el poder de la magia para administrar la energía de las masas populares, su imaginario, al punto que los mismos avances tecnológicos de Alemania serán descriptos o anunciados en un lenguaje más cercano al esoterismo que a la ciencia. El Hitler ficcional replica el mismo principio, llevándolo incluso a extremos orgiásticos. En un momento crucial de *Lord of the Swastika*, Feric Jaggar organiza una matanza de enemigos que recuerda, de un modo inconfundible, la tristemente célebre *Kristalnacht*, la Noche de los Cristales Rotos. La descripción de esa matanza y su posterior celebración, tienen como eje la esvástica y el fuego: es la energía que fluye a través de estos símbolos para "barrer" con los enemigos.

No es ajena a esta simbología la siguiente reflexión de Levinas acerca de la "ideología" del nazismo:

> La filosofía de Hitler es primaria. Pero las potencias primitivas que se consuman en ella hacen que la fraseología miserable se manifieste bajo el empuje de una fuerza elemental. Despiertan la nostalgia secreta del alma alemana.

Más que un contagio o una locura, el hitlerismo es un despertar de sentimientos elementales. (2001, p. 7).

Parecería (aunque sabemos que no fue así) que esta elementalidad
no podría desencadenar fuerzas monstruosas. Sin embargo, tal como lo
explica Levinas, el valor de estas potencias primitivas puede sobrepasar
cualquier esquema de contención. Es liberar los impulsos, las energías
de toda una sociedad mediante (entre otras cosas) una simbología
contundente y eficaz, y estableciendo una "clara" delimitación entre
lo propio y lo ajeno, entre lo ario y lo no ario. Por estos sentimientos
elementales, el hitlerismo

> [...] se vuelve interesante en términos filosóficos. Pues los sentimientos
> elementales entrañan una filosofía. Expresan la actitud primera de un alma
> frente al conjunto de lo real y a su propio destino. Predeterminan o prefiguran
> el sentido de la aventura que el alma correrá en el mundo [...]. La filosofía del
> hitlerismo rebasa de este modo la filosofía de los hitlerianos. Pone en cuestión
> los principios mismos de toda una civilización [...]. (Levinas, 2001, p. 7).

Tomando las palabras de Adorno, "se hace de la inmadurez una ideología" (2005, p. 57). Esta *inmadurez* parece propia de todos los procesos
totalitarios en general y de todo racismo en particular. En la dialéctica
del *sí mismo como otro*, no se acepta el cuestionamiento del *otro*, por lo
que deja de existir la dialéctica en sí, y el sentido de plenitud social se
alcanza a través del vínculo con el Estado, con la *idea* que transforma a
la multiplicidad de la sociedad en una *unidad*. Es el triunfo del *mismo*,
expurgado de toda alteridad. Y, para triunfar e imponerse en la historia
(dado que el *mismo* no existe en el devenir, sino en la finitud, porque
necesita absorber-destruir para existir, porque simplemente *está* sin
ser), necesita de la negatividad del *otro*, que, desde esta perspectiva,
nunca llegará a ser *prójimo*.

Si el título de la novela de Hitler es, precisamente, *Lord of the
Swastika*, parece evidente que, de nuestros cinco símbolos básicos, el
del héroe y el de la cruz esvástica son los que definen todo el ciclo vital
del héroe, su lucha y su patria. Por tanto, esta cruz es símbolo, además,
del héroe. Es su identidad. Todo lo demás podría ser diferente. El culto
a la personalidad que está implicado en este nombre refleja, también,
una sombra siniestra: si el culto debe darse a un hombre, es porque
más allá de él no hay nada. El culto a la personalidad, cuando este
individuo ya no implica la presencia de Dios en la Tierra (como en los
monarcas del mundo antiguo), funciona como *destino* en sí mismo. Que
este culto persista hoy, bajo múltiples formas encubiertas, no hace más
que confirmar el profundo nihilismo que existe en la base de toda esta
simbología, empleada tan eficaz como superficialmente. Una nada que
el nazismo trató de llenar en vano con millones de muertos.

El "análisis crítico" y el mundo configural

El *análisis crítico de Homer Whipple* es muy sugerente. Para empezar, el apellido del autor de este análisis podría traducirse como *"azotador"* o *"fustigador" doméstico* (*whipple* posee la misma raíz que términos como *whipping*, "azotamiento"; *whipper*, "azotador", y el verbo *to whip*, "azotar"). Esto es, de hecho, lo que hace en su texto: fustigar a la extrema derecha norteamericana en un contexto en que EE.UU. y, sobre todo, el capitalismo, debe luchar, con gran desventaja, por su supervivencia. Ya en el comienzo, la "crítica" de Whipple enfatiza la pobreza literaria de la novela y su no tan paradójica resonancia entre el público, particularmente, entre sectores fuertemente anticomunistas. Esta información es utilizada por el autor para delimitar lo que nosotros denominamos "mundo configural": la presencia de movimientos anticomunistas de gran peso en la sociedad norteamericana, la popularidad de los libros de ciencia ficción, la adopción de la simbología empleada por Hitler en la novela por parte de estos grupos (la esvástica y los colores típicos del nazismo, como el rojo y el negro, ambos utilizados en la portada de diferentes ediciones de esta novela) y la probable causa de muerte del escritor, una sífilis en estado terminal, tema que ya hemos vinculado con el papel (en realidad, con la ausencia de todo rol) de la sexualidad en general y de la mujer en particular en la novela. Sostiene Whipple en su "crítica":

> Más importancia tiene la popularidad del libro y el hecho de que la esvástica y los colores inventados en la obra fueran adoptados por un espectro de grupos y organizaciones sociales tan amplio como la Legión Cristiana Anticomunista, distintas "pandillas de motociclistas al margen de la ley", y los Caballeros Norteamericanos de Bushido. Evidentemente, esta obra de ciencia ficción ha tocado cierta cuerda de la mente contemporánea no comunista, y por eso mismo ha interesado mucho más allá de los límites estrechos del género de la fantasía científica.
>
> En un plano meramente literario este fenómeno parece inexplicable. *El Señor de la Esvástica* fue escrito en el lapso de seis semanas, por contrato con un editor de obras en rústica, casi de un tirón, poco antes de la muerte de Hitler, en 1953. Si hemos de creer en los chismes publicados por las revistas de ciencia ficción de la época, la conducta de Hitler había sido bastante desordenada en los últimos años y había padecido accesos de temblores y estallidos de cólera irrefrenables, que a menudo se convertían en ataques casi hebefrenéticos. Aunque la causa real de la muerte de Hitler fue una hemorragia cerebral, estos síntomas al menos hacen pensar en la posibilidad de una sífilis terciaria. (Spinrad, 1978, pp. 297-298).[66]

---

66. *"Of wider significance is the book's popularity and the adoption of the swastika motif and colours created in it among as diverse a spectrum of social groups and organizations as the Christian Anti-Communist Legion, various 'outlaw motorcycle gangs', and the American Knights of Bushido. Obviously, this science-fiction novel has struck some chord in the*

A partir de este punto, Whipple (es decir, Spinrad a través de la mediación de este personaje) traza un resumen de los motivos esenciales del libro, entre los que destaca, inevitablemente, su simbolismo fálico, en particular, el Gran Garrote de Held (o Cetro de Acero), el saludo con el brazo extendido y el cohete que parte con los genes de Heldon a "fecundar las estrellas". De hecho, la define como "pornografía sublimada": "En cierto sentido, la novela es una suerte de pornografía sublimada, una orgía fálica del comienzo al fin, con ciertos símbolos sexuales específicos: despliegues militares de carácter fetichista y accesos orgiásticos de violencia irreal" (Spinrad, 1978, p. 299).[67] Significativamente, agrega después: "No podemos saber, en cambio, si Hitler tenía o no conciencia de lo que estaba haciendo" (Spinrad, 1978, p. 300).[68] Expresiones similares podemos encontrar en Antoine Vitkine y otros autores acerca del proceso de redacción de *Mein Kampf*. Vitkine remarca, justamente, cómo, durante su permanencia en prisión, la redacción de este libro "construyó" también al propio Hitler, en una suerte de dialéctica, al punto que se descubre a sí mismo como un "Mesías" a partir de una escritura a la que se lanzó, en un principio, profundamente desalentado por el fracaso de su experiencia política y del fallido *Putsch* de Munich de 1923.[69] A su modo, *Mein Kampf* es, en parte, también una biografía ficcional, en este caso, una autobiografía y, como tal, el Hitler que se autorretrata allí es también un personaje de ficción, como en toda obra del género.[70][71]

Para completar el desarrollo de la biografía ficcional de Hitler, anticipada en el resumen biográfico del comienzo, Spinrad hace que Whipple deslice algunos matices particulares sobre esa biografía, vinculándola con el desarrollo de los acontecimientos históricos y políticos en Europa. Remarca la sospecha de que Hitler hubiera pertenecido al

---

contemporary non-communist mind that raises its appeal far beyond the limited bounds of the science-fantasy genre.
On a purely literary level, this phenomenon seems rather inexplicable. Lord of the Swastika *was written in the space of six weeks under contract to a paperback publisher in something of a frenzy shortly before Hitler's death in 1953. If we are to believe the gossip rife in the science-fiction 'fanzines' of the day, Hitler had been behaving erratically for several years, being subject to fits of trembling and bouts of uncontrollable rage that frequently lapsed into near-hebephrenic rantings. Although the actual cause of Hitler's death was a cerebral haemorrhage, these symptoms at least hint at complications of tertiary syphilis"* (Spinrad, 2014, pp. 261-262).

67. *"In a sense, the entire novel is a piece of sublimated pornography, a phallic orgy from beginning to end, with the sexuality symbolized in terms of grandiose fetishist military displays and orgiastic bouts of unreal violence"* (Spinrad, 2014, p. 263).

68. *"What is open to dispute is whether or not Hitler was consciously aware of what he was doing"* (Spinrad, 2014, p. 263).

69. Ver Vitkine (2011, p. 20 y sig.).

70. Con respecto al carácter ficcional de la autobiografía, sugiero ampliar con Lejeune, P. (1994). *El pacto autobiográfico* y Jay, P. (1993). *El Ser y el Texto*.

71. Estudiar estos aspectos en los textos del propio Hitler histórico escapan al objetivo de este trabajo, pero dejamos el tema planteado para futuras investigaciones, en las que deberíamos abordar su pensamiento incluso desde una visión utópica.

partido Nacional Socialista (lo cual es un error o una simplificación
adrede del autor, ya que el partido Nacional Socialista es una derivación posterior del DAP, como ya apuntamos) y que hubiera renunciado
tempranamente a él, dado su carácter de "charlas de café". Esto es,
con toda probabilidad, lo que habría ocurrido con el DAP si Hitler no
hubiese dado su famoso discurso en la cervecería (que, como vimos,
Spinrad introduce deliberadamente en la ficción). De todos modos, lo
interesante de esta referencia a la militancia política del Hitler en la
ficción es su vínculo con sectores anticomunistas en EE.UU., que no pasó
de "charlas de café", que se hicieron más dramáticas, sin duda, cuando
la URSS invade y ocupa Gran Bretaña en 1948 (precisamente, el año
en que George Orwell escribe *1984*, lo que quizás sea una referencia y
homenaje a este autor ferozmente antistalinista):

> El tema de los nacionalsocialistas y Alemania fue siempre una cuestión
> dolorosa para Hitler; abordaba el asunto con mucha renuencia y amargura,
> y solo cuando había bebido un poco. Es evidente que se desvinculó de los
> nacionalsocialistas, y con absoluta razón, pues las actividades de la sociedad
> no eran casi otra cosa que discusiones y charlas de café. Pero la devoción
> temprana, orgullosa y permanente de Hitler a la causa del anticomunismo
> era bien conocida en los Estados Unidos, y esa actitud lo empujó a menudo
> a debates y disputas acaloradas en el pequeño mundo de los aficionados
> a la ciencia ficción en que él actuaba. La ocupación de Gran Bretaña, en
> 1948, demostró al fin claramente —incluso a los más ingenuos defensores
> del comunismo— el carácter imperialista de la Unión Soviética. (Spinrad,
> 1978, p. 305).[72]

El eje, que podríamos llamar "heterocósmico", entre Zind y la Unión
Soviética es evidente, por cuanto ambos ocupan el ineludible rol del
enemigo. Es significativo que Whipple muestre, a medida que avanza
su análisis crítico, rasgos cada vez más anticomunistas, al punto que, en
cierto momento, podríamos aventurar que este eje Zind-Unión Soviética
posee una contraparte también ficcional: Unión Soviética (en el tiempo
de la enunciación de *Lord of the Swastika*, es decir, 1954 y 1959) y
Unión Soviética (en el tiempo de la enunciación de *The Iron Dream*, es
decir, en 1972). Por tanto, existe un eje que une tres mundos, a saber:

---

72. *"The subject of the National Socialists and Germany remained sore points with Hitler for the rest of his life; he discussed them only with great reluctance and bitterness and, as it were, in his cups. The National Socialists he dismissed, no doubt with entirely sufficient justification, as a pathetic beer-hall debating society. But his early, fiery, and continuing devotion to the cause of anti-Communism was well-known, and involved him in many heated debates and feuds within the small world of science-fiction fans in which he moved, until the takeover of Britain in 1948 made the imperialistic appetite of the Greater Soviet Union crystal clear to even the most naive Communist apologist"* (Spinrad, 2014, p. 268).

ZIND (ficción) – La Gran Unión Soviética (historia ficcional) – La Unión Soviética (historia)

De estos tres, como vemos, dos son ficcionales en diverso grado de derivación del original: Zind y la URSS tal como la ve Spinrad, como enemiga de la libertad. Esta derivación es histórico-ficcional, en el primer grado (de una URSS acotada en su expansión por la Segunda Guerra Mundial a una URSS en expansión incontrolada), y alegórica, a partir de la historia ficcional, en un segundo grado. Zind representaría una expansión absolutamente distópica de la ya muy orwelliana Gran Unión Soviética. Si Heldon es su rival y la única nación (¿o debemos decir, según la lógica de la novela, "raza"?) que se le opone efectivamente, entonces, es evidente que representa a Alemania o, como sugiere Whipple, a todo lo no comunista. De hecho, *Held*, en alemán, es "héroe", por lo que Heldon no es otra cosa que "la tierra o pueblo de los héroes", expresión perfectamente acorde con el universo simbólico de Hitler. Esta idea aparece reforzada por el hecho de que es esta raza, que lucha contra un enemigo astronómicamente superior en términos numéricos, la que hace prevalecer de manera victoriosa valores como la iniciativa individual, el coraje y el amor a la patria. Que estos valores aparezcan vinculados tan fuertemente al culto a la muerte reflejaría la patología del autor:

> Zind es el producto final lógico y extremo de la ideología comunista: un hormiguero de esclavos descerebrados presididos por una oligarquía implacable. Así como los dominantes de Zind aspiran a gobernar un mundo de esclavos subhumanos, del mismo modo los actuales líderes comunistas pretenden aniquilar el individualismo, y que todos nos sometamos al Partido Comunista de la Gran Unión Soviética. Así como el poder de Zind es su gran extensión y enorme caudal biológico que los dominantes se creen autorizados a malgastar sin escrúpulos, también el poder de la Gran Unión Soviética se apoya en el dilatado territorio y en la enorme población que los comunistas utilizan cruelmente, despreciando las aspiraciones o la dignidad del individuo.
>
> Heldon parecería representar una Alemania renacida que nunca existió, una realización de los deseos de Hitler, o quizás el mundo no comunista *in toto*. (Spinrad, 1978, p. 306).[73]

---

73. *"Zind represents the logical extreme end-product of Communist ideology —an anthill of mindless slaves presided over by a ruthless oligarchy. As the Dominators of Zind seek a world in which every sapient being has been reduced to their subhuman slave, so the present Communist leaders seek a world in which individualism will be entirely annihilated and every man reduced to subservience to the Communist Party of the GSU. As the power of Zind resides in its great size and huge pool of manpower which the Dominators feel free to expend without humanitarian scruples, so does the power of the Greater Soviet Union derive from its vast extent and enormous population, which the Communists tax cruelly with total disregard for individual need or dignity.*
Heldon would seem to represent some resurgent Germany that never existed, a wish-fulfilment on Hitler's part, or possibly the non-Communist world in toto" (Spinrad, 2014, pp. 268-269).

Ahora, si bien la URSS es fácilmente reconocible en sus dos realizaciones ficcionales, no parecería suceder lo mismo con todo lo que corresponda al campo semántico de lo judío. Whipple menciona la "sospecha" de que el partido Nazi fuese antisemita. Efectivamente, dada su insignificancia histórica en este mundo ficcional, no sería "realista" contar con abundantes datos sobre el nazismo. Pero sucede algo inquietante y pavoroso: al no existir el nazismo, el antisemitismo pasa a ser soviético en la ficción. Lo que sucedió, "sucede" una vez más (incluso con el mismo número de víctimas, señal evidentemente de verosimilitud histórica). Tan solo ha cambiado uno de los actantes, el victimario:

> Hay ciertos indicios de que el Partido Nazi fue hasta cierto punto antisemita. De ahí la tentación de concluir que los dominantes simbolizan de algún modo a los judíos. Pero como evidentemente Zind representa a la Gran Unión Soviética, en la que el antisemitismo ha alcanzado niveles tan atroces que durante la última década han perecido allí cinco millones de judíos, y como los dominantes, lejos de ser las víctimas de Zind son sus amos absolutos, esta idea no tiene consistencia. (Spinrad, 1978, p. 307).[74]

Pero, en el contexto de este mundo, esto hace que no resulte verosímil para Whipple ni para sus contemporáneos el hecho de que los dominantes representen a los judíos. Se produce una paradoja, por cuanto lo que es un hecho perfectamente documentado para el receptor de *The Iron Dream*, es una incógnita para el receptor de *Lord of the Swastika*, al punto que el primero interpreta con claridad, sin ambigüedades, que los Doms representan a los judíos, mientras que esa lectura *no es verosímil* para el segundo. Se hace evidente hasta qué punto la estructura de la mímesis, en su etapa de refiguración, depende de un relato que genere la verosimilitud de lo que debe ser refigurado. De este modo, vemos cómo el receptor de la ucronía convive con estas dos interpretaciones. Por cierto, en las descripciones de los Doms, como hemos visto, no se ahorran detalles que podrían identificarlos con el estereotipo del judío que elaboraron los nazis, particularmente, en los rasgos que tienen que ver con su comportamiento, su calidad de "ocultos", que ejercen el poder desde la oscuridad.

El narrador no se detiene mucho en esta circunstancia, acaso porque Spinrad prefiere marcar la ironía que representaría lo inverosímil de un antisemitismo en Hitler. Pero sí va a profundizar un aspecto que posee un vínculo muy profundo con el momento que vive EE.UU. en 1972, la Guerra Fría:

---

74. *"There is some flimsy evidence that the Nazi Party was to a certain extent anti-Semitic. Thus there is the temptation to conclude that the Dominators are somehow symbolic of the Jews. But since Zind is obviously meant to stand for the Greater Soviet Union, in which anti-Semitism has reached such rabid heights in the past decade that five million Jews have perished, and since the Dominators, far from being the victims of Zind, are its absolute rulers, this notion falls flat on its face"* (Spinrad, 2014, p. 269).

La Gran Unión Soviética cabalga sobre Eurasia como un bárbaro borracho. Domina ya la mayor parte de África, y las repúblicas sudamericanas comienzan a derrumbarse. Solo ese gran lago nipo-norteamericano que es el Pacífico se alza como bastión definitivo de la libertad en un mundo que parece destino a perecer bajo la marea roja. Nuestro gran aliado japonés conserva las venerables tradiciones del Bushido, y ellas lo ayudan a conservar la entereza y a transmitir fe y confianza al pueblo; pero parecería en cambio que nosotros los norteamericanos hemos caído en la apatía y una desesperación irremediables.

Sin duda, muchos de los lectores de Hitler habrán llegado a imaginar qué hubiera significado para los Estados Unidos la aparición de un líder como Feric Jaggar. Nuestros grandes recursos industriales hubieran puesto en pie de guerra unas fuerzas armadas invencibles, una corriente de decisión patriótica galvanizaría a la población y nuestros escrúpulos morales quedarían como suspendidos durante la lucha a muerte con la Gran Unión Soviética. (Spinrad, 1978, p. 309).[75]

En la ucronía, la Gran Unión Soviética aparece como un gran monstruo que devora, sin satisfacerse nunca, todas las naciones que encuentra a su paso. En la particular geografía política que deja este escenario, solo Japón y EE.UU. se han preservado del comunismo, pero, a diferencia del primero, que se sostiene, sobre todo, en la tradición, el segundo ha caído en el desencanto y el descreimiento. Este es el norteamericano medio, el lector de la novela *Lord of the Swastika*, el receptor en la ficción, que no es especialista, como Whipple, y acaso no le interesan los análisis del tipo freudiano sobre las patologías del autor. A este norteamericano frustrado (tal vez no muy diferente al de 1972 en la historia, abrumado por la decadencia de la economía de Estados Unidos, la imposibilidad de vencer la infinita guerra en Vietnam e incluso el rechazo a participar en ella) es a quien se le ofrece este personaje mediador, Feric Jaggar.[76] Este tipo de héroe no constituye solo una catarsis: podría ser aquel que conjugue las fuerzas "míticas" de la nación para imponerse a sus enemigos. En la refiguración de este nivel inferior de mímesis, el receptor

---

75. *"The Greater Soviet Union bestrides Eurasia like a drunken brute. Most of Africa is under its sway, and the South American republics are beginning to crumble. Only the great Japanese-American lake that is the Pacific stands as the final bastion of freedom in a world that seems destined to be inundated by the red tide. Our great Japanese ally has the time-hallowed traditions of Bushido to stiffen its resolve and imbue its people with a sense of mission and destiny, but we Americans seem hopelessly sunk in apathy and despair.*
No doubt many of Hitler's readers must find it tempting to imagine what the emergence of a leader like Feric Jaggar could mean to America. Our great industrial resources would be channelled into producing armed forces the equal of anything on earth, our population would be galvanized into a state of patriotic resolve, our moral qualms would be held in abeyance for the duration of our life-or-death struggle with the Greater Soviet Union" (Spinrad, 2014, p. 271).

76. Entendemos que sería interesante efectuar, en un estudio futuro, un análisis comparado entre éste contexto y el que dio a luz el célebre cómic *Watchmen*.

concibe como posible un renacer de la mano de un "héroe" objetivamente monstruoso, pero que el contexto redefine como Mesías.

Whipple (el narrador) ve esta situación, quisiera dejarse tentar por lo mesiánico, pero observa, finalmente, que el costo sería brutal (es decir, no lo evalúa éticamente, sino en función de un hipotético costo moral):

> Una criatura así podría ofrecer a una nación el liderazgo férreo y la confianza necesaria para afrontar una crisis moral, pero ¿a qué precio? Gobernados por hombres como Feric Jaggar, podríamos ganar el mundo, pero perderíamos para siempre nuestras almas.
>
> No, aunque el espectro del dominio comunista mundial pueda inducir a los simples a desear la aparición de un líder semejante al héroe de *El señor de la esvástica*, en un sentido absoluto podemos felicitarnos de que un monstruo como Feric Jaggar permanezca eternamente confinado en las páginas de un libro, y sea solo el sueño febril de un escritor neurótico de ciencia ficción que se llamó Adolf Hitler. (Spinrad, 1978, p. 309-310).[77]

Aquel que podría salvar pediría a cambio mucho más de lo admisible, incluso en ese contexto. Perder el alma los terminaría asimilando a aquello que buscan destruir. En efecto, si los Doms son la sombra del propio autor y Zind, la de EE.UU., aniquilarlos los dejaría precisamente sin sombra, *des-integrados*, y, en tal situación, a merced del peor de los tiranos.

Pero la ucronía es, en gran medida, irónica y el final de *The Iron Dream*, en este caso, no puede dejar de serlo: que podamos felicitarnos porque un monstruo semejante permanezca encadenado a la ficción, que sea tan solo un "demonio de papel", nos muestra que ese otro, el que efectivamente gobernó, también fue soñado, pero de una forma más siniestra aún. Fue el sueño de una sociedad que encarnó el horror más profundo con esa misma "máquina irónica" constructora de máscaras. Adolf Hitler fue, como Feric Jaggar, una máscara. La única diferencia que los separa (abrumadora e insignificante a la vez) es la distancia entre un hombre y la multitud de su sombra.

Ucronía y metaficción en *The Iron Dream*

Como hemos visto, *The Iron Dream* es una obra que se despliega en múltiples planos metaficcionales, que opera a partir de una estructura de "doble receptor": un receptor implícito (el lector de *The Iron Dream*)

---

77. *"Such a creature could give a nation the iron leadership and sense of certainty to face a mortal crisis, but at what cost? Led by the likes of a Feric Jaggar, we might gain the world at the cost of our souls.*
   No, although the spectre of world Communist domination may cause the simpleminded to wish for a leader modelled on the hero of Lord of the Swastika, *in an absolute sense we are fortunate that a monster like Feric Jaggar will forever remain confined to the pages of science fantasy, the fever dream of a neurotic science-fiction writer named Adolf Hitler"* (Spinrad, 2014, pp. 271-272).

y un receptor explícito (el comentarista de *Lord of the Swastika*), que no es precisamente el narratario (el narratario de *Lord of the Swastika*). Esta doble recepción, en rigor, implica una recepción de múltiples dimensiones, una "heterorecepción", que se articula del siguiente modo:

- El receptor explícito es un pensador "progresista", obligado a comentar un texto fascista y racista en medio de un contexto en donde interpretado-interpretante se entrecruzan dialécticamente.
- El receptor implícito recepciona dos enunciados distintos: el del escritor Adolf Hitler y el del comentarista. Por tanto, este receptor se enfrenta tanto al cosmos ficcional del primer enunciado, del cual hará su propia interpretación, como del segundo, en donde debe interpretar, además, la "interpretación" que el comentarista hace a partir de "un mundo otro".
- El narratario es, en cambio, aquel que responde al modelo prefigurado por todos los elementos metaficcionales previos a *Lord of the Swastika* (el texto de presentación, el índice de libros, la cubierta con las esvásticas, el resumen biográfico). El lector o receptor ideal implicaría un contexto mucho más vasto que el que es parcialmente prefigurado por estos elementos metaficcionales.

Cada uno de estos encuentra un tipo de "utopía" diferente. El narratario es pensado ficcionalmente como parte de una utopía milenarista (Heldon como una suerte de Reich de mil años, es decir, eterno). El receptor explícito, también ficcional, refiguraría una distopía a partir de la novela de Adolf Hitler. Solo el receptor implícito, aquel de *The Iron Dream*, es el receptor de la ucronía.

Esta heterorecepción puede pensarse como un esquema de mímesis múltiple, en la cual se produce una refiguración embebida dentro de la configuración (M=mímesis):

M1 (contexto receptor – prefiguración del receptor implícito)
M2 (texto – configuración para un narratario específico)
√M'1 (prefiguración del receptor explícito)
√M'2 (configuración del enunciador Adolf Hitler para un narratario diferente de M2) / **utopía milenarista**
√M'3 (refiguración del interpretante/receptor explícito) / **distopía**
M3 (refiguración del mundo del receptor implícito) / **ucronía**

Esta articulación narrativa de la ucronía es una doble refiguración. El receptor de la novela opera a partir de dos acciones diferentes sobre su mundo desde la configuración: la expresión del pensamiento hitleriano en bruto, sin mediaciones políticas, ya que el pensamiento ficcional nos provee de un margen de libertad de expresión del que se carece en otros nichos lingüísticos; y la interpretación de esa expresión en un mundo opuesto al suyo. Esta interpretación dentro del texto, esta M'3, implica un mundo posible sin el acontecimiento histórico del nazismo, pero sí con el acontecer de su pensamiento. Para el narratario, estamos en una utopía milenarista en la que se cumplen todos los aspectos de un proyecto nazi. En el plano del receptor explícito, esto puede interpretarse (entre tantas interpretaciones posibles) como: "he aquí una novela mal escrita, dirigida a aquellos que continúan atados a las ideas que nos han aislado, vinculadas a un pensamiento caduco pero peligroso; la monstruosidad del texto no habla más que de la corrupción (casi parodia) incluso de este pensamiento fascista". Por último, en el plano del receptor implícito, la acción es más amenazante: "he aquí una novela que demuestra que el ascenso de Hitler al poder no era necesario para la pervivencia de su pensamiento". Esto solo es visible cuando se produce este "surgimiento del otro" en sí mismo, ya que tenemos, en realidad, dos receptores "distintos", marcados por una diferente "conciencia de sí".

La continuidad de estos mundos surge de una relación rizomática, que posee varios ejes, pero, indudablemente, el más importante es el que hace al simbolismo del héroe germánico. Estos valores son aplicables en el enunciado de *Lord of the Swastika*, pero no lo son directamente en el mundo "histórico" que corresponde al tiempo de la enunciación de la novela de Hitler (1953). Esta *presencia ausente* de los valores míticos esenciales determina un tipo de *telos* o destino específico, *mítico*, en un caso (la cosmovisión de Feric Jaggar) y *post-histórico* en el segundo (la cosmovisión de Hitler), y en el cual *lo apocalíptico secular* (es decir, una concepción de destino privada completamente de la presencia de lo divino o religioso) ocupa o sustituye paródicamente lo mítico. Esta cosmovisión secular, que está más allá de la historia (de hecho, es apocalíptica), *cree* en la recuperación de un destino mítico y parecería que es ese elemento extra-histórico el que la provee de la energía para imponerse. En realidad, toda la novela se asienta en esta energía legendaria, cuyo símbolo más importante es el Cetro de Acero, y es su presencia activa la que establece la continuidad entre el mito y la post-historia, es decir, entre dos "mundos" no históricos. Lo que los une, la "decadencia" de la humanidad, es precisamente el espacio de la historia, lo que debe aniquilarse y olvidarse.

Si aplicáramos las reglas de la gramática de la ficción histórica que hemos esbozado con anterioridad a esta ucronía mítico-apocalíptica, podemos repensar el esquema propuesto incluyendo el proceso por el cual se produce este "surgimiento del otro" en sí mismo, ya que tenemos, en realidad, dos receptores "distintos", marcados por una diferente "conciencia de sí". Efectivamente, esto se produce en dos niveles, cada uno de los cuales implica una "historia" o relato histórico verosimilizador diferente.

Nivel 0: el de la novela The Iron Dream

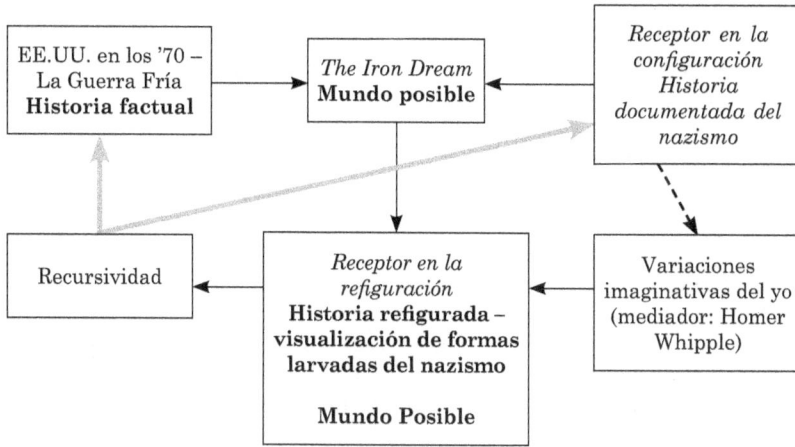

EE.UU. en los '70 – La Guerra Fría **Historia factual**	→	*The Iron Dream* **Mundo posible**	←	*Receptor en la configuración Historia documentada del nazismo*
Recursividad	←	*Receptor en la refiguración* **Historia refigurada – visualización de formas larvadas del nazismo** **Mundo Posible**	←	Variaciones imaginativas del yo (mediador: Homer Whipple)

Aquí tenemos:

- Mundo factual 1: prefiguración a partir de una concepción de historia, de destino o *telos* (y, eventualmente, de utopía); el mundo bipolar, la Guerra Fría.

- Receptor en la configuración (dentro del mundo configural): propio del receptor en la instancia previa al proceso de recepción; la historia documentada del nazismo y de la Segunda Guerra Mundial, junto con el concepto de mito y de héroe mítico, particularmente, en la mitología germánica.

- Mundo posible: configuración en la que las modificaciones provocadas a través de la ficción en los eventos de *The Iron Dream* extienden mediante nuevas posibilidades las expectativas del receptor. En este caso, se trata de una configuración ficcional que articula hechos históricos. Estos hechos determinan las reglas de acceso entre el mundo factual 1 y el mundo configural con el mundo posible: la ucronía propiamente dicha, con sus articulaciones y reglas de acceso.

- Variaciones imaginativas del yo: los conflictos individuales desarrollados a través de la mediación del personaje de Homer Whipple, quien reflexiona ante hechos hipotéticos que son "reales" para el receptor "real".

- Mundo factual 2: refiguración del mundo y del yo (receptor) a partir del advenimiento de un otro generado por las variaciones imaginativas de los personajes *individuales* en el mundo posible, refiguración del mundo factual 1 y de su relación con el mundo configural en el receptor. Se busca mostrar así en qué medida el nazismo pervive, podríamos decir que en un nivel no histórico, sino mítico, en el mundo factual 1.

Este esquema es, a su vez, articulable con el complejo mecanismo de la enunciación que posee la novela, puesto que la clave de la construcción de estas *variaciones imaginativas* estriba en la exposición polifónica o desde diferentes enunciadores, historias y tiempos. Precisamente, encontramos la novela *Lord of the Swastika* como una enunciación que posee como marco los otros componentes vistos. Este nivel inferior de diégesis tiene como personaje mediador al mismo Feric Jaggar, ya que es el héroe que permite revertir la decadencia de un mundo (Heldon, EE.UU.) y transformarlo en un imperio. Es el tipo de héroe, como bien observa Homer Whipple (acaso podemos pensarlo como "real"), con el que sueña una sociedad cuya autoestima se ha empobrecido y que vive en la frustración y en el desencanto que le ofrece una clase política caduca e inoperante. Por tanto, Jaggar (como Superman y tantos otros héroes de la ficción) es el mediador que puede reconvertir la impotencia en poder. De ahí que podemos replicar nuestro análisis a este nivel inferior sobre la base de un horizonte de expectativas verosímil para los hipotéticos receptores de la novela, horizonte común, en gran medida, con el del autor. Ellos comparten, además, un mismo espacio de experiencia.

Nivel -1 (regresivo, enunciación enmarcada): el de la novela
Lord of the Swastika

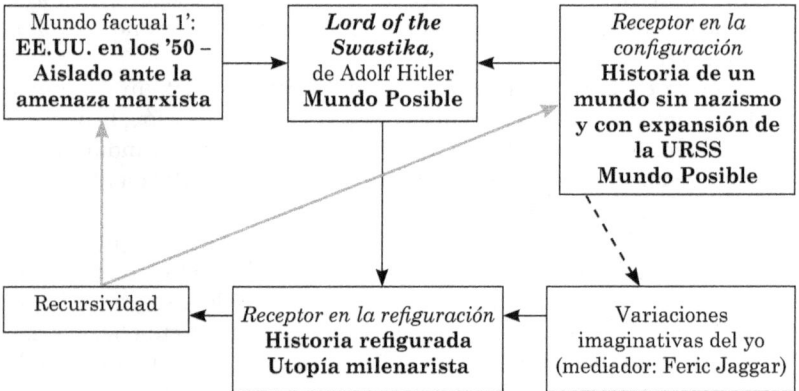

Aquí tenemos:

- Mundo factual 1': el mundo capitalista en declive, amenazado por el comunismo.
- *Receptor en la configuración* (dentro del mundo configural): un mundo sin nazismo. El expansionismo norteamericano como *reacción* a la amenaza comunista. La sociedad norteamericana necesitada de un líder *mítico*.
- Mundo posible: la ficción postapocalíptica de Adolf Hitler.
- Variaciones imaginativas del yo: los conflictos individuales desarrollados a través de la mediación del personaje de Feric Jaggar y el camino del héroe que debe emprender.

- Mundo factual 2': refiguración del mundo factual 1' y de su relación con el mundo configural en el receptor de *Lord of the Swastika*. Esta refiguración implica ver como "posible" un resurgimiento del mundo factual 1'.

En resumen, la relación entre estos mundos puede expresarse del siguiente modo:

- El personaje mediador de la ficción en el nivel 0 es estrictamente histórico (Adolf Hitler), al igual que las instituciones y los elementos, tanto históricos como simbólicos, que marcan la continuidad entre el nazismo y "los mundos" de *The Iron Dream*.
- La "historia" del mundo posible aparece reintegrada de manera fragmentaria en el texto del comentarista (el receptor explícito), Homer Whipple.
- Las figuras de Hitler o Feric Jaggar no son esenciales, sino que se constituyen como una suerte de "encarnación" de procesos históricos autónomos que, no obstante, son afectados parcialmente por su acción. Escribir *Mein Kampf* o *Lord of the Swastika* implicará refiguraciones distintas, pero no absolutamente determinantes, del mundo del receptor.

Esta polifonía de horizontes es lo que vuelve inquietante la novela de Spinrad. No ya la mera ficción fantástica de Hitler, atiborrada de mutantes y de lugares comunes, sino cómo, a través de imágenes tan primarias y elementales, un oscuro individuo pudo convertirse en el catalizador de fuerzas inverosímiles. La simplicidad de la trama básica no hace más que reforzar la complejidad de la trama "ucrónica": incluso EE.UU. podría haber abrazado una ideología afín al nazismo, si las circunstancias hubiesen sido otras, insignificantemente otras (ese discurso jamás pronunciado en la famosa cervecería de Munich, por ejemplo). Si nuestro presente "pende de un hilo" o bien de una infinidad de hilos delgadísimos que nacen de un mero acontecimiento, que podría pasar absolutamente inadvertido para casi todos sus contemporáneos, entonces, es preciso revisarlo en profundidad y de manera constante. Esta revisión no debe quedar solo en manos de la ciencia histórica: como vemos, la ficción nos provee de herramientas que permiten ver o intuir otros procesos que a la ciencia le están vedados por su misma naturaleza. El carácter ontológico de lo fantástico, como marcó Doležel oportunamente, permite entrever aspectos de la realidad no accesibles mediante una epistemología. De este modo, una ucronía como *The Iron Dream* saca a la luz la sombra que el nazismo aún proyecta desde otros mundos sobre nuestro presente. Que un personaje como Feric Jaggar pueda pertenecer a nuestro horizonte de posibilidades forma parte de la herencia que, a nuestro pesar, hemos recibido de la misma historia. Soñarlo es una forma, acaso precaria, pero posible, de encadenarlo a la ficción y no vivirlo como destino.

➤❧ II ❧◄

The Plot Against America
(La conjura contra América), de Philip Roth[78]

Tema y estructura de la novela: la construcción del "miedo perpetuo"

La novela de Philip Roth que nos ocupa, *The Plot Against America*, es la menos "fantástica" de nuestro *corpus*. Por el contrario, en ella, la historia aparece con mayor fuerza, mostrando su presencia efectivamente, y ya no como una simple y sutil referencia con la ficción. Roth se preocupa, como ninguno de nuestros otros autores, por remarcar el carácter histórico de la situación, su lugar, su tiempo y sus actantes. Incluso la alteración del acontecimiento histórico es muy puntual y no produce un cosmos completamente nuevo con el cual trazar paralelismos. Lo simbólico permanece en un segundo plano e incluso podríamos afirmar que la novela es poco "imaginativa": más que una alteración definitiva de los hechos, lo que se produce es una curiosa "postergación" de un desenlace común con el mundo "fáctico", el de la historia documentada que conocemos (la tercera presidencia de Roosevelt y la victoria aliada en la Segunda Guerra Mundial). Es como si el autor hubiese decidido intercalar una pesadilla dentro de una historia con final feliz, una pesadilla de la que, finalmente, se despierta. El tema, el verdadero sentido de esta inserción, de esta ucronía, está en lo que sucede después del despertar: esta pesadilla no nos dejará en paz, pero sí una suerte de "residuo" en nosotros que el tiempo difícilmente disipe. Un residuo que contamina ambos mundos de realidad e irrealidad a la vez.

Hablar de esta pesadilla y de su residuo parece ser el objetivo de Philip Roth. No importa aquí tanto el simbolismo nazi o los mundos paralelos o el camino del héroe. El autor adopta un punto de vista, una focalización para construir a su narrador (y, por consiguiente, a su teórico

78. Este capítulo se basa en gran medida en un trabajo previo ya publicado. Cfr. Del Percio, D. (2014). La Historia y sus dobles. Ucronía y contrafactura histórica en *The Plot Against America*, de Philip Roth. En *Journal de Ciencias Sociales*, Año II, Nro. 3. Buenos Aires: CICS-Universidad de Palermo, 28-53. DOI: [http://dx.doi.org/10.18682/jcs.v0i3.257].

receptor, a su narratario), que define, desde un comienzo, el "mundo" de la novela. Ya el primer párrafo, que corresponde al capítulo *"June 1940-October 1940. Vote for Lindbergh or Vote for War"*, constituye una inquietante puesta en abismo: "El temor gobierna estas memorias, un temor perpetuo. Por supuesto, no hay infancia sin terrores, pero me pregunto si no habría sido yo un niño menos asustado de no haber tenido a Lindbergh por presidente o de no haber sido vástago de judíos" (Roth, 2005a, p. 11).[79] Roth escribe "temor" (*fear*) como sujeto de esta oración que, además de gravitar sobre todos, es el particular, específico miedo de un niño. Un miedo perpetuo, sin posible final. La pesadilla asoma de la estructura condicional-hipotética que sigue a este miedo: *no childhood is without its terrors* (no hay infancia sin terrores), *yet I wonder if I would have been a less frightened boy* (pero me pregunto si yo habría sido un niño con menos miedo) *if Lindbergh hadn't been president* (si Lindbergh no hubiera sido presidente) *or if I hadn't been the offspring of Jews* (o si yo no hubiese sido un vástago de judíos). La primera hipótesis es el resultado de la historia ficcional que va a desarrollarse en la novela. La segunda, en cambio, continúa el mundo "real": tanto en el "mundo posible" como en el mundo de los hechos, el niño es vástago de judíos. Acaso Roth adulto, el que se construye a sí mismo como niño, quiere recuperar su fe en la historia y, en particular, en la historia norteamericana, y la pone a prueba de una manera terrible.

    ¿Qué habría pasado si Charles Lindbergh, héroe nacional norteamericano, el primer aviador en unir en vuelo directo Nueva York y París, el mártir por haber perdido a su hijo en un secuestro devenido en asesinato, hubiera sido presidente de EE.UU.? ¿Podría convertir a esa nación en antisemita? ¿Cuánto puede haber de odio racial larvado en un pueblo? *The Plot Against America* es la pregunta que el autor, de alguna manera, responde implícitamente: si la pregunta puede ser formulada de manera verosímil, entonces, su respuesta ya aparece encriptada en su interior. Que los hechos que nos separan de esta historia alternativa sean tan puntuales, constituye un reflejo de lo presente, de un miedo que, desde esa otra historia, planea sobre nosotros. Es preciso, por tanto, tener fe en la historia, como el propio Roth parece tener, y no perderse en el nihilismo. Una fe ambigua, de todos modos, porque, sobre ella, gravita el miedo. Esta oscilación dramática entre el miedo y la fe adquiere forma narrativa en la estructura de la novela, que busca reflejar, de manera estrictamente cronológica, el proceso de inserción del totalitarismo y el racismo en EE.UU., y continuamente establece relaciones temporales con los sucesos que se producen fuera del país, en particular (pero no exclusivamente), los que se originan en la Segunda Guerra Mundial.

---

79. *"Fear presides over these memories, a perpetual fear. Of course, no childhood is without its terrors, yet I wonder if I would have been a less frightened boy if Lindbergh hadn't been president or if I hadn't been the offspring of Jews"* (Roth, 2005b, p. 1).

Ya el índice nos da la pauta organizativa de la novela, rigurosamente jerárquica en su desarrollo. Sus nueve capítulos y un apéndice se despliegan del siguiente modo:

i. *June 1940 – October 1940. Vote for Lindbergh or Vote for War* (Junio 1940 – Octubre 1940. Votad por Lindbergh o votad por la guerra)

ii. *November 1940 – June 1941. Loudmouth Jew* (Noviembre 1940 – Junio 1941. Judío bocazas)

iii. *June 1941 – December 1941. Following Christians* (Junio de 1941 – Diciembre de 1941. Seguimiento de cristianos)

iv. *January 1942 – February 1942. The Stump* (Enero 1942 – Febrero 1942. El muñón)

v. *March 1942 – June 1942. Never Before* (Marzo 1942 – Junio 1942. Nunca hasta entonces)

vi. *May 1942 – June 1942. Their Country* (Mayo 1942 – Junio 1942. Su país)

vii. *June 1942 – October 1942. The Winchell Riots* (Junio 1942 – Octubre 1942. Los disturbios causados por Winchell)

viii. *October 1942. Bad Days* (Octubre 1942. Días malos)

ix. *October 1942. Perpetual Fear* (Octubre 1942. Miedo perpetuo)

x. *Postscript* (Apéndice)

✓*Note to the Reader* (Nota para el lector)

✓*A True Chronology of the Major Figures* (Cronología real de los personajes principales)

✓*Other Historical Figures in the Work* (Otros personajes históricos que aparecen en la obra)

✓*Some Documentation* (Algunos documentos)

El período que articula la diégesis de la novela (es decir, sin incluir el apéndice, ya que este es "estrictamente" histórico; el cual, como veremos, permitirá delimitar la recepción desde una específica lectura de la historia) abarca un lapso más o menos breve: desde junio de 1940 hasta octubre de 1942. Es decir, poco más de dos años (28 meses para ser exactos). Estos nueve períodos en que se estructura ese lapso tienen un título que los define y articula:

i. *Votad por Lindbergh o votad por la guerra* abarca todo el período preelectoral en el cual Lindbergh es nominado como candidato del partido Republicano. En la historia documental, en efecto, se dio, en esta misma campaña electoral, la asociación de Roosevelt con una hipotética participación de EE.UU. en la guerra. Durante toda esa campaña y, en su gobierno, hasta el ataque japonés a Pearl Harbor en diciembre de 1941 (es decir, más de un año desde esas elecciones), Roosevelt debió cuidarse mucho de ser muy explícito con la ayuda que remitía a los enemigos del Eje (Gran Bretaña en particular y, en mucha menor medida, la URSS). Solo el ataque japonés legitimó una actitud belicista por parte de EE.UU.[80]

En la ficción, la aparición de Lindbergh desbarata el proyecto de Roosevelt. La lógica de la campaña del aviador consistió solamente en diferenciarse en este aspecto de su rival. Esto, sumado a su prestigio y a la actitud de algunos aliados, por ejemplo, el rabino Bengelsdorf, asegurará su victoria.

ii. *Judío bocazas* muestra la paulatina estigmatización que, luego de la ascensión de Lindbergh, se manifiesta en la sociedad norteamericana hacia los judíos. Lo interesante del modo en que esto se producirá es que no constituye nunca una explícita política de gobierno. La administración republicana logra infiltrar de manera paulatina en la sociedad la idea de conformar a EE.UU. como "un solo pueblo" (*just folks*, tema sobre el que nos detendremos especialmente). Todo grupo que evidencie una identidad propia fuerte será visto como un enemigo de la identidad norteamericana. "Naturalmente", esta estigmatización recaerá sobre los judíos norteamericanos.

iii. En *Seguimiento de cristianos*, el pequeño Philip Roth, junto con su amigo Earl Axman, que cumple cierta función de "guía" o "iniciador" sobre él (lo ha introducido en los secretos del sexo femenino mostrándole la ropa interior de su madre), siguen por la ciudad a distintos personajes que reconocen como cristianos. En realidad, el juego se propone como una suerte de espejo o parodia de otro seguimiento mucho más siniestro: el que distintos agentes del FBI hacen sobre los judíos y sobre la familia de Philip en particular. La lógica de este seguimiento es amplia, ya que se vigila a su familia por dos razones: por su tía Evelyn, vinculada al rabino Bengelsdorf, director de la muy significativamente denominada Oficina de Absorción Americana (OAA), y, especialmente, por su primo Alvin, que se había enrolado (en el capítulo 1) en el ejército canadiense para combatir al nazismo y que ha regresado mutilado.

iv. *El muñón* se centra en la historia del regreso de su primo Alvin, que vive con un fuerte desencanto su frustrada experiencia de lucha. Ha perdido una pierna y el eje de este capítulo es, precisamente, el muñón infectado de Alvin y las vicisitudes que tienen tanto él como Philip, que lo ayuda para curarse y poder emplear su pierna ortopédica. Este muñón, símbolo acaso de un idealismo *mutilado* desde un comienzo, pesa sobre la familia y se hace metáfora de un compromiso que la sociedad no logra asumir para su propia defensa.

---

80. Una de las cuestiones más criticadas en la actitud de Roosevelt fue su intención de presentarse en las elecciones de 1940. Esta actitud fue juzgada por muchos de sus adversarios políticos como una suerte de "golpe de Estado", ya que es una tradición en la política norteamericana (inaugurada por George Washington) que ningún presidente busque un tercer mandato. Roosevelt es el único caso en toda la historia norteamericana de un presidente elegido en más de dos oportunidades; de hecho, lo fue en cuatro, claro que este último período (que no concluyó, debido a su muerte en 1945) fue, en buena medida, producto del mismo contexto de la guerra.

v. *Nunca hasta entonces* presenta una situación inimaginable en otro contexto: la recepción que se le hace a un jerarca nazi en la Casa Blanca. Von Ribbentrop, Ministro de Relaciones Internacionales del III Reich, es recibido por Lindbergh y su esposa, y esta actitud, que el narrador explicará después como una "inspección" que los aliados "alemanes" harán de la política interior en lo que hace a los judíos y otros grupos minoritarios, marcará el principio de una reacción por parte de la oposición demócrata.

vi. *Su país* es la consumación de la política del *just folks* por parte de la OAA. El propio padre de Philip es "invitado" por su empresa (irónicamente, la compañía de seguros de vida *Metropolitan Life*) a trasladarse a Kentucky, en donde el hermano de Philip ya había estado como parte de un programa de integración. Su *país* es el país del *just folks* y no pertenecer a él será autoexcluirse. Esto será, en efecto, lo que ocurrirá y el padre de Philip deja su trabajo para no ser transferido y no dejar su hogar, aun cuando eso lo obligará a buscar un trabajo más duro y peor remunerado.

vii. En *Los disturbios causados por Winchell*, el periodista Walter Winchell (no desprovisto de cierto amarillismo, necesario ante el rol que cumple en la ficción) es un personaje histórico, tal como Lindbergh, Roosevelt o Bengelsdorf, que, a lo largo de toda la ficción, adopta la voz de la denuncia constante del antisemitismo del gobierno. Ante la situación que se plantea a esta altura de los acontecimientos (estamos ya en junio de 1942), Winchell se postulará como candidato presidencial independiente y sus arengas públicas generarán una cadena de disturbios antisemitas que concluirán con su asesinato. Este es, precisamente, el punto de inflexión de la novela. Winchell, que, en cierto modo, tiene el fin de un mártir, hace evidente, más allá de toda duda, la verdadera ideología de Lindbergh y el sentido de su política.

viii. *Días malos* son los días de octubre de 1942, que, significativamente, coinciden con un mes trascendental en la historia documentada de la Segunda Guerra Mundial. En efecto, este mes marcó un profundo cambio en el desarrollo de los acontecimientos bélicos con el inicio de la batalla de Stalingrado en Rusia, El Alamein en el Norte de África, junto con la intervención norteamericana en las colonias francesas hasta entonces neutrales y el comienzo de los largos combates en las islas Salomón, en el Pacífico. Roth autor, probablemente, ha hecho coincidir el comienzo del fin del gobierno de Lindbergh en la ficción histórica con el comienzo del fin del Eje en la historia documental. El contexto en la ficción es una pelea entre Alvin y el padre de Philip, que deja malheridos a ambos, y en el que interviene, como una suerte de *deus ex machina* propio de la comedia, un vecino italiano (calabrés, para ser más preciso), el señor Cuccuzza, que los separa y evita que se maten entre sí. Esta situación con final de comedia es una puesta en abismo del *deus ex machina* de la historia ficcional. Es en este punto en donde el narrador, que hasta ahora fue en primera persona, adopta imprevistamente una focalización diferente y narra los sucesos de la historia ficcional a partir de notas de periódicos y otros documentos. Luego de los funerales de Winchell, Lindbergh desaparece con su avión sin dejar rastros y este hecho alimenta conjeturas y rumores de todo tipo, que abarcan desde un plan británico para secuestrarlo hasta un complot en la Alemania nazi, en donde el hijo de Lindbergh está recluido (aquel hijo que, supuestamente, había sido asesinado diez años antes) y mediante el cual el aviador y presidente fue chantajeado de manera constante y "obligado" a actuar de manera pronazi. Esto precipita, primero, una profundización de la persecución política (Roosevelt; el alcalde de Nueva York, Fiorello La Guardia; el rabino Bengelsdorf y la propia esposa de Lindbergh son arrestados bajo sospecha de conspiración; incluso, EE.UU. llega a un virtual estado de guerra con Canadá, es decir, con el Reino Unido). Luego, a partir de un llamado que la Primera Dama hace al pueblo norteamericano, en el cual denuncia el complot, la opinión pública logra revertir la situación.

ix. En *Miedo perpetuo*, la narración, con el narrador ya habitual, este Roth autobiográfico-ficcional, retrocede unos días y se ubica justo *antes* de la denuncia de la conspiración. El eje es precisamente el asesinato de la madre de su amigo Seldon, que había sido trasladada por la OAA a Kentucky (como debería haber ocurrido con el padre de Philip). Este asesinato es la marca del miedo, de ese miedo perpetuo, que se introduce dentro de la comunidad. Es la marca de lo terroríficamente posible. Por otro lado, está en perfecta sincronía con el inicio de la novela.

El miedo, omnipresente y en un angustioso *crescendo* que no cede incluso después del triunfo de los demócratas, se impone como una auténtica "fuerza actancial" que reconfigura para siempre la conducta de todos los personajes y su horizonte de expectativas. La memoria atesorada en la familia y la comunidad constituirá el refugio y una forma de resistencia para sobrevivir dentro de esta "perpetuidad ominosa".

Memoria y constelación familiar

Como ya explicamos, el narrador, único durante la mayor parte de la novela, es una ficcionalización del propio autor, a través de la particular focalización desde su propia infancia y, más aún, de un específico momento. En términos narratológicos, es un narrador homodiegético, en cuanto narra parte de su experiencia dentro de una historia de la que no es su protagonista.[81] En principio, parecería que Roth personaje-

---

81. "Narrador homodiegético: es la entidad que vehicula informaciones adquiridas por su propia experiencia diegética; esto quiere decir que, habiendo vivido la historia como personaje, el narrador ha extraído de ahí las informaciones de que carece para construir su relato [...] difiere [del narrador autodiegético] por haber participado en la historia no como protagonista, sino como figura cuya importancia puede ir desde la posición de simple testigo imparcial hasta

narrador se instala a sí mismo como "mediador" de la mímesis. Pero la estructura es más compleja que esto, ya que, si bien al narrar todo lo concerniente a la historia ficcional es un personaje secundario, no lo es cuando describe su propia experiencia iniciática de niño. En este punto, deberíamos pensarlo, entonces, como una curiosa oscilación entre narrador homodiegético y autodiegético. Esta distinción no es meramente clasificadora, sino que responde a la misma lógica de la narración. Debemos recordar que tanto el personaje como el mismo narrador son ficcionales y, en particular, autoficcionales, como si el autor los utilizara de máscara y confundiéramos esa máscara con la persona. Pero además Roth construye una constelación de personajes a partir de su propia familia y que utiliza de una forma sumamente interesante. Entendemos por constelación un sistema dinámico-complejo de relaciones, humanas en este caso, que se construye conformando una identidad dinámica con dos "fuerzas" o "puntos de referencia": una "gravitación" interna, que tiende a la unidad de la constelación, y una "externa" que hace a la forma en que esta constelación "dialoga" con el mundo. La focalización desde un niño que forma parte de una constelación familiar nos debe advertir de una interesante maniobra compositiva: en realidad, el niño aporta el foco, pero la mediación de la mímesis se produce por esta misma constelación familiar, que conforma el universo moral y conceptual del niño del que el foco es solo un punto de referencia fundamental, pero no excluyente.

El entorno familiar que constituye el campo de observación tiene la conformación típica de una familia pequeñoburguesa. Entre paréntesis, incluimos el rol más importante que representan dentro de esa constelación:

- el padre (la ley);
- la madre (la conexión con la vida y lo sagrado);
- el hermano, Sandy (el adaptable);
- el primo Alvin (el inadaptable, el contestatario);
- la tía Evelyn (la colaboracionista).

A este cosmos, se le suman, en distintos momentos, otros personajes (amigos, parientes lejanos y vecinos) de distinto origen:

- Earl Axman, que actuará como guía o "maestro" de Philip en el descubrimiento de lo prohibido.
- Su amigo Seldon y su madre, que serán reubicados en Kentucky.
- La familia Cucuzza, inmigrantes italianos que se instalan en la misma casa en donde vivieron Seldon y su madre.[82]

---

la de personaje secundario estrechamente solidario con el central" (Reis y Lopes, 1995, p. 161).

82. Un dato aparentemente marginal: el apellido Cucuzza, en ciertos dialectos del sur de Italia, como el calabrés, hace referencia a "el que tiene cabeza", es decir, "ideas claras". La actitud antifascista del señor Cucuzza, declaradamente antimussoliniano, avalaría esta lectura. Ignoramos si Roth utilizó este apellido con este sentido expreso o fue una mera casualidad (el apellido Cucuzza no es infrecuente en Calabria).

- El tío Monty, quien está vinculado con el crimen organizado.
- El rabino Bengelsdorf, novio de la tía Evelyn.

La dialogía que el narrador construye entre esta constelación familiar y el desarrollo de la política y la historia puede pensarse como una suerte de autobiografía ficcional, en una relación dialéctica permanente con la historia ficcional. Por tanto, la condición del narrador aparece desdoblada, ya que es homodiegético en cuanto a la historia ficcional y a algunos hechos de su entorno, y es autodiegético cuando narra sus propias experiencias, en particular, las iniciáticas en un niño (el descubrimiento de la ropa interior de la madre de Earl Axman o el seguimiento de cristianos, por ejemplo). Esta dialéctica se articula para mostrarnos cómo la constelación se ve afectada en sus relaciones, tanto íntimas como externas, por la historia ficcional.

El centro que define la unidad del conjunto es la figura de la madre del pequeño Philip, que actúa, a su vez, de conexión con el pasado religioso de su pueblo. Ella es la que enraíza la constelación dentro de su comunidad, quien convierte la constelación en un sujeto cultural, que el narrador hace explícita en varios momentos de la novela y, en particular, en el párrafo siguiente:

> Cada viernes al ponerse el sol mi madre, de una manera ritual (y conmovedora, con la devota delicadeza que absorbiera de niña al contemplar a su propia madre), encendía las velas del Sabbath e invocaba al Todopoderoso por su título hebreo, pero por lo demás nadie mencionaba nunca a "Adonai". Eran aquellos unos judíos que no necesitan grandes términos de referencia, ninguna profesión de fe ni ningún credo doctrinal para ser judíos, y ciertamente, no precisaban de otro lenguaje, pues ya tenían uno, su lengua materna, cuya expresividad vernacular manejaban sin esfuerzo [...]. Eran aquello de lo que no podían liberarse, de lo que de ninguna manera podrían pensar ni siquiera en liberarse. El hecho de ser judíos provenía de ser ellos mismos, como sucedía con el hecho de ser americanos. (Roth, 2005a, p. 244).[83]

Esta ceremonia, con su vínculo con lo sagrado, define (según Roth) una forma particular de pensarse miembro de una comunidad: no es la observancia rigurosa de un dogma ni una prescripción en cuanto a vestimenta, alimentación o costumbres. Se trata, sencillamente, de un vínculo más allá de la historia, que da sentido a la historia de esa comunidad. Es este *rito* (cuya etimología sánscrita refiere al campo semántico

---

83. *"Each Friday at sundown, when my mother ritually (and touchingly, with the devotional delicacy she'd absorbed as a child from watching her own mother) lit the Sabbath candles, she invoked the Almighty by his Hebrew title but otherwise no one ever made mention of 'Adonoy'. These were Jews who needed no large terms of reference, no profession of faith or doctrinal creed, in order to be Jews, and they certainly needed no other language —they had one, their native tongue, whose vernacular expressiveness they wielded effortlessly [...]. What they were was what they couldn't get rid of-what they couldn't even begin to want to get rid of. Their being Jews issued from themselves, as did their being American"* (Roth, 2005b, p. 220).

del orden y del ritmo) lo que conforma, como una mímesis, el proceso de reafirmación de una cultura. Es precisamente esto lo que está en peligro, aun más que los propios individuos. Tal como Roth autor lo concibe, el proyecto de Lindbergh implica fragmentar, "historizar" a los judíos norteamericanos dentro de un proceso, del que resultarán reinsertados con un nuevo horizonte "ahistórico": serán norteamericanos, más allá de sus orígenes. Esta "americanidad" es el núcleo del etnocidio proyectado. Es así como Roth desarrolla un modelo de aplicación de un "etnocidio" en una sociedad "democrática" (es decir, pretendidamente plural).

Esta situación funciona como un proceso genocida en escala limitada en cuanto a profundidad, pero que abarca el país entero en cuanto a extensión, y podríamos llamarlo (evocando a Nietzsche) *la construcción y la destrucción del templo*: "A fin de que un santuario pueda ser erigido, un santuario debe ser reducido a fragmentos" (Nancy, 2008, p. 19). O, dicho de otra manera, *para que una identidad nazca, otra debe ser destruida*. Oponerse a perder la propia identidad es traición a la identidad que debe nacer (proceso que tiende a oponer pasado-futuro, como si ambos no estuvieran íntimamente compenetrados y fueran interdependientes). El sentido o *telos* de la historia es, para Roth, el de una comunidad que resiste el avance de un estado que la niega. De este modo, la autobiografía ficcional oscila entre lo "histórico" y lo "ahistórico" de su vida; esta oscilación es amplificada en Roth por la historia ficcional, que actúa de marco o cosmos, pero no desde la oscilación memoria-olvido, sino historia-ficción. Por esto, encontraríamos dos planos de desarrollo de la diégesis o narración: uno individual, marcado por la dialéctica memoria-olvido, propio de la autobiografía como género, y otro colectivo, marcado por la dialéctica historia-ficción, propio de la historia ficcional.

Plano individual (autobiografía ficcional):   **memoria ◄───► olvido**

Plano colectivo (historia ficcional):   **historia ◄───► ficción**

La construcción de este personaje múltiple para la mediación, esta constelación familiar, permite reflejar las propias contradicciones en el interior de este "sujeto" (las contradicciones del propio sujeto colectivo *jews*), que existe en cuanto autobiografía inmersa en la historia. Como el Stephen del *Ulises*, de Joyce, que considera que "su historia" es una pesadilla de la que intenta despertar (1972, p. 65), esta "historia" es vivida como una suerte de pesadilla que sufre esta constelación (real y ficcional).[84] Por la misma lógica con la que ella es construida, este sueño terrible invade al grupo en la ficción y a nosotros en el mundo factual. La "pesadilla" modificará definitivamente las relaciones en el interior

---

84. "El tiempo seguramente lo dispersaría todo. Un montón acumulado al costado del camino: pisoteado y dispersándose. Sus ojos conocían los años de vagancia y, pacientes, los estigmas de su raza. [...]
   —La Historia —afirmó Esteban— es una pesadilla de la que estoy tratando de despertar.
   [...] ¿Qué pasaría si la pesadilla te diera un alevoso puntapié?" (Joyce, 1972, p. 65).

de la constelación y su conexión con el mundo, y, a través de su mediación, tendremos la experiencia de este terror, sin estar concretamente
inmersos en él. Para Jay, esta mediación es, desde el punto de vista de
la autobiografía, una "cura" en el sentido freudiano del término (1993, p.
178). Esto implica diluir deliberadamente las fronteras entre lo ficticio y
lo factual (Jay, 1993, p. 189) y construir un referente nuevo, el yo (Roth
autor, la constelación, el receptor), y amplificar los límites de su sujeto.

El "trabajo" de construir este relato y su recepción constituyen
formas de reintegrar este aspecto oscuro, ya en la ficción como en el
mundo factual, al mundo consciente y elaborar el trauma (la pesadilla),
presente y ausente a la vez, según el mundo en el que nos ubiquemos,
pero siempre mostrándose. No obstante, el contexto de la enunciación
(el tiempo en que Roth escribe esta novela, los primeros años del siglo
XXI) posee una particular significación para la forma en que es produ-
cida esta mediación: no es la cuestión judía concretamente lo que está
en juego en la cultura y la sociedad norteamericanas, sino la misma
posibilidad de reivindicar una individualidad. Volveremos sobre este
punto más adelante.

Ahora bien, si la clave de esta relación entre autobiografía e historia
(ambas ficcionales) radica en la forma en que memoria, olvido y ficción
pueden articularlas, entonces, es en la construcción ficcional del hecho
histórico donde se encuentra encriptado su desarrollo. Un acontecimiento
histórico, del que deriva después su lectura como hecho, no es solo un
nodo, una articulación entre diferentes líneas temporales de causa-
efecto. Es también una semilla y, como tal, contiene toda la memoria
precedente "plegada" (de una manera, si se quiere, spinoziana o deleu-
ziana): un cambio en la forma del acontecimiento implica un cambio en
el "contenido" de la memoria encriptada en él, si entendemos memoria
como "experiencia por desplegar" en el tiempo. Al ser el tiempo un flujo
dentro del cual la historia adquiere una "forma", el acontecimiento es
un estado puntual, discreto, extraído de un continuo, que sintetiza lo
no sintetizable, es decir, el acontecimiento es una forma que "explica"
parcialmente todo el tiempo transcurrido hasta él, del mismo modo que
el rostro de un individuo lo identifica *representando* toda su vida, pero
sin explicarla. Por esto, la memoria en sí no es más que un contenido
ilegible, sin representación, de no mediar un relato que la vincule a un
acontecimiento (un suceso que, en sí mismo, carece de contenido; es
algo que se produce dentro del flujo temporal, pero que debe vincularse
narrativamente a una memoria para que signifique).

Memoria y acontecimiento conforman también una dialéctica, implícita
tanto en la autobiografía como en la historia. Toda la novela de Roth
se basa en este continuo diálogo en busca de síntesis del individuo con
la historia, de la propia comunidad con el individuo y de la comunidad
con la historia, con todas las variantes intermedias posibles. Por eso,
en la constelación, los roles particulares determinan qué conflictos o
identidades introducen cada uno. Así como el actante "Roth niño" refleja,
sobre todo, el "miedo", la figura del padre es la encargada de reinsertar

la historia (ficcional en este caso, pero "factual" para él) dentro de la constelación. El "Roth narrador" (un ficticio Roth adulto, construcción también él de un Roth autor) es el que articula todos estos aspectos, estos "caminos narrativos", otorgándole una doble perspectiva histórica a estos acontecimientos habitados por la memoria. En la inasible encrucijada de estos caminos se encuentra la ubicua verdad histórica.

Estigmatizaciones o fragmentar para unir

La idea que marca la política de Lindbergh es *la unidad étnica norteamericana*. *Just folks* implica este principio que, si bien no es explícitamente racista, contiene un fuerte rechazo a todo rasgo cultural individual, no amalgamado en *lo norteamericano*, concepto vago en sí mismo, ya que, como toda identidad, debe también construirse. Esta construcción implica, forzosa y paradójicamente, la necesidad de destruir. Hay que fragmentar la sociedad (en rigor, las sociedades, las colectividades específicas) para poder reunir los pedazos de ese cuerpo social de otra manera. Pero esta fragmentación requiere de un particular proceso de ingeniería, uno de cuyos ejes es facilitar la disgregación de estos componentes dentro del inmenso territorio de EE.UU. Para lograrlo, este proceso debe pasar, primero, por una etapa de estigmatización: es preciso no solo reducir la resistencia de los grupos por desunirse, sino, sobre todo, minar su autoestima. Solo a partir de un rechazo, aunque leve, de la propia cultura particular es posible continuar con este proceso.

Lindbergh, en la novela, lo lleva adelante de manera singular, digamos, de un modo *muy norteamericano*: no a partir de una explícita política gubernamental de estigmatización, sino *democratizándola*, haciendo que el propio pueblo actúe. Este proceso de estigmatización, que podría haber desembocado en un genocidio (de hecho, constituye una de sus etapas fundamentales),[85] implica mostrar el componente "degenerativo" de la sociedad, una suerte de rechazo a los elementos "impuros" en ella. Y, en efecto, cobra una fuerza singular cuando es ejercido no explícitamente desde el ámbito del poder político, sino por ciudadanos comunes y amplificado por el valor simbólico del lugar en donde se produce: el *Lincoln Memorial*, precisamente, el lugar que preserva la memoria del presidente más importante en la historia norteamericana en lo que se refiere al ejercicio de la libertad y los derechos civiles. El eje de la estigmatización se produce a raíz de un comentario de una mujer de cierta edad, que compara a Lindbergh con Lincoln:

¿Está comparando a Lincoln con Lindbergh? —protestó mi padre—. Lo que hay que oír.

En realidad, la anciana señora no estaba sola, sino con un grupo de turistas, entre ellos un hombre de la edad de mi padre que podría haber sido su hijo.

---

85. Al respecto, ver Feierstein, Daniel, "El fin de la ilusión de autonomía" (2005, p. 60 y sig.).

—¿Tiene algún problema? —le preguntó a mi padre avanzando con paso enérgico hacia nosotros.

—A mí nada —respondió mi padre.

—¿Tiene algún problema con lo que esta señora acaba de decir?

—No, Señor. Estamos en un país libre.

El desconocido dirigió a mi padre una larga mirada de extrañeza, y después, uno a uno, nos miró a mi madre, a Sandy y a mí. ¿Y qué es lo que veía? [...] Y el desconocido reflejó la conclusión que había extraído de sus observaciones cabeceando con expresión burlona. Después, siseando ruidosamente para que nadie malinterpretara el juicio que le merecíamos, volvió al lado de la anciana y el grupo de turistas, caminando lentamente y con un balanceo que, unido a la anchura de los hombros, parecía expresar una advertencia. Desde allí le oímos referirse a mi padre como "un judío bocazas", palabras a las que poco después siguieron las de la anciana señora: "Cómo me gustaría abofetearlo". (Roth, 2005a, pp. 80-81).[86]

El entorno resignifica la situación de manera grotesca y siniestra a la vez. Comparar a Lincoln con Lindbergh, para el personaje del padre de Roth, constituye un auténtico insulto, ya que el segundo no posee ni siquiera un discurso humanista. Desde el punto de vista literario, la forma en que Roth autor presenta la situación es magistral, ya que realiza un *crescendo* que comienza con una mera comparación y concluye con la explicitación de un deseo (ya, diríamos, una promesa) de agresión moral y física. Esta progresión comienza de una manera casi humorística, a partir del comentario de una anciana, turista también, quien hace la primera comparación. El absurdo (o, en todo caso, el abismo ético que separa a Lincoln de Lindbergh) adquiere particular fuerza cuando interviene un hombre (de, aproximadamente, la misma edad que el padre de Roth), quien objeta el malhumor del padre. Este, a su vez, le observa que "están en un país libre" (*free country*). Nueva ironía, porque el contexto es evidentemente represivo, si bien nadie (ni la anciana ni el hombre adulto ni la familia Roth) ha quebrantado la ley. La situación se vuelve particularmente tensa cuando el hombre que

---

86. "'*Compare Lincoln to Lindbergh Boy oh boy, my father moaned*'.
    In fact, the elderly lady was not alone but with a group of tourists, among whom was a man of about my father's age who might have been her son.
    '*Something bothering you?*', he asked my father, assertively stepping in our direction.
    '*Not me*', my father told him.
    '*Something bothering you about what the lady just said?*'.
    '*No, sir. Free country*'.
    The stranger took a long, gaping look at my father, then my mother, then Sandy, then me. And what did he see? [...] And the conclusion the stranger drew from his observations he demonstrated with a mocking movement of the head. Then, hissing noisily so as to mislead no one about his assessment of us, he returned to the elderly lady and their sightseeing party, walking slowly off with a rolling gait that seemed, along with the silhouette of his broad back, intended to register a warning. It was from there that we heard him refer to my father as 'a loudmouth Jew', followed a moment later by the elderly lady declaring, 'I'd give anything to slap his face'" (Roth, 2005b, pp. 64-65).

los ha interpelado los observa con profundo detenimiento y en estricto orden: primero, al padre; luego, a la madre, a Sandy y, por último, a Philip. *¿Qué es lo que veía?*, se pregunta Philip. El narrador no lo dice directamente porque no es necesario: la búsqueda de rasgos raciales y sociales específicos que permitirán encasillar al padre de Roth como "judío" y, por añadidura, "bocazas" (*loudmouth jew*). El calificativo principal es "judío", quien, además, "habla más de la cuenta" (es decir, "habla de lo que no sabe" o bien "dice mentiras" o "es un estúpido"). El gesto y el comentario final de la anciana sellan el proceso: "me gustaría abofetearlo", es decir, lo que se hace con los elementos "degenerados" de la sociedad. Las implicaciones de todo el proceso gestual de este episodio son múltiples, ya que este se constituye como prolepsis o puesta en abismo de lo que se repetirá, cada vez con mayor intensidad, a lo largo de los siguientes capítulos.

Esta estigmatización, que es racial (a partir de rasgos fisonómicos) y étnica (rasgos culturales), adquiere paulatinamente rasgos políticos: la implementación del plan que permitirá unificar étnicamente la nación. El programa *Just Folks*, que el traductor de la novela al español traduce como "solo pueblo", merece que nos detengamos en su nombre: *folk* posee, en inglés, un sentido similar al *Heimat* del alemán o al *paese* italiano, pero, en español, carece de un término específico, ya que los diversos sentidos de "pueblo" dependen, en gran medida, del contexto en que la palabra es utilizada. Se refiere básicamente a la patria "chica", al pueblo en un sentido casi de intimidad, de gran familiaridad. Su sentido "étnico" refuerza lo dramático de su objetivo: no un "solo pueblo" en el sentido de formar una única nación, sino una "sola etnia", "justamente una sola etnia". Por tanto, el objetivo es mucho más ambicioso que construir un único pueblo. Se trata, por el contrario, de uniformar la cultura a partir de un modelo específico: la sociedad norteamericana del medio este, Kentucky en particular, a donde viajará Sandy. Este modelo es estrictamente lo opuesto a la sociedad judía de Newark (ciudad que significa "Nueva Arca", con la polisemia que esto implica en este contexto): agraria en lugar de urbana. Y con un adicional: el exceso de trabajo no deja tiempo para pensar.

Esencial en este proceso es la figura del rabino Bengelsdorf, quien, para asombro de muchos judíos (entre ellos, el propio padre de Philip), se incorpora al equipo de campaña de Lindbergh. En una sociedad como la norteamericana, de larga tradición democrática y con pocos antecedentes antisemitas, es preciso "preparar" este clima de estigmatización y fragmentación, y, para esto, es necesario legitimar los discursos del candidato y, luego, presidente republicano. Esta legitimación implica mostrar efectivamente que no es antisemita. El momento crítico en que esto se logra lo constituye el discurso que el rabino Bengelsdorf hace *antes* de las elecciones presidenciales, habilitando, de este modo, una línea de pensamiento en la sociedad que no asociará a Lindbergh con el antisemitismo. Este discurso es muy extenso, estratégicamente interrumpido en algunas ocasiones por comentarios del padre de Phi-

lip y de su primo Alvin, que nos permiten evaluar la "recepción" que
en la comunidad judía podría haber tenido un discurso semejante.
Reproducimos un pequeño fragmento, de modo de poder analizar las
contradicciones que implica:

> Me opongo con todas mis fuerzas al trato que les dan [los nazis a los judíos],
> de la misma manera que se opone el coronel Lindbergh. Sin embargo, ¿cómo
> será posible paliar el cruel destino que les ha sobrevenido en su propia tierra
> si nuestro gran país entra en guerra con quienes los atormentan? [...] Sí,
> soy judío, y como tal sus sufrimientos me afectan en lo más hondo, como
> si fuesen los de mi familia. Pero soy un ciudadano norteamericano, amigos
> míos —el público volvió a aplaudir— [...] y por ello os pregunto: ¿cómo
> se aliviaría mi dolor si Norteamérica entrara ahora en la guerra y, junto con
> los hijos de nuestras familias protestantes y los de nuestras familias católicas,
> los hijos de nuestras familias judías fueran a luchar y morir por decenas de
> miles en el sangriento campo de batalla europeo? [...].
> —Está volviendo *kosher* a Lindbergh, legitimándolo —replicó Alvin—. Lo
> legitima para los gentiles. [...] ¿No te das cuenta, tío Herman, de lo que ha
> conseguido que haga el gran Bengelsdorf? ¡Acaba de garantizar la derrota
> de Roosevelt! (Roth, 2005a, pp. 52-54).[87]

Volver "kosher" a Lindbergh es, replicando la metáfora alimenticia,
hacerlo digerible para los gentiles, incorporarlo dentro de lo aceptable
políticamente. Esto provoca, desde el punto de vista de la recepción,
una curiosa lectura "desdoblada". En efecto, el receptor teórico del discurso no son los judíos, sino el norteamericano medio, no antisemita y
eventual votante de Roosevelt. La inclusión de la voz favorable de un
rabino junto a una figura sospechada de ser pronazi legitimaría una
lectura no-nazi de este último.

Este es el comienzo embrionario de *Just Folks*: el rabino remarca
con riguroso énfasis la dualidad "*Sí, soy judío*" (afirmación), "*pero soy
un ciudadano norteamericano*" (conector adversativo). La preeminencia
de lo segundo sobre lo primero, de la marca que impone el Estado por
sobre la que impone la tradición y la identidad cultural, no es nueva y
recorre la historia de la literatura y de la política desde la célebre obra
de Sófocles, *Antígona*, que pone en discusión la preeminencia de la ley de
los hombres por sobre la ley tradicional. Esto es particularmente intenso

---

87. "*I oppose their treatment [los nazis a los judíos] with every ounce of my strength, and so too
    does Colonel Lindbergh oppose their treatment. But, how will this cruel fate that has befallen
    them in their own land be alleviated by our great country going to war with their tormentors?
    [...] Yes, I am a Jew, and as a Jew I feel their suffering with a familial sharpness. But I am
    an American citizen, my friends —again the applause— [...] and so I ask you, how could my
    pain be lessened if America were now to enter the war and, along with sons of our Protestant
    families and the sons of our Catholic families, the sons of our Jewish families were to fight
    and die by the tens of thousands on a blood-soaked European battleground? [...]".*
    "*—Koshering Lindbergh —Alvin said—. Koshering Lindbergh for the goyim. [...] Don't you
    see, Uncle Herman, what they got the great Bengelsdorf to do? He just guaranteed Roosevelt's
    defeat!*" (Roth, 2005b, pp. 39-40).

en una sociedad como la norteamericana, que ha dado pensadores como Henry Thoreau, que considera saludable, lógica y natural la supremacía del individuo por sobre el Estado. Esto implica, dentro de esta sociedad en particular, un solapado totalitarismo: el Estado no puede negar la naturaleza del individuo (Magris, 2008, p. 40 y sig.). Que *Antígona* sea específicamente una tragedia refuerza el carácter destructivo de esta visión del Estado como referencia absoluta de todos los hombres que son gobernados por él.

Esta característica que nosotros consideramos *patológica* del Estado moderno en general (al menos, implica una angustiosa neurosis) aparece incluso dentro de una enigmática intuición de Walter Benjamin: el nihilismo constituye también el "método" de la "acción política mundial" contemporánea; estigmatizar, fragmentar, destruir, dejar una *tabula rasa* para construir desde "cero" (Nancy, 2008, p. 16). Si esto es efectivamente así, es evidente que el único paisaje posible es el de la *distopía*: si la praxis es nihilista, su *telos* debería serlo también, necesariamente. La praxis nihilista del poder, como desarrolla Jean-Luc Nancy, puede ser pasiva o activa; es decir, una suspensión entre la destrucción y la extinción, hacia la práctica efectiva del nihilismo —destrucción— y hacia su práctica pasiva —extinción—. Esta destrucción tiene como fin abatir los ídolos de la verdad o la verdad ídolo (2008, p. 18), generar el espacio para imponer una nueva verdad, la propia. Hacer *tabula rasa* de lo otro (ideológica, étnica o racialmente) es generar un espacio nulo de relaciones, una nada. El proceso que genera el nihilismo es propiamente moderno y, según Nancy: "es la revuelta del sentido de 'veracidad' contra el propio origen, vale decir, contra el Dios-verdad del cristianismo y contra la interpretación moral del mundo que surge de él" (2008, p. 17).

Podríamos perfectamente incluir el prefijo "judeo" ante la palabra "cristianismo" o bien cualquier término que implique esta negación de un origen concebido como *verdad*. Este proceso podría encontrar en EE.UU. el espacio y las condiciones ideales para desarrollarse plenamente, pero, para llevar a cabo no un genocidio o un exterminio, sino algo mucho más sutil y, acaso, más efectivo, ya que no pesarían sobre él (al menos, en una primera instancia) fuertes condenas morales: la desintegración de una identidad dentro de un espacio y de una población sumamente amplios. Es singular que Hannah Arendt considere que los fascismos no son auténticos totalitarismos en cuanto no han llevado a la práctica un genocidio (es decir, un exterminio planificado) de sus adversarios. Y, en el caso del nazismo, que no haya llevado adelante una auténtica política genocida hasta haber ampliado territorios y población en la medida suficiente para que semejantes políticas pudieran ser ejecutadas (1999, pp. 390-391). Sin embargo, si repensamos el concepto de "exterminio", si le damos una interpretación, si se quiere, más cultural que física, el proceso que describe Roth es esencialmente totalitario: es el exterminio cultural de los judíos, devorados y asimilados, empleando un neologismo similar al de Roth, *americaning* (en lugar de *koshering*), "americanizando" a los judíos. La lógica de este proceso es, en cierto modo, muy "americana", ya que el Estado ejercería violencia efectiva solo en casos puntuales. La "violencia" del proceso aparece profundamente atenuada por el modo en que se produce la estigmatización y posterior fragmentación, y solo es visible para los sujetos puntuales sobre los que se ejerce (y diríamos que para algunos de ellos solamente, los que comprenden lo que está sucediendo, como el padre de Roth).

Este "narcicismo" americano, que solo se admite a sí mismo en el espejo social, es continuamente reforzado por la espectacularidad hollywoodense de la que se rodea Lindbergh, con sus trajes de aviador y sus aviones modernos o el legendario *Spirit of Saint Louis* (acaso, una referencia más al *Volksgeist* americano) con el cual cruzó el Atlántico y llevó adelante su hazaña. Theodor Adorno, por su parte, hace una lectura freudiana de este tipo de *narcisismo nacional*, hermano de la locura y de la banalidad, al que ve como uno de los ejes centrales del nazismo:

> En el aspecto subjetivo, en la psique de las personas, el nacionalsocialismo elevó hasta lo inverosímil el narcisismo colectivo o, dicho de otro modo, la vanidad nacional. Las mociones pulsionales narcisistas de los individuos a los que un mundo endurecido promete cada vez menos satisfacciones y que continúan perviviendo mientras la civilización les niega tantas cosas, encuentran una satisfacción sustitutiva en la identificación con el todo. […] Pero […] la identificación y el narcisismo colectivo no fueron destruidos, sino que perviven de forma secreta, latente, inconsciente y, por tanto, con redoblado poder […]. (Adorno, 2005, pp. 62-63).

En un contexto como en el que Roth ubica su novela, o bien en su mismo contexto de enunciación, este narcisismo se acrecienta precisamente como *arma* o *recurso* para enfrentar la angustia de un mundo amenazante (el peligro de una invasión en un caso, el del terrorismo en el otro). No es asombroso, entonces, que este proceso sea esencialmente "banal" y tenga como secuela la intolerancia a lo diferente.

En el totalitarismo no hay un "fuera de nosotros" o, si lo hay, es una "degeneración de la identidad" que debe ser corregida. El secreto del proceso que lleva a cabo Lindbergh (o quienes lo planifican para Lindbergh, ya que, al final de la novela, se desliza la hipótesis de que este plan ha sido elaborado en Alemania, entre otros, por Goebbels, un maestro de la comunicación de masas) radica en infundir en sectores específicos de la sociedad el "sentirse culpable" de ser diferente. Y, como toda culpa, en el imaginario occidental, aparece implicada dialécticamente una pena, que puede incluso autoinfligirse el grupo estigmatizado. De aquí que la instrumentación del proceso resulte "natural" y prácticamente no tenga oposición. Esta relación culpa-pena aparece en cierto modo travestida de rasgos inquisitoriales, que, por otra parte, ya estarían presentes en el mismo sistema jurídico penal, por lo cual la misma lógica del derecho termina avalando estos procesos políticos, ya que, en definitiva, sigue aplicando los mismos parámetros que en la Edad Media (Mereu, 2003,

p. 338).[88] En el esquema ideológico que plantea la novela de Roth, los aspectos distópicos de la ucronía aparecen, en gran medida, como la visualización gradual de este proceso por el cual la visión totalitaria de la sociedad se va expandiendo, colonizando todos los sectores, en particular, el derecho y la educación.

Como en toda estructura utópica o distópica, la educación es una de las bases de este proceso. Por tanto, en el programa *Just Folks*, cuya dirección, no de balde, recaerá sobre el mismo rabino Bengelsdorf, los niños judíos son separados temporalmente de sus padres y enviados a convivir con niños no judíos en un ambiente que el poder político-legal considera *típicamente americano*: las llanuras de Kentucky. El hermano de Philip Roth, Sandy, será uno de los primeros en participar y tendrá mucho éxito allí. Como suele ocurrir, este proceso es ambiguo: es visto por algunos como utópico y como distopía por otros. Esto se hace tan profundo que incluso un judío puede volverse "crítico" de "lo judío": en una discusión entre Sandy y Philip, el hermano mayor describe el modo de vida judío como "paranoico", con un particular rechazo al *ghetto*, como es la ideología del rabino Bengelsdorf (Roth, 2005a, p. 252).

Esta idea se repite de manera recurrente a lo largo de toda la novela. Poco antes de que Sandy sea enviado a Kentucky, Roth padre y su cuñada tienen una discusión que refleja claramente el dilema integración-identidad en el que la política de Lindbergh ubica a los judíos.

> Mi padre sostuvo que Solo Pueblo era el primer paso de un plan de Lindbergh para separar a los niños judíos de sus padres y socavar la solidaridad de la familia judía, y tía Evelyn dio a entender sin demasiada delicadeza que el temor más grande de un judío como su cuñado era que sus hijos pudieran librarse de acabar siendo tan estrechos de miras y amedrentados como él. (Roth, 2005a, p. 103).[89]

La consternación será mayor cuando Evelyn pase a formar parte del OAA, la oficina del rabino Bengelsdorf (de quien ella sería amante y luego esposa). Finalmente, *Just Folks* promoverá traslados completos de todo el grupo familiar, a partir de fomentar una reubicación laboral de los jefes de familia. Herman Roth, el padre de Philip, logra evitar este traslado renunciando a su empleo como vendedor de seguros de vida y tomando un empleo peor remunerado en el mercado de Newark.

---

88. Al respecto, escribe Mereu: "la relación 'culpa=pena' sigue tal como fue planteada por los padres de la iglesia y por los teólogos escolásticos, la cual fue retomada y adaptada luego al derecho común por los juristas laicos. El castigo como 'venganza' (denominada con un nombre menos explícito) es siempre el punto de apoyo de cualquier sistema represivo. [...] El derecho penal sigue siendo el derecho inquisitorial creado por la Iglesia" (2003, p. 238).

89. "*My father maintaining that Just Folks was the first step in a Lindbergh plan to separate Jewish children from their parents, to erode the solidarity of the Jewish family, and Aunt Evelyn intimating none too gently that the greatest fear of a Jew like her brother-in-law was that his children might escape winding up as narrow-minded and frightened as he was*" (Roth, 2005b, p. 86).

Como en muchas obras logradas, *The Plot Against America* contiene una imagen que sintetiza todo este proceso. El totalitarismo, el *just folks*, la persecución a los judíos y lo que podríamos llamar la pérdida del paraíso, se articulan en una imagen que es, también, un sueño, una pesadilla dentro de la pesadilla. En él, Philip niño sueña con su sello postal favorito, que representa una estampilla postal de un centavo con un paisaje del parque nacional Yosemite. Este sello postal surge como la síntesis de una identidad que aparece perturbada: sobre ese paisaje, sugestivamente verde, Philip ve una esvástica nazi. Los editores seleccionarán precisamente esta imagen del sueño para el arte de tapa del libro.[90] Este sueño es significativo, ya que sucede inmediatamente después del discurso del rabino Bengelsdorf. En él, el pequeño Philip sueña que su colección de sellos (la marca distintiva del propio Philip, su obsesión) se había transformado de manera siniestra. De camino hacia la casa de Earl Axman, de improviso, se siente perseguido y busca refugio. El álbum se le cae en un lugar en donde jugaban los niños un juego propio del contexto en el que estaban: "Declaro la guerra".[91] Al abrir el álbum, Philip descubre que dos series de sellos han cambiado. La primera, la serie del bicentenario de George Washington de 1932, además de cambiar de color, había cambiado su retrato; ya no era el héroe y expresidente norteamericano, sino el propio Hitler quien aparecía en esos sellos (observemos la importancia de 1932 en la historia del nazismo: la expansión política de Hitler en el Parlamento, a lo que seguirá su nombramiento como Canciller el 30 de enero de 1933). En la segunda, que abarca una serie de sellos sobre los parques nacionales de 1934 (otra fecha altamente significativa para el III Reich, ya que coincide con la *Nacht der langen Messer*, la "Noche de los Cuchillos Largos"), había sufrido una transformación similar:[92]

De un lado a otro de los precipicios, bosques, ríos, cumbres, géiseres, gargantas, costa granítica, de un lado a otro del mar azul intenso y de las altas cataratas, de un lado a otro de cuanto en Norteamérica era lo más azul y lo más verde y lo más blanco y lo que sería preservado para siempre en prístinas reservas, estaba impresa una esvástica negra. (Roth, 2005a, p. 57).[93]

---

90. En distintas ediciones norteamericanas posteriores, los editores modificaron la tapa del libro, reemplazando la esvástica por una simple equis (X) negra. Más allá de que probablemente el sentido haya sido el no exhibir públicamente un signo tan inequívoco, entendemos que esta versión distorsiona o, al menos, no refleja el contenido dramático de la tapa original.

91. La lógica de este juego es, también, siniestra: los niños juegan a ser un país y declararse la guerra mutuamente. Triunfa aquel que ha invadido y conquistado más países a los que le ha declarado la guerra.

92. La "Noche de los cuchillos largos" u "Operación colibrí" fue una purga que llevó a cabo el régimen nacionalsocialista durante la noche del 30 de junio al 1 de julio de 1934, que consistió en una serie de asesinatos tanto de adversarios políticos como de miembros del propio partido nazi (en particular de la organización paramilitar *Sturmabteilung*, dirigida por Ernt Röhm).

93. "*Across the face of each, across the cliffs, the woods, the rivers, the peaks, the geyser, the gorges, the granite coastline, across the deep blue water and the high waterfalls, across*

El sueño se impone como imagen y verdad, y se convierte en el centro simbólico de la novela. La sintaxis que conforma su "puesta en escena" es muy efectiva: sobre un paisaje típicamente norteamericano, con todo su contenido mítico de naturaleza y libertad, un signo de la comunicación como una estampilla se transforma en símbolo del terror presente y futuro. Imagen que condensa la memoria, lo actual y el porvenir: el sueño del pequeño Philip aparece como la eternización del terror, su instauración definitiva, del que no se encuentran a salvo ni siquiera sus atesorados sellos postales, su bien más valioso. Este símbolo aparece, incluso, como eje de toda fragmentación, como destino de toda estigmatización. Transformarlo en una imagen onírica es hacerlo tan específicamente real como atemporal ya que, de ese modo, escapa de todo lenguaje, de toda acción que lo refuerce o niegue. El mal está allí y debe dividir para reinar. Y los inocentes sellos postales son sus mensajeros.

Articulaciones entre la historia documental y la historia ficcional

No obstante, el plan general de la novela es, desde el punto de vista histórico, poco imaginativo (esto es deliberadamente así), ya que estructura el devenir como si hubiera existido *solo* un *impasse* de poco más de un año y las batallas de Guadalcanal o Pearl Harbor hubieran sucedido "desfasadas" cronológicamente, sin mayor detalle acerca de su desarrollo, y como si este no fuera afectado por ese "desfasaje". Por tanto, la ucronía implica la construcción no de un mundo exclusivamente alternativo, sino, sobre todo, altamente familiar, de tal modo, incluso, de volverlo (según la lógica freudiana) siniestro para el receptor. Esta característica de "siniestro" (en el sentido de *Heimlich-Unheimlich*)[94] adquiere la forma de un intervalo dentro del flujo de la historia que no evita su final "feliz" (el triunfo aliado y la derrota del nazismo), pero que se plantea como una suerte de "burbuja ucrónica" dentro de la historia que él mismo se preocupa en documentar. Por tanto, no es una mónada, como el mundo prefigurado por Spinrad, sino precisamente una pesadilla hecha realidad, que se hace dueña de un tiempo y un lugar específicos. Esto hace que la ucronía en Roth no tenga una entidad metafísica definida y que no podamos considerarla una obra de literatura fantástica o de *science fiction*. La construcción de esta ucronía es esencialmente "epistemológica" y se basa en la historia y en los modos en que esta es narrada.

---

everything in America that was the bluest and the keenest and the whitest and to be preserved forever in these pristine reservations, was printed a black swastika" (Roth, 2005b, p. 43).

94. Según su célebre ensayo "Lo siniestro", Freud ubica la categoría de lo siniestro en el ámbito de la recepción, a partir de considerar un suceso como "familiar" o "no familiar" (*Heimlich – Unheimlich*). Esta "familiaridad" (por ejemplo, la figura de Lindbergh en un contexto histórico común) adquiere, en cambio, matices monstruosos cuando se encuentra desfasada en tiempo, cuando lo "esperado" se vuelve inesperado sin perder su verosimilitud (Freud, 1997, pp. 2483-2505).

Esta "burbuja ucrónica", que suspende la historia factual por un lapso lo suficientemente extenso como para que los desarrollos de la historia alternativa adquieran esta dimensión siniestra, proyecta sentido en dos direcciones:

- Hacia adentro, esta burbuja se sustenta en la visión de un narrador auto/homodiegético, que asume una "autobiografía ficcional del autor", en la cual no podemos deslindar completamente los componentes estrictamente ficcionales de los biográficos.
- Hacia afuera, provoca un "retraso" o suspensión momentánea en el desarrollo histórico. Lo que queda después del *deus ex machina* del final es la imagen de una pesadilla de la que la historia (la de ese mundo, pero también la del nuestro) no puede despertarse.

Esta construcción epistemológica adquiere sentido, sobre todo, en el apéndice final, cuando el autor detalla, a partir de datos documentales de la historia factual, su lectura de lo que efectivamente sucedió a partir de una cronología de los actantes principales (es decir, de los grandes actores históricos).

Lo que no debemos dejar de observar es que esta lectura es, también, en cierto modo "ficcional", en cuanto implica un recorte específico en la lectura de estos acontecimientos. Este recorte es, esencialmente, narrativo, por cuanto pertenece a la dimensión configurativa (o Mímesis II), aun cuando el autor explícitamente indique que se trata de "historia" y no de "novela". Podríamos afirmar que este apéndice *sincroniza* la ficción anterior en *una refiguración única*. Desde el punto de vista de la estética de la recepción, solo un *lector no competente* realizaría dos recepciones distintas: de la ficción y de la historia. Según Hayden White, este uso de la narrativa tiende a asimilarla a la categoría del discurso simbólico (1992, pp. 69-70). Esto se traduce en una "imagen" por comprender de la historia. Podríamos agregar: una imagen dialéctica, en cuanto es síntesis transitoria (es decir, incluso dentro de la específica temporalidad de un receptor). Esta "imagen" constituye el "contenido" de esta forma narrativa singular.

El modo en que este apéndice sincroniza la ficción depende necesariamente de la lectura de los acontecimientos que hace el autor. Por lo pronto, este apéndice, junto con la forma en que se desarrolla el final de la novela (la intervención de EE.UU. en la guerra al desaparecer Lindbergh, curiosamente, "una vez más", gracias al error estratégico de los japoneses de atacar Pearl Harbor[95]), presupone que una victoria aliada en la Segunda Guerra Mundial hubiese sido imposible sin el

---

95. Efectivamente, el ataque japonés sobre la base norteamericana de Pearl Harbor suele considerarse como un error estratégico, ya que, desde el punto de vista de la lógica militar, el imperio japonés podría haber continuado expandiéndose a costa de los imperios francés, holandés e inglés, sin contar con una resistencia apreciable y sin la necesidad de desafiar a Norteamérica. EE.UU., por otro lado, no hubiese estado en condiciones de intervenir concretamente en la Guerra del Pacífico al carecer de una excusa concreta. En general, se considera que esta decisión se tomó más a partir de un criterio de prestigio militar y político,

aporte esencialmente industrial de Norteamérica. Esta lectura de la historia, que cuenta con una aceptación más bien amplia en Occidente, no es excluyente de otras. En general, los historiadores de la ex Unión Soviética, por el contrario, sin negar la importancia de este aporte, consideran como pieza fundamental en la derrota alemana el sacrificio y la lucha del pueblo ruso, sobre todo, en la famosa batalla de Stalingrado (curiosamente, Roth "hace" que, en la ucronía, la URSS pierda esta batalla).[96] Esta forma de pensar la historia es sostenida por el autor como "la historia" real; por tanto, todo el desarrollo y la interpretación de la ficción debe ser leída a partir de este contexto o "prefiguración" que parte de un relato específico de la historia y, por tanto, determina la naturaleza de la ficción.

Una pauta, en este sentido, es la forma en que Roth problematiza el concepto de historia, problematización que adquiere múltiples dimensiones. Una, como comentamos, implícita en la misma estructura de la novela, en la cual el apéndice representa "la historia" de referencia. La otra, explícita, permite que pensemos la historia incluso desde la propia autobiografía del personaje. Observemos, en primer término, cuáles son los personajes principales que articulan la historia ficcional y la historia factual, deteniéndonos solamente en el punto crítico de bifurcación entre ambos mundos:

- Franklin Delano Roosevelt (Roth, 2005a, p. 400 y 2005b, p. 367). Noviembre de 1940. Triunfa en las elecciones para un tercer mandato (hecho inédito hasta entonces), derrotando al candidato republicano Wendell Willkie, cuya campaña se basó en la no intervención de EE.UU. en la guerra europea. Como veremos más adelante, en declaraciones del propio Roth, Roosevelt fue acusado repetidamente de belicista en un contexto en donde casi la mitad de los votantes norteamericanos eran antibelicistas y triunfó solo por la falta de carisma de Wendell Willkie. En los hechos, el electo presidente potenciará la producción de armas, a través del programa de préstamo y arriendo, para proveer, sobre todo, a Gran Bretaña y, en menor medida, a la Francia libre (dirigida por Charles De Gaulle), China y la Unión Soviética. En la ficción, al ser derrotado por Lindbergh, Roosevelt se encerrará en un profundo ostracismo del que solo lo sacará la visita

---

y como parte de una rivalidad interna entre las fuerzas armadas de Japón (en donde la marina era, en gran medida pronorteamericana, y el ejército, no).

96. Desde un punto de vista estrictamente numérico, alrededor del ochenta por ciento de las bajas sufridas por Alemania durante la II Guerra Mundial ocurrieron en el frente oriental, es decir, a manos del Ejército Rojo. Este argumento, frecuentemente esgrimido por historiadores no norteamericanos, es una interesante réplica al que emplea Roth. Además, existe el hecho incontrastable de que Berlín fue capturada por las tropas del mariscal Zhukov y no por las del general Patton o del mariscal Montgomery. No obstante, muchas de las armas empleadas por los soviéticos provenían de la industria norteamericana, sin las cuales quizás la resistencia rusa se habría quebrado. De todo esto se deduce que afirmar la preeminencia de un actor sobre los otros en una situación tan compleja es arriesgado desde el punto de vista histórico, y la propia afirmación se revela como esencialmente ideológica.

de von Ribbentrop, Ministro de Relaciones Internacionales del Reich, a Washington.

- Charles A. Lindbergh (Roth, 2005a, pp. 402-407 y 2005b, pp. 369-372). Roth realiza con frecuencia citas textuales de discursos o entrevistas realizadas al aviador o a su esposa (también aviadora y escritora de éxito), para establecer un espacio de experiencia que habilite la verosimilitud de una política antisemita por su parte. Es sobre este *relato* de Lindbergh donde se verifica el valor de *posible* de la ficción. Reproducimos algunas citas comprendidas en septiembre de 1939, el mes en que (en la historia factual) se produce el hecho que implica la bifurcación entre los mundos: Lindbergh rechaza el ofrecimiento del senador norteamericano William Borah (de Idaho, uno de los estados más aislacionistas) de ser candidato a la presidencia por el partido republicano. En una conversación privada anterior a septiembre de 1939, afirma que: "Estamos muy preocupados por el efecto de la influencia judía en nuestra prensa, radio e industria del cine [...]. Es una lástima, porque creo que unos pocos judíos de la clase apropiada son un bien para cualquier país" (p. 404). Y, en anotaciones de su diario, escribe: "Ya hay demasiados judíos en lugares como Nueva York. Unos pocos aportan fuerza y carácter a un país, pero demasiados crean caos. Y ya tenemos demasiados" (p. 404). Y, en abril de 1940, declara ante los micrófonos de la radio: "La única razón de que corramos peligro de involucrarnos en esta guerra es que hay en Estados Unidos poderosos elementos que desean nuestra intervención. Representan una pequeña minoría del pueblo norteamericano, pero controlan gran parte de la maquinaria de influencia y propaganda" (p. 404). Y, finalmente, en un discurso en mayo de 1941, es presentado como "Nuestro próximo presidente" (p. 405).

Las conclusiones que pueden obtenerse de estas citas son claras: la actitud que predomina en Lindbergh es el aislacionismo, basado en una forma particular de ver la conformación étnica del pueblo norteamericano. Los judíos, en particular, sobre los que no recae una específica condena en términos de inferioridad, son, sin embargo, los que conspiran para quebrar ese aislacionismo. Esta actitud conspirativa y la aparente extensión de la población de origen judío en algunos estados norteamericanos, constituyen su bien documentada preocupación, que le ofrece a Roth material en exceso para construir su ficción.

Agregamos, por último, que, dado su grado de coronel del Cuerpo Aéreo norteamericano en la reserva, Charles Lindbergh participó efectivamente en combates en la Segunda Guerra Mundial, pero siempre en el frente del Pacífico, contra el imperio japonés. Este hecho es coherente con su esquema de pensamiento, que no ve a Alemania como un enemigo.

- Fiorello La Guardia (Roth, 2005a, pp. 407-408 y 2005b, pp. 372-374). Roth destaca en el más famoso alcalde de Nueva York su carácter de representante de italianos y judíos de East Harlem. En efecto, Fiorello

(*Little Flower*, para sus votantes no italianos) era hijo de un músico italiano, librepensador, y de una mujer del Trieste en aquel entonces austríaco, de origen judío aunque no practicante. Roth omite un detalle de la biografía de La Guardia muy caro a los italianos: durante la Primera Guerra Mundial, La Guardia formó parte de un cuerpo aéreo voluntario de ítalonorteamericanos que combatieron contra Alemania y Austria. Por tanto, este alcalde republicano de Nueva York, que representa en sí dos de las colectividades más importantes de su ciudad (la otra es la irlandesa), tenía experiencia de combate y contra un enemigo similar al que se avecinaba en la Segunda Guerra Mundial. Quizás Roth pensó que este dato no era relevante o bien que hubiese llevado a una lectura del personaje más "italiana" que judía. De todos modos, La Guardia, en ambos "mundos", constituye un equilibrio en cuanto a tolerancia y valores democráticos.

- Walter Winchell (Roth, 2005a, pp. 409-410 y 2005b, pp. 374-375). Famoso actor de vodevil devenido periodista de radio, se destacó siempre por su actitud beligerante contra toda forma de racismo. Acuñó los términos *razis* y *swastinkers* para ridiculizar al movimiento nazi y, en particular, a los nazis norteamericanos. Sus modos desafiantes y muchas veces escandalosos sirvieron perfectamente a Roth en la ficción, ya que, en *The Plot Against America*, Winchell, además de convertirse en la voz de los judíos, será también el personaje que aportará el elemento caótico, inesperado, en el conflicto, al provocar a los nazis norteamericanos con sus discursos de candidato presidencial en la vía pública. El sacrificio de Winchell (en la ficción, es asesinado) es el comienzo del fin de la presidencia Lindbergh.

- Burton Wheeler (Roth, 2005a, pp. 410-413 y 2005b, pp. 375-377). El que es en la ficción el vicepresidente de Lindbergh y quien, luego de la desaparición del aviador, lleva al gobierno a una virtual dictadura, fue en la historia documentada, al comienzo, un importante colaborador de Roosevelt, de quien se fue distanciando gradualmente a partir de 1938, hasta ser uno de sus rivales más férreos. Defensor de una política aislacionista, su vínculo con el tristemente célebre senador Joseph McCarthy aportó suficiente material a Roth para que resultara verosímil un vínculo tan estrecho entre este exdemócrata y Lindbergh.

- Henry Ford (Roth, 2005a, pp. 413-416 y 2005b, pp. 377-380). Del famoso empresario, a quien podríamos definir como una suerte de *sociólogo de la producción y el consumo*, existen abundantes referencias que lo vinculan con un pensamiento ya no aislacionista, sino, directamente, filonazi. Expresiones suyas como la siguiente no requieren mayores aclaraciones: "[Frente al directorio de su empresa, en referencia a la Primera Guerra Mundial] Sé quién ha causado la guerra. Los banqueros alemanes judíos. Tengo las pruebas aquí. Los hechos. Los banqueros judíos alemanes han causado la guerra" (p. 413). Su papel, en la ficción de Roth, es esencial, ya que representa el vínculo ideológico con el nazismo. De hecho, en Ford, el aislacionismo es consecuencia de su pensamiento filonazi y no al revés, como ocurre con Lindbergh, por ejemplo.

Otros muchos actantes, comunes a la historia y a la ficción, son enumerados en el apéndice histórico de Roth, pero los que más gravitan sobre la historia son los mencionados. Por tanto, el autor se preocupó especialmente por redefinir a los actantes de la ficción dentro del espacio de experiencia que esos mismos actantes habían creado en la historia. La continuidad entre ambos mundos no podría ser, entonces, más clara. Por si fuera poco, Roth incluye, al final, dos textos: uno de Lindbergh, su discurso del 11 de septiembre de 1941 en el comité de *América Primero*,[97] con fuertes comentarios ya no solo aislacionistas, sino incluso racistas, y que constituye el hipotexto a partir del cual el autor elabora los discursos y comentarios ante la prensa que hará el presidente en la ficción, del que citamos un fragmento a modo de ejemplo: "En vez de agitar las conciencias para entrar en guerra, los grupos judíos de este país deberían oponerse de todas las maneras posibles, pues ellos figurarán entre los primeros en sufrir sus consecuencias" (Roth, 2005a, p. 424).[98] El otro es un extracto de una biografía sobre Lindbergh, escrita por A. Scott Berg, de 1998, en el cual el autor destaca la convicción que Lindbergh tenía de que era la Unión Soviética el verdadero enemigo, a la que consideraba esencialmente maligna, y de que, detrás de ella, aguardaban "el mongol, el persa y el moro" (Roth, 2005a, p. 428). Todo este material, quizás exagerado en volumen, responde a una obsesión concreta por la historia. Hayden White ve en la novela de Roth una preocupación continua por la documentación de la historia (White, 2010, pp. 176-178). Un rasgo de *The Plot Against America* es la necesidad del autor de suplementar la historia con materiales personales (en gran parte, autobiográficos) como una forma de articular el pasado (los hechos de la Segunda Guerra Mundial modificados) con las preocupaciones éticas del presente, en particular, desde la focalización del autor (judío y norteamericano):

> Me parece que Roth está en la línea directa de Scott, Dickens y Balzac en su creencia de que se debe atender a la historia como proveyendo los hechos que cualquier ideología política debe confrontar si ha de ser contada como realista. El hábil entretejido de Roth de memorias históricas con memorias personales y etnoculturales, tradiciones orales, periodismo, etc., lo convierte en un comentador brillantemente pertinente del "presente" de Occidente. [...] [É]l [Roth] deja bastante claro qué es "historia" y qué es "ficción imaginativa" en todas sus obras, y más aún en *The Plot Against America*, donde incluso anexa una cronología de "lo que realmente sucedió" frente a la cual

---

97. El original de este texto puede encontrarse en la dirección: [www.pbs.org/vgbh/amex/lindbergh/filmmore/reference/primary/desmoinesspeech.html].

98. *"Instead of agitating for war, the Jewish groups in the country should be opposing it in every possible way for they will be among the first to feel its consequences"* (Roth, 2005b, p. 387).

medir la extensión de su propia inventiva en el cuerpo principal "literario" del texto. (White, 2010, p. 176).

Roth considera que lo histórico y lo ficcional pueden mezclarse para propósitos literarios, pero que no deben confundirse jamás. Es decir, está en una posición diferente de Spinrad y, como veremos, también de Dick, lo cual es lógico si pensamos que estos escritores piensan desde la lógica del *fantasy* y, si elaboran un testimonio, este es efectivamente "ficcional", mientras que, en Roth, predomina el cronista del mundo actual. De ahí su preocupación por que no olvidemos que estamos ante una ficción, pero, a su vez, que podamos compararla "materialmente" con la historia, tal como es aceptada al momento de la enunciación de la novela.

Esta "comparación" posee otro aspecto esencial: el modo en que es vista la historia desde el interior de la "constelación". La historia aparece implicada en la vida cotidiana de los hombres comunes, ya no de las grandes figuras de la historia. Roth, a partir del personaje de su padre, elabora este concepto en la propia novela:

> Mi padre procuraba encontrar una hora libre cada semana para ver un programa completo (de noticias, en el cine), y cuando lo conseguía, durante la cena nos contaba qué y a quiénes había visto. Tojo. Pétain. Batista. De Valera. Arias. Quezon. Camacho. Litvinov. Zhukov. Hull. Welles. Harriman. Dies. Heydrich. Blum. Quisling. Gandhi. Rommel. Mountbatten. El rey Jorge. La Guardia. Franco. El papa Pío. Y eso no era más que una lista abreviada del enorme reparto de los personajes importantes de noticiario en acontecimientos que, según mi padre, un día recordaríamos como historia digna de ser transmitida a nuestros propios hijos.
>
> —Porque ¿qué es la historia? —preguntaba retóricamente cuando estaba en vena instructiva y comunicativa después de cenar—. La historia es cuanto sucede en todas partes. Incluso aquí en Newark. Incluso aquí, en la avenida Summit. Incluso lo que le ocurre en esta casa a un hombre normal [...] Eso también será historia algún día. (Roth, 2005a, pp. 202-203).[99]

La enumeración es elocuente: todos los actantes importantes de la historia contemporánea (la factual y la ficcional) aparecen referenciados, incluso algunos no expresamente políticos (como el cineasta Orson

---

99. *"My father would try to find an hour each week to catch a complete show, and when he did, he'd recount over dinner what he'd seed and whom. Tojo. Pétain. Batista. De Valera. Arias. Quezon. Camacho. Litvinov. Zhukov. Hull. Welles. Harriman. Dies. Heydrich. Blum. Quisling. Gandhi. Rommel. Mountbatten. King George. La Guardia. Franco. Pope Pius. And that was but an abbreviated list of the tremendous cast of newsreel characters prominent in events that my father told us we would one day remember as history worthy of passing on to our own children.*
   'Because what's history?' he asked rhetorically when he was in his expansive dinnertime instructional mode. 'History is everything that happens everywhere. Even here in Newark. Even here on Summit Avenue. Even what happens in his house to an ordinary man —that'll be history too someday'" (Roth, 2005b, p. 180).

Welles, que, por aquellos años, estrenó su obra cumbre, *Citizen Kane*, film que también contiene una fuerte lectura política). El aparente desorden de la lista no hace más que reforzar un concepto de historia como flujo de acontecimientos en busca de una forma. *Es el reparto de la obra*. El segundo párrafo, acaso, nos responde cómo esa forma se hace "sólida": La historia es cuanto sucede en todas partes y, en particular, a la gente común. *Algún día*, esa historia se hará digna de ser transmitida a nuestros hijos, será digna de ser convertida en relato. Esta dignidad de narrar desde el espacio íntimo es lo que, en definitiva, devuelve al hombre su fe en la historia.

Evidentemente, aun cuando no haya formado parte expresamente del plan del autor, la historia contemporánea y sus devenires políticos no pueden estar ajenos a la conformación de la novela. Contemporánea de la primera y de parte de la segunda presidencia de George Bush hijo (según su propio testimonio, Roth habría iniciado la composición de *The Plot Against America* antes del 11 de septiembre de 2001), el rol del presidente en los destinos de EE.UU. aparece criticado de manera muy dura, crítica que, efectivamente, no ha perdido vigencia. En el fragmento siguiente, observamos cómo Roth proyecta, a través de la figura de Fiorello La Guardia, el vínculo entre texto y contexto: la adoración de la figura presidencial en Estados Unidos, que lleva a aceptar, incluso, medidas muy impopulares. De este modo, implícitamente, Roth vincula a Lindbergh con la política de George Bush hijo:

> La Guardia es el único entre los miembros de su partido que exterioriza su desprecio por Lindbergh y por el dogma nazi de la superioridad aria que él (hijo de una madre judía no practicante procedente del Trieste austríaco y un padre italiano librepensador que llegó a Estados Unidos como músico en un barco) ha identificado como el precepto en el núcleo del credo de Lindbergh y del enorme culto norteamericano de adoración al presidente. (Roth, 2005a, p. 333).[100]

Este culto a la figura presidencial, que puede derivar en situaciones dignas de un régimen totalitario (en el contexto, la situación de los presos de Guantánamo, por ejemplo), es expresamente criticado por Roth, aunque, luego, en una entrevista que otorgó a la periodista del diario *La Nación* de Buenos Aires, Juana Libedinsky, poco después de la edición en español de la novela, el escritor se distancia de este tipo de interpretaciones contextuales. Reproducimos a continuación parte de esta entrevista:

---

100. *"La Guardia is alone among the members of his party in displaying his contempt for Lindbergh and for the Nazi dogma of Aryan superiority that he (himself the son of an unobservant Jewish mother from Austrian Trieste and a freethinker Italian father who came to America as a ship's musician) has identified as the precept at the heart of Lindbergh's credo and the huge American cult that worships the president"* (Roth, 2005b, p. 303).

—Su libro fue interpretado por la izquierda como una crítica al gobierno de Bush, como un paralelismo velado a su gobierno. ¿Fue ésa su intención?

—Le voy a contar un cuento: había un carpintero que hacía unas sillas muy lindas. Un día, al volver del trabajo, ve por la ventana que un vecino le está partiendo una de sus sillas a la mujer por la cabeza. Sigue caminando y ve que otro está cortando la silla en trozos pequeñitos y tirándola a la chimenea para calentarse. Obviamente, él construyó las sillas para que la gente se sentara, pero, una vez que fueron compradas, sabe que cada dueño las va a usar según su necesidad. Bueno, yo no escribí mi libro para pegarle a Bush en la cabeza, pero cada uno puede usarlo para lo que se le plazca. No es un tema mío, y de cualquier manera el 90 por ciento de las interpretaciones siempre son erradas. Cuando a un libro se lo saca de contexto y se lo usa para una agenda política, ¿qué se le va a hacer? Es algo que viene de siempre, en Praga el régimen prohibió a Kafka, por ejemplo, ¿y qué tenía que ver Kafka con la invasión soviética de Checoslovaquia? Yo empecé mi libro antes de que Bush fuese a la Casa Blanca, antes del 11 de septiembre. Quería escribir sobre 1942, recrear ese momento y explorar las posibilidades que afortunadamente nunca se materializaron. (Roth, 2005, 5 de diciembre).

Al preguntarle si consideraba posible que la ficción fuera realidad, Roth responde de manera elocuente:

—¿Cree que habría sido posible un Lindbergh presidente en los Estados Unidos?

—No, ¡porque no pasó! Pero fue una suerte que los republicanos no hayan tenido la viveza política de nombrar a un Lindbergh, porque definitivamente le habría ganado a Roosevelt en las elecciones. En cambio nombraron a un moderado, un intervencionista e internacionalista al igual que Roosevelt, y así no había verdadera competencia. No supieron capitalizar el hecho de que la mitad del país no quería ir a la guerra y con buenas razones, no por antisemitismo: el país ya había estado veinte años antes en una guerra terrible en Europa. Alguien con el carisma de Lindbergh los habría seducido y habría ganado porque, además, era el tercer mandato para Roosevelt y a muchos eso les molestaba. Washington había sentado el precedente cuando declinó correr una tercera elección, diciendo que lo que el país necesitaba era un presidente, no un rey. Después de Roosevelt los republicanos hicieron una enmienda en la Constitución para que un presidente solo pueda estar durante dos términos. ¡Y eso fue muy bueno porque eliminó el riesgo de tener a Reagan o a Bush tres veces! (Roth, 2005, 5 de diciembre).

Roth no ve lo posible, pero no realizado, como parte de la realidad. De ahí el énfasis en su respuesta. Tal como señalaba White, la visión del autor es esencialmente "realista", de algún modo, decimonónicamente realista. Lejos de las sutilezas de la filosofía analítica, Roth vive en un cosmos newtoniano, en donde el tiempo, si es alterado, es para convertirse en fábula. Dentro de este cosmos, la sociedad norteamericana, en general, y la judeonorteamericana, en especial, son objeto de un análisis profundo. En el fragmento siguiente, Roth reflexiona sobre la inserción de los judíos americanos y del modo en que interactuaron con la "América profunda":

—"La conjura contra América" trata sobre un ficticio Philip Roth, que crece en Newark, con un presidente Lindbergh que pone en práctica un plan para desarticular las comunidades judías. ¿Cuán duro fue para los Roth de verdad? ¿Su familia es representativa de los judíos americanos que plasma en sus novelas?

—Sí, en el sentido de que yo siempre digo que los Estados Unidos fueron hechos para los judíos y que los judíos fueron hechos para los Estados Unidos. Como mis abuelos, en general duraron media generación en la clase obrera y en seguida [sic] ya estaban en la universidad. Los italianos que llegaron con ellos en gran parte nunca dejaron el proletariado; los irlandeses, sí, pero a través de los rubros que monopolizaron, como la policía y los bomberos; los escandinavos fueron absorbidos rápidamente por la América profunda. ¿Por qué a los judíos les fue tan bien? Básicamente por la energía que pudieron liberar al no tener limitaciones institucionalizadas como en Europa. Las que les había impuesto la Iglesia, la Iglesia a través de los Estados, pero también sus propios rabinos. Porque hay toda esta visión sentimental-teológica de lo que era la vida en la comunidad judía de Europa oriental, ¡pero eso era una teocracia, con todo lo que eso implica! Los judíos llegaron masivamente a los Estados Unidos, además, cuando el siglo XX estaba por empezar, con todas las nuevas industrias, como el cine, por desarrollarse. Los judíos alemanes, que habían llegado antes, contribuyeron prestándoles fondos a bajo interés. Si a esto se suma la brillante educación pública de entonces, se explica el éxito que en gran medida hoy se mantiene. (Roth, 2005, 5 de diciembre).

Esta inserción, reflejada constantemente en la novela, sobre todo, a partir del vínculo que el padre de Roth establece con el trabajo, tiene, en términos bajtinianos, su cronotopo particular: la ciudad de Newark en la década del 40:

—Newark no está exactamente en el mapa literario de la mayor parte de la gente. Aun para los extranjeros que hemos vivido en Nueva York, es solo el nombre de un aeropuerto para vuelos cortos. ¿Realmente tuvo influencia en su ficción?

—Yo soy uno de los escritores para quienes el lugar, y su impacto sobre las personas, significa mucho. No sé si ocurre lo mismo en la Argentina. Como le conté, no sé nada del país salvo lo que conozco por Borges, cuya obra sí conozco muy bien, pero el regionalismo aquí domina la literatura. A todos nos interesa de dónde somos, que siempre se trata de lugares muy distintos porque los EE.UU. son tan grandes. Esto puede no ser evidente para un lector extranjero para quien todo es simplemente parte de los Estados Unidos y de la cultura norteamericana, pero mi Newark, un enclave judío en

Nueva Jersey, incendiado y destruido en las protestas sociales de la década del 60 y actualmente muy venido abajo por la droga y la pobreza, no tiene nada que ver con la Pennsylvania de John Updike, por ejemplo. Yo escribí también sobre Londres, Jerusalén y Praga, pero Newark, con su trasfondo de tragedia, de ciudad que casi desaparece como la Atlántida y que luego se mantuvo tanto tiempo en estado de coma, siempre será fascinante para mí. Pero como mi niñez fue en una escuela maravillosa que hoy es de las peores del Estado, la alegría de la placa que recuerda aquellos días vino también con una gran tristeza por el presente. (Roth, 2005, 5 de diciembre).

La articulación entre historia e historia ficcional no podría ser, entonces, más clara y, a la vez, más verosímil. El *fantasy* de la novela está limitado a un tipo de recepción particular, esencialmente política, en la cual la ucronía se limita a mostrar una historia ya presente en potencia en la voz de sus mismos actantes. Su clave no es metafísica, sino esencialmente epistemológica: es la forma de aprehender en la historia la clave de los acontecimientos que hacen nacer esta otra historia. Por eso, como en pocas obras similares, el documento histórico adquiere tanta importancia, importancia que destaca White y que determina el modo en que esta documentación, ya sea facsimilar o adulterada ficcionalmente, configura el mundo posible. Sin todo este aparato documental, que acaso Roth no se cuestiona, pero que nos lleva a pensar en qué medida un documento participa de una esencia también ficcional, *The Plot Against America* no alcanzaría el dramatismo que posee, claramente, en su final. El pequeño Roth, junto a su amigo Seldon, que ha quedado huérfano, reflexiona que:

> Seldon ocupó el lugar que habían dejado libre Alvin y tía Evelyn: una persona destrozada por las malignas vejaciones de la América de Lindbergh [...]. Esta vez yo no tenía ningún muñón que cuidar. El mismo chico era el muñón y, hasta que se fue a vivir con la hermana casada de su madre en Brooklyn diez meses después, yo fui su prótesis. (Roth, 2005a, p. 394).[101]

Muñón y prótesis se vuelven metáforas de la pérdida y de la pesadilla que continúa. El miedo perpetuo que ha dejado la historia se ha hecho carne y solo lo humano, la fe en un humanismo, aunque sea (o, sobre todo), en el pequeño Roth, es la única cura (casi forzada, como toda prótesis) para ese muñón vivo que nos ha dejado el mal.

Ucronía y pesadilla histórica

Como anticipamos en otro apartado, Philip Roth adopta una estrategia narrativa singular, que tiene como antecedente obras tan diferentes de

---

101. *"Seldon took over where Alvin and Aunt Evelyn had left off —as the person in the twin bed next to mine shattered by the malicious indignities of Lindbergh's America [...]. There was no stump for me to car for this time. The boy himself was the stump, and until he was taken to live with his mother's married sister in Brooklyn ten months later, I was the prosthesis"* (Roth, 2005b, p. 366).

la del autor norteamericano como la *Commedia*, de Dante Alighieri. En *The Plot Against America*, Roth es, a la vez autor, narrador de dos enunciados diferentes (el ficcional y el del apéndice histórico) y personaje de la novela. Esta triple "identidad" le permite abarcar los siguientes mundos:

- **M1 o de referencia (prefiguración).** Roth, como autor, parte de una prefiguración que incluye diferentes contextos, a saber:
  - ✓ **C1:** la historia documentada de la Segunda Guerra Mundial y de sus avatares políticos, que el autor se preocupa por explicitar (desde su personal recorte de los hechos) en un anexo posterior a la novela (que ya hemos explicado).
  - ✓ **C2:** los datos documentados del tiempo de la enunciación de la novela (el contexto del gobierno de George Bush hijo).
  - ✓ **C3:** la propia biografía de Roth, indudablemente diferente de la biografía ficcional que desarrollará en la novela. Este dato no es conocido por el receptor; no obstante, entre el autor y el receptor se establece un pacto que Lejeune denomina autobiográfico: una suerte de contrato de lectura entre autor y lector que le otorga al último garantía de la coincidencia de identidad entre autor, narrador y personaje, condición necesaria, pero no suficiente, ya que incluso esta "identidad" es efectivamente distinta según el rol que ocupa; en cierto modo, estas tres categorías *son máscaras* de un sí mismo *común* (Lejeune, 1994, p. 20). Claro que, en este caso, ese pacto es parcial, porque el lector supone que las experiencias narradas pueden ser, en muchos casos (en algunas, al menos, deben serlo necesariamente), enteramente ficcionales.
- **M2 o del texto (configuración).** Roth como narrador y como personaje. Este segundo desdoblamiento establece un mundo configural en segundo grado, un texto narrativo específico que *no incluye* el anexo histórico posterior y una refiguración del mundo del narrador:
  - ✓ **M1':** el mundo de referencia o prefiguración del narrador, en substancia, similar, pero no idéntico a M1. Esta no identidad está subrayada por la focalización específica que adopta, desde un "Roth adulto", la experiencia de un "Roth niño de nueve años" inmerso en una constelación familiar que, a su vez, vive la experiencia de un mundo en donde existió un gobierno antisemita en EE.UU.
  - ✓ **M2':** la configuración del texto segundo, que, como dijimos, no incluye el anexo histórico final. Aquí, la novela significativamente concluye con una situación de "temor" instalada en la sociedad, que el "*happy end*" del capítulo anterior no reduce. Observemos que, desde el montaje narrativo, deliberadamente, el narrador opta por aclarar los hechos históricos (el fin del complot, la entrada en guerra de EE.UU. contra el Eje, la victoria de los aliados algo más de año y medio posterior a la fecha histórica de M1) *antes* de dar el final subjetivo, personal y autobiográfico (es decir, desde la ficción autobiográfica).

- **M3':** la refiguración está vinculada, precisamente, con el montaje narrativo de M2' y preexiste (al menos, es sugerida) por el mismo final de M2', es la refiguración del mundo como miedo perpetuo, continuo.
- **M3 o de refiguración.** Receptor y Roth autor, luego de exponer su ucronía. La incorporación del apéndice histórico a la diégesis, su lectura, implica una intencionalidad específica de refiguración del "miedo perpetuo" de M3' en "pesadilla" como M3.

Estos mundos se articulan por el mecanismo de enunciación de la novela, que replica la dialéctica autobiografía ficcional ←→ historia ficcional:

- La enunciación. Vista en su conjunto, deviene polifónica, una curiosa polifonía en la cual el mismo "sujeto" (Philip Roth) asume, al menos, tres voces diferentes:
  - ✓ Su autobiografía ficcional (atravesada constantemente por la historia ficcional, casi siempre vista a través de su padre o de su primo Alvin), desde un narrador autodiegético.
  - ✓ Los extractos del archivo de cine Newsreel Newark, intercalados en el penúltimo capítulo de la novela, "*Bad days*", desde un narrador que podríamos suponer heterodiegético. Este narrador es, en cierta forma, el mismo que en M1., pero desde otra vinculación con los hechos. Observemos que no se nos dice quién elabora estos extractos; suponemos que constituyen un testimonio del propio Roth, pero no hay más información acerca de la manera en que se efectuó este recorte y montaje, comprendido absolutamente dentro de la historia ficcional, es decir, sin marcas que revelen al narrador de la autobiografía.
  - ✓ El apéndice histórico, decididamente visto desde un narrador extradiegético.

  Los dos primeros puntos parten de un Roth adulto en un mundo alternativo en donde la ucronía efectivamente "sucede". El último corresponde a un Roth en el particular contexto de los años 2000-2005.
- Los enunciados:
  - ✓ Los nueve capítulos de la novela.
  - ✓ Los distintos componentes del apéndice histórico, a saber:
    - Una "*Nota para el lector*", que se inicia sugestivamente con la oración: "*La conjura contra América* es una obra de ficción" (Roth, 2005a, p. 397).[102] Afirmación curiosa, ya que la "novela" aún no ha terminado (quedan todavía 27 páginas de abundantes y variados datos históricos); solo ha concluido su parte estrictamente ficcional. En realidad, sucede que, para Roth autor, sí ha terminado y considera el apéndice como excluido de la diégesis. Esta nota para el lector implica, además, informarle

---

102. "The Plot Against America *is a work of fiction*" (Roth, 2005b, p. 364).

que lo que sigue no es ficción ni debe ser considerado parte de
la novela. Esta actitud es la que lo distingue profundamente
de los otros autores del *corpus*.

- "Cronología real de los personajes principales" (Roth, 2005a,
pp. 398-416).[103] Observemos los dos presupuestos históricos del
autor: la cronología que se adjunta es verdadera (*true*; es decir
no falsa, no inventada, no literaria, sino histórica) e incluye a
las figuras principales (*major figures*). Tal vez el lector no com-
parta del todo el recorte que realiza el autor: por ejemplo, ¿por
qué es La Guardia más importante que el rabino Bengelsdorf?
El autor, en algún momento, decidió esta ubicación y no explica
el porqué.
- "Otros personajes históricos que aparecen en la obra" (Roth, 2005a,
pp. 416-421).[104] En este caso, valen los mismos interrogantes que
los del punto anterior.
- "Algunos documentos" (Roth, 2005a, pp. 421-428).[105] Dos textos
facsimilares reproducen, el primero, un discurso del Lindbergh
"real" al que ya nos hemos referido antes, pronunciado el 11 de
septiembre de 1941 en el *America First Commitee* en la ciudad
de Des Moines; el segundo, el fragmento de un libro sobre Lindbergh. En este caso, el autor los introduce sin modificaciones
(salvo el recorte específico del texto que hace en el segundo). No
es Roth quien escribe (si bien es el que hace la "enunciación" de
estos textos al incluirlos). De este modo, busca garantizar con
mayor énfasis la "verosimilitud" de la ficción. Son Lindbergh
y un biógrafo suyo quienes hablan de Lindbergh.

Desde este esquema del proceso de enunciación, se hace aún más
clara la intencionalidad del autor y su visión personal de los límites
entre ficción e historia, que, para él, son estrictos. Esta rigidez en la
concepción del límite deja en claro (o, al menos, debería, según el autor)
que las conexiones entre historia y ficción no implican ningún dilema
metafísico ni lógico: son los elementos de la construcción de una fábula.
Por tanto, este límite estricto genera, además, una articulación fuerte
entre ambos mundos, razón por la cual los nodos que la conforman son
múltiples, aunque podemos reconocer inmediatamente una bipolaridad
que articula todos los demás: el aislacionismo y el antiaislacionismo.

Esta bipolaridad es una constante en la concepción política de las
ucronías que nos ocupan, pero en ninguna otra adopta la importancia
que se observa aquí. Podríamos decir que *The Plot Against America* es la
descripción de esta bipolaridad política norteamericana, que la impulsa
tanto en lo exterior como en lo interior hacia actitudes paradójicas. Visto
de este modo, este mundo posible adquiere sentido en cuanto imagen

---

103. "*A True Chronology of the Major Figures*" (Roth, 2005b, pp. 365-380).

104. "*Other Historical Figures in the Work*" (Roth, 2005b, pp. 380-385).

105. "*Some Documentation*" (Roth, 2005b, pp. 385-391).

de esta paradoja, cuya resolución es transitoria. Si existe algún vínculo deliberado (asumimos que siempre existen vínculos no conscientes) entre el pensamiento del autor y el momento en que fue escrita la novela (durante el gobierno de George Bush hijo y en medio de su reelección en 2004), podemos hallarlo en esta paradoja: democracia y totalitarismo reunidos en la misma intención de proteger los intereses de la nación. La preponderancia de uno sobre otro se manifiesta en la forma de la política. Desde ya, consideramos que la forma es un contenido en sí.

Desde un punto de vista más formal, al hablar de "burbuja ucrónica" o bien de un "mundo posible transitorio" por el que la historia debe pasar antes de continuar con su desarrollo conocido, en realidad, estamos insertando lo hipotético dentro de lo documentado y no construyendo un mundo alternativo paralelo y autónomo. La constelación familiar de Roth niño, como personaje mediador, es el vector por el cual la pesadilla vivida en la burbuja se hace presente en nosotros, en la recepción. Nuestro esquema de refiguración sería, entonces, el siguiente. A los fines de claridad expositiva, denominaremos "cosmos" a la triple configuración que mencionamos oportunamente.

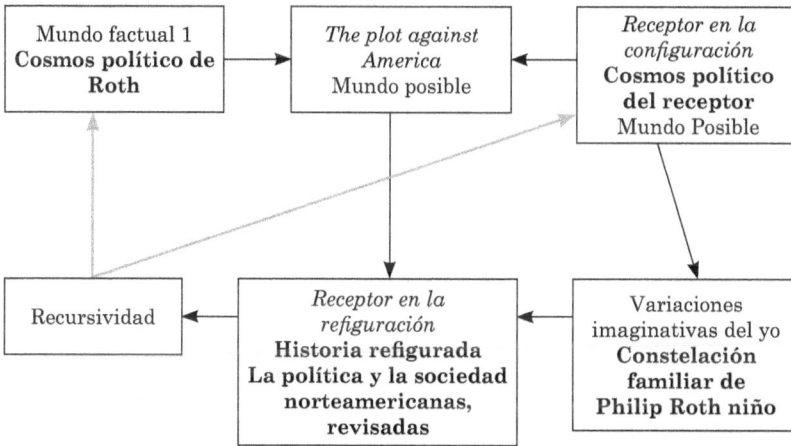

La novela de Roth resulta, así, una suerte de puesta en abismo de profundas contradicciones vigentes (tan vigentes ahora como en el tiempo del enunciado de la novela o el tiempo de su enunciación) en el mismo seno de la política y la historia norteamericanas. Si un político, como el que en la ficción fue Charles Lindbergh, o un industrial de profunda influencia en la política, como Henry Ford, hubieran podido orientar a su nación hacia un camino opuesto al que siguió, no es solo porque un hecho menor podría haber sucedido o no realmente (si Lindbergh, acaso, hubiera aceptado o no una candidatura). En ese acto "menor" se condensa toda la historia previa de un país. No existen actos individuales, sobre todo, pero no solamente, en la política. Cada decisión es esencialmente colectiva, en cuanto es suma de una historia de la que han participado infinidad de actores. El vértigo de pensar estos actos nos permite ver, no obstante, en qué medida nada es insignificante, al menos, en la historia. Esto no se limita a los grandes actantes de la historia, a Roosevelt o a Ford, sino que también incluye a los actantes individuales, aquellos que, según el padre de Roth en la ficción, hacen la historia *aquí y ahora*. Emigrar o no emigrar a Canadá; unirse o no a las fuerzas aliadas; apoyar o no al rabino Bengelsdorf; huir o no con un álbum de estampillas; todos son actos prefigurados por la historia. Este es uno de los sentidos de la autobiografía ficcional: en cada acto o decisión (del padre, de Alvin, de Evelyn, del propio Roth niño) está contenida también la historia (la factual y la ficcional, la propia y la nuestra).

¿Qué hubiéramos hecho dentro de esa pesadilla? Que equivale a preguntar ¿qué haremos ahora? Todo depende de muy poco y, casi siempre, comprendemos el valor de esos hechos insignificantes solo cuando se cargan con el peso del pasado. En esto consiste la universalidad de la novela que nos ocupó hasta aquí: no solo el problema judío en EE.UU. o la política norteamericana; mucho menos, la Segunda Guerra Mundial. Es universal que todo acto genere historia, incluso (acaso, sobre todo) cuando no merezca un lugar entre los libros de los historiadores. Estará allí, como los sueños o las pesadillas, dando vueltas entre la gente común, esperando un acontecimiento para irrumpir entre nosotros.

❧ III ❧

The Man in the High Castle
(*El hombre en el castillo*), de Philip Dick

El porvenir es tan irrevocable
como el rígido ayer. No hay una cosa
que no sea una letra silenciosa
de la eterna escritura indescifrable
cuyo libro es el tiempo. Quien se aleja
de su casa ya ha vuelto. Nuestra vida
es la senda futura y recorrida.
Nada nos dice adiós. Nada nos deja.
No te rindas. La ergástula es oscura,
la firme trama es de incesante hierro,
pero en algún recodo de tu encierro
puede haber un descuido, una hendidura.
El camino es fatal como la flecha.
Pero en las grietas está Dios, que acecha.

Jorge Luis Borges, *Para una versión del I King*

Tema y estructura de la novela: dar a luz
"el peor de los mundos posibles"

Para Borges, acaso Dios y el porvenir sean enemigos secretos. Este determina sin ambigüedades el destino de todas las cosas a partir de un pasado rígido e inmodificable. Aquel espera su oportunidad para modificar lo que no puede (o no debe) modificarse. Esta es una forma inquietante de concebir la esperanza y el cambio: el milagro. Ser todopoderoso no sería, entonces, sino tener la capacidad de existir entre las grietas de la historia pasada y futura, introduciendo constantemente lo inesperado. Este Dios construye su certidumbre sembrando el tiempo con lo incierto.

De entre la multiplicidad de mundos posibles, Borges concibe una particular metafísica: la de los caminos que no cesan de abrirse. No hay, así, un centro en su laberinto. Tanto en el poema del epígrafe como en su célebre cuento "El jardín de senderos que se bifurcan", el escritor argentino concibe el despliegue del tiempo, la historia, como una continua apertura en sus posibilidades, acaso infinitas en cuanto a lo que nos es dado imaginar, pero necesariamente acotadas si es que pretendemos habitarlos con nuestra imaginación. De este modo, de cada hecho aparentemente azaroso o circunstancial, pueden bifurcarse una serie limitada de mundos posibles. Para Borges, estos mundos nunca serán utópicos (incluso en su cuento "Utopía de un hombre que está cansado", lo utópico es esencialmente ambiguo). Pero ¿qué sucede con lo que podría haber sucedido, pero no sucedió? El escritor italiano Italo Calvino llama a esos futuros no realizados, ramas del pasado: ramas secas.[106] ¿Debemos pensar que, para los habitantes de una determinada realidad, lo posible y no realizado es una especie de fósil o reliquia de su propio presente? ¿O se trata de una coexistencia efectiva de mundos? La última pregunta solo puede tener una respuesta afirmativa en el ámbito de la conciencia y de la imaginación, no en los hechos. Sin embargo, la primera merece pensarse, incluso, como una epistemología muy particular: una arqueología del presente que construye sus propias reliquias. Es el proceso que puede provocar horror o rechazo en muchos historiadores, por el cual la ficción hace la historia.

De esta particular concepción metafísica, abrevaron los tres autores que hemos abordado en nuestro *corpus*, claro que, evidentemente, de maneras y en grados muy diversos. Incluso el muy realista Philip Roth reconoce esta influencia borgiana en la entrevista que hemos reproducido parcialmente en el apartado anterior. Así como Roth utiliza este recurso para reflexionar sobre el totalitarismo y el antisemitismo, y tal como Spinrad lo utilizará, de manera más audaz, para mostrar la lógica del pensamiento nazi y su vigencia, Philip Dick dará mayor énfasis aún al carácter metafísico de lo que él considera el problema central: la naturaleza del mal. Y, con un particular sentido de cómo se implican ficción e historia, Dick ha llevado esta concepción a un plano superior, haciendo confluir en su novela la historia en sí misma, la metafísica y la lógica del pensamiento oriental, menos dispuesta al concepto puro o al hecho concreto, que al dibujo de sus posibilidades. Dado que el tiempo está siempre en movimiento, podemos decir con Borges que "quien se aleja de su casa ya ha vuelto". En este pensamiento, el futuro y el pasado son formas, acaso incluso formas artísticas, del presente.

No es casual, entonces, el subtítulo de este capítulo. ¿Qué nos ofrecía Leibniz? Que este, el real, es el mejor de los mundos posibles, el que fue creado por Dios (Leibniz, 1985, pp. 38-39). Por tanto, los "mundos otros" no existen, son derivaciones de la imaginación. ¿Qué nos ofrece *deliberadamente* Dick? Precisamente, la inversión del pensamiento de Leibniz.

En 1976, Dick asistió a un festival de ciencia ficción en Metz, Francia. Su discurso, un tanto desconcertante para su auditorio, resume eficazmente el problema y el sentido de la ucronía: "Si Usted cree que este tiempo es malo, es porque no ha visto los otros", mientras que aseguraba que, en 1945, Dios había cambiado el curso de la historia, evitando que se hiciera realidad un imperio nazi, el mundo de su novela (Capanna, 1995, p. 16). En *The Man in the High Castle*, su objetivo no es otro que mostrarnos *el peor de los mundos posibles* (o, al menos, uno de los peores imaginables). Y, sin embargo, la esperanza no está ausente

---

106. Calvino, Italo. (1999). *Le città invisibili*. Milano: Mondadori. Hay traducción española: (1974). *Las ciudades invisibles*. Buenos Aires: Minotauro.

en él. Para que el mundo resulte humanamente viable, debe existir la posibilidad de un cambio hacia un destino diferente. Este principio ordena, delimita las posibilidades vivibles o experimentables del mundo ficcional. La idea de "destino" se instala de una forma necesariamente dialéctica con la de "imaginación" y la de "posibilidad". Precisamente, es de Dios de quien están huérfanos los mundos de Dick, quien llega a preguntarse: "Si Dios desapareciera, ¿de qué manera cambiaría mi experiencia de la realidad?" (Capanna, 1995, p. 7). Dios está ausente. Esta ausencia desata la experiencia individual de cualquier sentido cósmico o trascendente. Queda una suerte de "avanzar a tientas" en el tiempo, sin que exista un centro o "atractor" que nos lleve o por el que nos dejemos llevar hacia algún lugar, hacia un destino. O, si este existe, no nos ha sido dado conocerlo.

Pero ¿este "centro que nos atrae" debe ser necesariamente "bueno"? Pensemos en la siguiente frase de Rüdiger Safranski: "El 'éxito' de Hitler es un ejemplo extremo de cómo la Historia está dirigida en gran medida por la Locura y, cabría añadir, por lo Imaginario" (2000, p. 242). Safranski ensaya distintos conceptos del mal, pero todos, de alguna manera, confluyen en la idea de "libertad". Aun si la historia está dirigida por la locura y por lo imaginario, esos "atractores" o "destinos" no son "objetos", imanes metafísicos. Resultan, en todo caso, de actos, de una innumerable sumatoria de actos individuales imbuidos de lo onírico y de lo fáctico. Hitler, desde esta mirada, es alguien que supo actuar para inducir un específico imaginario en sus seguidores, en una suerte de *comunidad imaginada* cuya lógica implicaba una perversión de la propia idea de comunidad: la lógica de la muerte. No es casual que la figura de la esvástica (de la esvástica invertida o sinistrógira) recorra las dos novelas analizadas en los capítulos anteriores: ella es la cifra del imaginario de la muerte como principio rector de la comunidad, de una dialéctica cuya "síntesis" implica reducir a nada lo que se considera opuesto.[107] El progreso del nazismo resulta de esta "integración dialéctica de la nada". De ahí su necesidad insaciable de expansión, su *totalitarismo sin fisuras*. Es esta posibilidad la que se despliega como contexto en *The Man in the High Castle,* una *discronía*, una distopía monstruosa dentro de un tiempo alternativo, tal como la definió Pablo Capanna.

En realidad, pensado desde esta perspectiva, todo nuestro *corpus* aparece atravesado por la idea de *distopía ucrónica.* Sin embargo, en las que hemos tratado con anterioridad, subyace una posibilidad concreta de cambio o bien la distopía permanece en el plano de la ficción. Pero Dick, efectivamente, construye *el peor de los mundos posibles* e, invirtiendo la lógica de Leibniz una vez más, tampoco ese mundo es una mónada. En él, subyacen sutiles vínculos con otros mundos (la poesía

---

107. Recordemos que la esvástica sinistrógira (que gira de Occidente a Oriente) representa la inversión del principio de continuidad de la vida y equivale a la lógica de la conquista de la Alemania nazi, cuyo enemigo es, esencialmente, Oriente: en la historia, la URSS; en la novela de Dick, Japón.

zen, el *I Ching*, el concepto de obra de arte y de original, una novela
ucrónica paralela); vínculos que implican una objeción al determinismo,
mostrando la fragilidad de los grandes procesos históricos y, a la vez,
la paradójica persistencia de lo insignificante. La continuidad es la de
los hombres en la construcción de un sentido en el tiempo. Los grandes
actantes (Goebbels, Bormann, Hitler), que apenas son nombrados en la
novela, pueden ser más prescindibles que la obsesión de un subalterno,
que un artesano, un burócrata o una muchacha en busca de un escritor.
Si hay algo determinante, esto es la mera tarea de determinar sin fin.
En esta nueva paradoja, están las grietas desde las que Dios, oculto
entre los hombres, acecha.

Ficciones y metaficciones

¿Cuál es el argumento de esta novela? A partir de un relato polifónico,
en el cual el narrador adopta sucesivamente las focalizaciones y las
visiones del mundo de los distintos personajes que conforman un anillo,
surge la descripción de un mundo en donde el Eje Alemania-Italia-Japón
ha ganado la Segunda Guerra Mundial. Del relato se desprende que han
acontecido cambios profundos en la geografía política (y, en África y el
Mediterráneo, incluso cambios físicos): las poblaciones judías, eslavas y
africanas han sido exterminadas mediante un genocidio en escala global;
Europa y, particularmente, la URSS quedan como una suerte de colonia
alemana y el Pacífico, como una serie de estados satélites de Japón. Y
Estados Unidos, que es el espacio de la novela, queda desarticulado en
tres estados: EE.UU. (los estados de la costa este), bajo dominio alemán;
los Estados Unidos del Pacífico (*Pacific States of America*, PSA: los
estados de la costa oeste), bajo control japonés; y una suerte de estado
"tapón" entre ambos imperios, que abarca los territorios del medio oeste
norteamericano (*Rocky Mountains State*, RMS: las montañas Rocosas y
las grandes planicies centrales: Utah, Colorado, Nuevo México, Texas).
Si bien, políticamente, este "tercer país", los estados del RMS, funciona
como "tapón" entre dos imperios, desde el punto de vista narrativo, permite establecer un cronotopo, una unidad de tiempo y lugar, en donde
la historia ha quedado prácticamente anulada: nada de lo que podría
ocurrir en el RMS podría modificar en algo lo que sucede en el mundo.
Sin embargo, no resultará así: este espacio intermedio, que funciona
desconectando los mundos nazi y japonés, se constituirá, progresivamente, en el centro del relato.

En esta creación de mundo posible, Dick establece una diferencia muy
singular con respecto al mundo de referencia: no existe un equivalente
puro a la dualidad Este-Oeste. No es una mera inversión de la ya conocida división de Alemania (Oriental y Occidental), sino que, empleando
las mismas reglas del *I Ching*, el autor construye su mundo posible a
partir de una estructura tríadica, tanto en lo que hace al espacio como
en lo que se refiere al texto: tres zonas, tres grupos de capítulos de cinco
capítulos cada uno. Existen también tres niveles sociales, ya que adopta

una focalización desde los territorios ocupados por Japón, en donde se despliegan los colaboracionistas norteamericanos, los ocupantes japoneses y el de la población sometida.[108] Cada uno de estos grupos sociales está representado por personajes, quienes son, curiosamente, los que consultan el *I Ching*: Frink, fabricante de falsificaciones, primero, y de joyas, después; Tagomi, un funcionario japonés que practica el budismo zen; y Juliana, que, por distintas circunstancias, es la que viaja y, a su vez, y de manera irónica, es el centro. Alemania prácticamente aparece vista desde fuera, con excepción de uno de los cuatro personajes a los que el narrador (externo, pero solo parcialmente omnisciente) sigue en su narración: Baynes-Wegener, un miembro de la corporación nazi que, en rigor, es un doble agente y viene a advertir a los japoneses de los planes que una Alemania victoriosa está elaborando para su viejo (y sospechado) aliado.

Repasemos brevemente los personajes y las acciones principales. La novela se inicia con el personaje de Robert Childan, comerciante de antigüedades norteamericanas, quien hace negocios vendiendo reliquias muchas veces falsas a los funcionarios japoneses y que aparece consternado por su imposibilidad de conseguir un encargo que le ha hecho el Sr. Tagomi, agregado de la misión comercial japonesa en San Francisco (todas las acciones que se desarrollan en los estados de PSA suceden en esa ciudad). Tagomi, por su parte, ha consultado el *I Ching* (junto con Frink, es el personaje que más asiduamente consulta el oráculo) acerca de un enigmático empresario sueco, Mr. Baynes, que vendrá a visitarlo (Suecia, tanto en este mundo como en el factual, es neutral). De estas consultas es que Tagomi sospechará que Baynes es, en realidad, un nombre falso, que oculta a un espía. Baynes es, efectivamente, un agente secreto alemán (cuyo verdadero nombre es Wegener y cuya presencia ignora incluso el cónsul alemán, Reiss), con la misión no oficial de informar a un general japonés (que viaja de incógnito hacia San Francisco) que algunos sectores radicales del nazismo en Alemania están proyectando un plan para destruir Japón, su antiguo aliado, con bombas nucleares.

Otro personaje relevante es Frank Frink, quien ha perdido su empleo en la fábrica metalúrgica de Wyndam-Matson, fábrica que se encarga de elaborar falsificaciones, sobre todo, de revólveres Colt .44 de la época de la Guerra de Secesión Americana, "antigüedades" a las que los japoneses se han vuelto muy aficionados. Frink consulta el *I Ching*, del que obtiene dos respuestas aparentemente contradictorias: el oráculo le informa que tendrá éxito con el emprendimiento comercial que llevará a cabo con su amigo Ed McCarthy (la fabricación de joyas de diseño), pero, a su vez, aparece prefigurado, por primera vez, el signo de lo apocalíptico; el hexagrama que obtiene es ambiguo y le advierte de un desastre futuro, pero cercano, del que aún no sabemos su naturaleza.

---

108. En este sentido, es importante resaltar que, en sus novelas anteriores, Dick siempre había construido los conflictos a partir de dualidades.

El personaje de Frank Frink encierra una singularidad dramática: su apellido original es Fink, es judío, y ha logrado ocultarse de los nazis cambiándose el nombre y viviendo en la zona de ocupación japonesa. Su presencia (el único judío en la novela) hace presente el Holocausto en una persona que debe sobrevivir negando su identidad. En un curioso paralelismo, no exento de ironía, Baynes-Wegener "confesará" falsamente que es judío ante Lotze, un entusiasta artista nazi, para demostrarle su "intangibilidad", su poder sobre él.[109]

A lo largo de la novela, estos cuatro personajes interactuarán en mayor o menor grado entre sí, frecuentemente con el auxilio de otros secundarios. La pieza clave en este juego es Tagomi, quien articula las experiencias de todos los actantes, muchos de los cuales no se conocerán nunca entre sí. Por último, paralelamente a este grupo, se agrega un quinto elemento en la acción: Juliana, el único personaje que se encuentra en "movimiento", inmersa en un viaje dentro de los estados de las Rocosas (es decir, fuera del área de gobierno de Alemania y Japón). Su viaje, primero, sin saberlo, y, luego, deliberadamente, la llevará hasta Hawthorne Abendsen, el autor de la novela *The Grasshopper Lies Heavy* (*La langosta se ha posado*), cuyo tema es una ucronía en donde los Aliados ganaron la guerra.[110] Este escritor, de quien se dice vive en una casa fortificada, un "castillo", concibe un mundo alternativo que, si bien es diferente del suyo, tampoco es equivalente al de la prefiguración de la novela de Dick.

El despliegue de los personajes en la historia es singular. Darko Suvin (1975) elabora el modelo que explicamos a continuación, pero del que nos interesa, sobre todo, el porcentaje de participación en la historia que cada uno de ellos tiene. El análisis de Suvin implica dos espacios de acción diferenciados: los estados de PSA y RMS. De estos personajes, todos, menos Juliana, son actantes en los PSA y, en conjunto, operan durante casi el setenta y cuatro por ciento de la historia (casi tres cuartas partes). No obstante, son esencialmente cuatro personajes, más dos complementarios (Wyndam-Matson y Reiss), que Suvin resume en dos grupos diferenciados por el tipo de acción que realizan:

- *Los vinculados con actividades o negocios*: Childan (vendedor de antigüedades), por un lado, y Frank Frink y Wyndam-Matson, por el otro.

---

109. Admirador del Expresionismo alemán, Dick nos ofrece un guiño interesante en el apellido Wegener: Paul Wegener fue un actor y director de cine, nacido en 1874 y muerto en 1948. Su obra más famosa es ni más ni menos que *El Golem*, basada en la novela homónima de Gustav Meyrink. Por otra parte, Baynes, apellido que utiliza para cubrir su doble identidad, es el de la editora de la edición del *I Ching* de Richard Wilhelm en EE.UU.

110. En 2015, el autor norteamericano Chandler Duke publicó una novela con este mismo título, *The Grasshopper Lies Heavy*. En la ucronía que propone, los Confederados ganaron la Guerra Civil Americana. La historia se desarrolla en el marco de una hipotética "Guerra Fría" en 1966, en donde la URSS controla la costa oeste norteamericana, y Gran Bretaña, mantiene buena parte de sus colonias. Es evidente su inspiración en la obra de Dick.

- *Los vinculados con acciones diplomáticas o el espionaje*: Tagomi (agregado comercial de Japón en San Francisco) y dos personajes de origen alemán, Hugo Reiss (diplomático alemán) y el Capitán Wegener, de la Abwehr, la oficina de inteligencia de la marina alemana, que continúa bajo las órdenes del célebre almirante Canaris y que se ha hecho pasar por un industrial sueco de apellido Baynes.

Como vemos, cada grupo puede dividirse en otros dos, repitiendo una constante: uno con un único personaje y el otro con un par complementario. Así, en el primer grupo:

- Childan (comerciante de antigüedades);
- Frank Frink y Wyndam-Matson ("productores" de antigüedades, es decir, falsificadores).

Y, en el segundo:

- Tagomi (japonés);
- Reiss y Wegener/Baynes (alemanes).

De esta estructura, podemos inferir a su vez que los personajes agrupados en estos pares complementarios se diferencian marcadamente entre sí:

- Frank Frink: artesano;
- Wyndam-Matson: empresario;
- Wegener: alemán no-nazi;
- Reiss: alemán nazi.

Todos estos personajes aparecen conectados, en mayor o menor medida, por dos libros: uno real en todos los mundos en donde se extiende la ficción, el *I Ching* (o *I King*), el *Libro de las mutaciones*; y el otro ficcional: *The Grasshopper Lies Heavy* (*La langosta se ha posado*). En las acciones que se suceden en RMS, hay solo tres personajes, uno principal, Juliana, y dos secundarios, Joe Cinadella y Hawthorne Abendsen. No obstante, la focalización reside siempre en Juliana. A diferencia del otro grupo, es ella la que aporta la única mirada, el foco principal. Juliana, exesposa de Frink, es el personaje que, finalmente, conectará con Hawthorne Abendsen, el misterioso autor de *The Grasshopper Lies Heavy* y quien es, en realidad, el centro de la novela. Abendsen es *The Man in the High Castle*.

Las relaciones entre la configuración del espacio y la configuración de los personajes son sumamente estrechas. Observemos que existen solo dos espacios recurrentes en la novela, dos cronotopos: el área de administración japonesa o bien el PSA y la ciudad de San Francisco en particular, en donde interactúan casi todos los personajes que focalizan la acción (Childan, Tagomi, Baynes, Frink), y los estados del RMS, las Rocosas y el medio oeste, desde la exclusiva focalización de Juliana. Ellos articulan las múltiples sincronicidades derivadas de la ucronía. Lo singular es que, entre ambos cronotopos (¿o ucronotopos?), no existe otra articulación que la que realiza el propio lector. Juliana es aludida en algunas circunstancias por Frink y Frink, por Juliana, puesto que estuvieron casados, pero no existe nada que haga, diga o vea un personaje de la zona japonesa que implique alguna consecuencia en el cronotopo en donde se desenvuelve Juliana. Ajena, en principio, a los grandes conflictos políticos y a la guerra, que, no obstante, la alcanzan, consideramos que, en realidad, el eje de la historia subyace en Juliana. No es casual que se trate del único personaje femenino. Significativamente, las mujeres en las novelas de Dick suelen ser o sumamente pasivas o activas y dominantes, sin situaciones intermedias (Capanna, 1995, pp. 17-19). Sin embargo, Juliana es ambas cosas: se deja seducir por Joe Cinadella, espía alemán que se hace pasar por un camionero italiano y que utiliza a Juliana para encontrar a Hawthorne Abendsen y asesinarlo, pero, al descubrir el engaño y luego de asesinar al alemán, es capaz de continuar la búsqueda sola hasta dar con el escritor. No obstante, lo más importante es lo que ella simboliza. Así como, en algunos momentos, veremos en ella a un ser frívolo, y, en otros, a uno fuertemente depresivo, Juliana constituye el alma de la novela, el único personaje que no representa una idea política o étnica específica (no es japonesa ni nazi ni alemana ni judía; acaso, tampoco es estrictamente americana). Eso le otorga una capacidad de impugnación moral que los demás no poseen y, a su vez, desde un plano simbólico, encarna el principio de superación del individuo a partir del hallazgo del centro del laberinto: Abendsen, el hombre en el castillo.

La lógica del tiempo y del espacio no solo se articula con los personajes: también lo hace con la misma idea de laberinto. El ciclo del viaje de Juliana representa el del laberinto univiario, la búsqueda del centro,[111] es decir, de la *utopía, un mundo en donde el Eje ha perdido la guerra*. Si lo encuentra en el hombre en el castillo, entonces, el mundo tendría la posibilidad de recuperar su centro. De hecho, el castillo es, simbólicamente, un espacio que o bien preserva o bien tiene cautiva el alma (Cirlot, 1997, pp. 128-129).[112] Hallarla implica reincorporar el alma y, por extensión, el centro de la propia existencia. Curiosamente, en este caso, parecería haberse invertido el simbolismo: lo que aguarda en el castillo (que no es un castillo) es un hombre, un escritor (que, en realidad, ha escrito su libro gracias al *I Ching*), y la que busca es una mujer. Esta resignificación por inversión es importante y volveremos a ella más adelante.

El ciclo de los restantes personajes, en cambio, se articula con la idea del rizoma: dentro de un espacio que no cambia y del que nunca se sale (la ciudad de San Francisco), los distintos personajes se desenvuelven en busca de algo que no encuentran; o, si, finalmente, ese algo es encontrado, no será como era imaginado. Incluso Baynes (Wegener), que parecería

---

111. Más adelante, veremos si ese centro efectivamente existe; lo importante aquí es su búsqueda.

112. De ahí, las leyendas de las damas cautivas por un caballero negro en la torre de la fortaleza, dado que la simbología del *anima* está representada, esencialmente, por la mujer.

romper esta lógica del enclaustramiento (viene de Alemania y, luego, regresa allí), en rigor, no lo hace, ya que los "lugares" en donde aparece y que no son la ciudad de San Francisco son, desde la clasificación de Marc Augé (2005, p. 83), "no lugares": la cabina de un avión, el vestíbulo de un aeropuerto. Por tanto, los personajes que se desenvuelven aquí lo hacen en una suerte de laberinto construido para su propio extravío, para su desencuentro. Las recurrentes consultas al *I Ching* que hacen Frink y Tagomi reflejan el problema del no saber qué forma tomará el camino que recorren.

Esta articulación de la trama narrativa y de los personajes con el rizoma es propiamente posmoderna e implica, además, que el concepto que Dick tiene de la historia es también posmoderno, como han indicado ya distintos autores.[113] En el entrecruzamiento de las cuatro historias que se expanden rizomáticamente, subyace la idea de múltiples formas de concebir la historia que, asimismo, se perfila según la configuración en la que se haga la pregunta por ella (como en el *I Ching*). Por tanto, no hay *una historia* sino múltiples narrativas de la realidad que se entrecruzan constantemente y que también se contrastan con lo que ocurre con el camino de Juliana hacia Abendsen. Dick toma distintos fragmentos de la historia documentada y la fracciona de acuerdo con sus necesidades. De hecho, la novela cuenta con un breve "Reconocimiento" al comienzo, en el cual el autor destaca el origen y las fuentes en las que se ha basado. Allí registra la específica traducción del *I Ching* que emplea, la que Richard Wilhelm hizo del original chino al alemán, y que, luego, fue retraducida a distintos idiomas.[114] También indica las fuentes del haiku y de la waka transcriptos en la novela y cuyo análisis realizaremos después. Además, Dick incluyó las distintas fuentes que utilizó para obtener información histórica sobre el III Reich. Es interesante la enumeración que realiza, ya que, con la única excepción (parcial, ya que fueron editados en Nueva York) de *The Goebbels diaries* (*Los diarios de Goebbels*), todos son de autores anglosajones, ingleses en particular.[115] Con estos textos, Dick traza un eje a partir del cual realizará las múltiples derivaciones históricas que sugiere. Sin embargo, hay una curiosa omisión: no precisa cuál fue el texto bíblico que sirvió de hipotexto para el título de la "ucronía" dentro de la ucronía.

Marcelo Burello destaca la singular posición que ocupan los dos libros ya señalados: *I Ching* o *Libro de las mutaciones* y *The Grasshopper Lies Heavy* (*La langosta se ha posado*), uno de ellos común con el mundo fáctico y configural, y el otro, solo existente dentro del mundo posible de la ucronía (2004, p. 7). Esta última obra, *The Grasshopper Lies Heavy,* toma su título (tal como se sugiere en el texto de la novela)

---

113. Al respecto, se expresan Jameson (2005, p. 345) y Congdon (2008, p. 14).

114. Nosotros hemos empleado la misma versión de Wilhelm, en la traducción española de D. J. Vogelmann para la editorial Sudamericana.

115. Destacamos, en particular, *The Rise and Fall of the Third Reich, A History of Nazy Germany*, de William Shirer, y *Hitler, a Study in Tyranny*, de Alan Bullock.

de una cita bíblica que, sin embargo, no es facsimilar ni aparece puntualmente referida en la novela. Burello la identifica con Éxodo 10: 1-20, que alude a las siete plagas de Egipto y a la liberación del pueblo judío de su cautiverio: "Desparramáronse éstas (las langostas) sobre toda la tierra de Egipto y posaron en todos los términos de los egipcios, en tan espantosa muchedumbre, que nunca había habido tantas hasta aquel tiempo, ni las ha de haber en lo sucesivo".

Dada la ambigüedad al respecto que presenta el texto de Dick, esta referencia es, en realidad, múltiple, ya que la langosta es un insecto frecuentemente citado en la Biblia (en singular, en trece oportunidades, y once en plural), ya sea en el Antiguo Testamento como en el Nuevo (incluyendo el Apocalipsis de San Juan), pero casi siempre con un matiz precisamente apocalíptico o profético y con dos sentidos concurrentes: la destrucción en forma de plaga y lo innumerable, lo que no puede ser medido. Entre las citas en plural, por ejemplo, una de las más sugerentes pertenece al libro profético de Nahum: 3-17:

> Tus guardias o capitanes se parecerán a las langostas, y tus pequeños habitantes o soldados a las tiernas langostas; las cuales hacen asiento en los vallados durante el frío de la noche; pero luego que el sol ha nacido, se levantan, y ya no queda rastro de ellas en el lugar en donde han parado.

Sin embargo, la más interesante parecería ser la indicada por Congdon (2008), que pertenece al Eclesiastés 12:5., que reproducimos en la traducción de la editorial Hyspamérica:

> [...] y habrá temores en lo alto y tropezones en el camino, y florecerá el almendro, y se pondrá pesada la langosta, y dará su fruto la alcaparra, porque se va el hombre a su eterna morada y andan las plañideras en torno de la plaza.

Este fragmento se halla casi en el final del Eclesiastés, texto que es importante contextualizar: fue escrito durante el siglo III a.C., en un momento de profundas dudas e incertidumbres en el seno del pueblo judío. Su tema central es la vanidad de la vida a partir de un tópico frecuente en el monoteísmo (ya sea del tipo hebreo, islámico o cristiano): el *vanitas vanitatum*, vanidad de vanidades. El Eclesiastés puede pensarse como complementario del Libro de Job: si el tema de este es el sentido del dolor y del mal, el de aquel es *si es posible encontrar la felicidad en esta vida*, pregunta cuya respuesta es, en cierto modo, escéptica, ya que se celebran las cosas que hacen agradable la vida, pero siempre sobre un fondo de desilusión. Incluso en el nombre del libro resuenan vínculos con un enfoque metaficcional: Eclesiastés es la traducción literal del hebreo *Qohelet*, con el mismo significado, y que, en las lenguas modernas, dio la palabra *Iglesia* (es decir, la comunidad conformada a partir de *la palabra*). Etimológicamente, *Qohelet* derivaría de *qahâl*, aquél que dirige la asamblea o la convoca con su palabra. El sentido último de esta expresión, la comunidad conformada alrededor o a partir de la palabra, da sentido incluso a la particular traducción que Dick tomó como referencia. En efecto, el versículo podría traducirse como "se hará pesada la langosta", en cuanto se alimentará hasta el hartazgo de lo que los hombres han cultivado para sí en vano. Pero Dick elige puntualmente una traducción que ve en *lies heavy* la idea de "posarse pesadamente", es decir, como suspendiendo el transcurrir del tiempo. Esto es muy singular, ya que, en distintas traducciones, tanto del inglés como del español, que hemos revisado, no existe en absoluto una regularidad en cuanto a la imagen creada. Por tanto, deducimos que Dick toma la idea general y, deliberadamente, aplica un sentido algo distinto del contenido en el libro profético.

Lo expuesto podría llevarnos a suponer que, en realidad, la referencia a la *Biblia* es esencialmente vaga y que acaso exista otro sentido, que no requiere de una cita facsimilar, pero que, no obstante, podemos vincular con el libro judeocristiano en su doble faz de profético y apocalíptico. Podemos complejizar esta idea aún más, ya que nada nos impide suponer o imaginar que la Biblia contenida dentro del mundo configural de Dick sea "idéntica" a la del mundo prefigural. La Biblia existe en ambos mundos, pero *no tiene por qué existir necesariamente igual*, ya que no sabemos en qué momento o circunstancia específica *nace* este mundo. Al respecto, como comentaremos después, podríamos asociar el intento de asesinato de Roosevelt en 1932 como punto de inflexión y de nacimiento del mundo alternativo. Pero, en rigor, sabemos simplemente que ese hecho es común en ambos mundos (en uno de ellos, Roosevelt se salva y, en el otro, muere), pero no si constituye *el único o el primer evento diferente*. Simplemente, desde nuestra recepción, tendemos naturalmente a considerarlo así, ya que hace *verosímil* lo que sucede en la ficción. Como en ninguna otra obra de nuestro *corpus*, el estatus de la realidad aparece, de esta manera, constantemente impugnado.

El concepto de "realidad" es, evidentemente, muy distinto al que hemos visto en las obras anteriores. Más que un concepto, lo real es un "marco" que da sentido a la experiencia, como lo expresa desde tiempo inmemorial la literatura japonesa a través de formas poéticas como el haiku. No es casual que Dick se preocupe por hacer citas poéticas puntuales. La primera de ellas tiene como espectadores a Tagomi y a Baynes-Wegener, quien acaba de recibir de Tagomi un obsequio insólito: un reloj de Mickey Mouse.

> —Hoy no hay en todo el mundo más que unos diez relojes Mickey Mouse auténticos, de 1938 —dijo el señor Tagomi, estudiando atentamente las reacciones del señor Baynes. Entre los coleccionistas que conozco ninguno tiene esa pieza.
>
> Entraron en la terminal del helicóptero y subieron juntos la rampa.
>
> Detrás de ellos el señor Kotomichi dijo: —*Harusame ni nuretsusu yane no temari kana.*
>
> —¿Qué es eso? —preguntó el señor Baynes al señor Tagomi.
>
> —Un antiguo poema —dijo el señor Tagomi—. Del período medio Tokugawa.

El señor Kotomichi dijo:

—Cae la lluvia de la primavera, todo lo moja, y en el techo hay una pelota de trapo. (Dick, 2002, pp. 51-52).[116]

El autor del haiku es Yosa Buson, uno de los más célebres *Haijin* o compositores de haikus, quien vivió entre 1716 y 1784. La traducción del poema es, aproximadamente, la siguiente:

(Cae) la lluvia de la primavera,

todo lo moja,

y en el techo (hay) una pelota de trapo.

Los verbos entre paréntesis, como es posible apreciar, son perfectamente prescindibles, al menos, desde la lógica del haiku, en donde la acción no es lo importante y mucho menos el concepto, sino, esencialmente, el carácter de sustancia: con frecuencia, los haikus prescinden de todo verbo, de toda acción, y significan a partir del valor de acción implícito en cada palabra. Así, el verbo "caer" es propio de la lluvia, el "todo lo moja" (que, en la versión en inglés, aparece como gerundio: *soaking in them*, "mojando todo") sería, en la simbología del *kanji* o ideograma, el concepto de "todo mojado", y el "haber" es totalmente prescindible. Asumimos que la misma idea de "pelota de trapo" implica su referencia al niño (*child*).

¿Cuál es el sentido de incorporar este haiku y hacerlo particularmente aquí, junto con la singular referencia al reloj de Mickey Mouse? La escena posee una sintaxis compleja: el reloj es un obsequio, trabajosamente seleccionado por Childan para que Tagomi tuviera algo que ofrecer a Baynes. En su afán de originalidad y suponiendo que el visitante del Sr. Tagomi fuera japonés, Childan elige un producto "original y raro", que, en el contexto de la novela, para un occidental, sería, en realidad, un típico producto *kitsch*, algo banal y sin sustancia, fabricado en serie.[117] No así el poema, singular en todos sus aspectos. Sin embargo, los conectan un contexto particular: el reloj es escaso, infrecuente, raro, y refleja un aspecto perdido de la cultura norteamericana; el poema es inmaterial, ubicuo, inmediato, se apodera del instante cuando es enunciado y, luego, permanece como imagen de una experiencia que se ha tenido a través de la palabra de otro. El valor del reloj reside en pertenecer a

---

116. "*'Only few, perhaps ten, authentic 1938 Mickey Mouse watches in all world today', Mr. Tagomi said, studying him, drinking in his reaction, his appreciation. 'No collector known to me has one, sir'.*
They entered the air terminal and together ascended the ramp.
Behind them Mr. Kotomichi said, 'Harusame ni nuretsutsu yane no temari kana [...]'.
'What is that?', Mr. Baynes said to Mr. Tagomi.
'Old poem', Mr. Tagomi said. 'Middle Tokugawa Period'.
Mr. Kotomichi said, 'As the spring rains fall, soaking in them, on the roof, is a child's rag ball'" (Dick, 1982, pp. 40-41).

117. Los aspectos culturales de la situación colonial que atraviesa a los personajes norteamericanos y japoneses son analizados con mucho detalle por Timothy Evans (2010).

un tiempo perdido, al que solo algunos dan significado (tiene valor para Tagomi, pero para Baynes es ridículo). El valor del poema reside en su inmediatez, en pertenecer siempre al presente, incluso al ser recitado en otra lengua diferente del original (inglés o español, es indistinto). Desde la recepción, el valor del reloj responde a una historicidad específica, tanto norteamericana como japonesa; el haiku, por el contrario, parece ajeno a toda historicidad, ya que, incluso el comentario de Tagomi sobre su origen (poema del período Tokugawa, que se corresponde con el esplendor del haiku y, a la vez, con una confusa realidad política en el Japón medieval), nada aclara (en una primera instancia) sobre el valor del poema.[118] Dicho de otro modo, el reloj de Mickey Mouse es una *copia* que ciertas condiciones históricas han vuelto *original y singular para un grupo específico de receptores*; el poema de Yosa Buson que recita el funcionario japonés *siempre es original cuando es enunciado,* al menos, en la intencionalidad que nos ofrece Dick en sus personajes.

El otro poema es una tanka que Ed McCarthy, socio y amigo de Frank Frink, encuentra y lee en el reverso de un paquete de cigarrillos llamados *T'ien-lais*, "música celestial":[119]

Oyendo la llamada del cuclillo
miré hacia el sitio
de donde venía el sonido
¿Qué vi entonces?
Solo la luna pálida en el cielo del alba. (Dick, 2002, p. 143).[120]

Esta tanka pertenece a Chiyo, un poeta que vivió entre 1701 y 1775. El momento en que aparece este poema es inmediatamente anterior a que Ed McCarthy se dirija al negocio de Childan a ofrecerle las artesanías que Frink y él elaboran: una anticipación de que, detrás de la llamada, no hay nada. No tendrá éxito en su visita, ya que Childan no solo no le dará valor a las artesanías (joyas de diseño), sino que se quedará en consignación (es decir, sin pagar absolutamente nada) con las mejores de ellas. Por otra parte, ya el llamado del cuclillo o cucú posee, popularmente, el sentido de *mal augurio*. Un "mal augurio" polisémico, ya que afecta todos los niveles de los que participan, tanto a Frink como a McCarthy.

Estas multiplicidades (de significados, de personajes, de espacios, de augurios y acciones) se despliegan a lo largo de todo el desarrollo de la ucronía de Dick. Este complejo entramado podría resumir de este modo:

---

118. El período Tokugawa abarca del 1603 al 1868 d.C. y corresponde al tercer shogunato, serie de dictaduras militares sometidas al emperador que concluyeron con la Restauración Meiji.

119. Una tanka es un poema del tipo waka (poesía tradicional japonesa) de 5 versos con estructura 5-/-5-7-7.

120. "*Hearing a cuckoo cry, / I looked up in the direction/ Whence the sound came:/ What did I see? / Only the pale moon in the dawning sky*" (Dick, 1982, p. 130).

- Un mundo bipolar (Japón-Alemania; el papel de Italia aparece, en el mejor de los casos, como de simple mediador).
- Dos espacios o, más precisamente, dos cronotopos específicos: los estados de PSA y RMS.
- Dos grupos de personajes, mayoritariamente concentrados en las acciones que se desarrollan en PSA, pero con el personaje más singular (Juliana) en RMS.
- Dos estructuras laberínticas, rizomática (un laberinto sin centro) en PSA, univiaria (es decir, un laberinto con centro) en RMS. Estas estructuras determinan el tipo de acción que llevan a cabo los personajes.
- Dos libros básicos, uno existente en todos los mundos vinculados con la novela, el *I Ching*, y otro estrictamente ficcional y ucrónico: *The Grasshopper Lies Heavy*. Este último, además, propone una utopía dentro de la ficción. Ambos libros tienen en común que son textos de *crisis* (sobre todo, en su particular sentido de *cambio*): se trata de las formas que un pueblo busca darle al devenir.
- Dos textos poéticos orientales que funcionan como "marco" para elaborar un contraste entre el pensamiento zen y el occidental.

Ya sea de manera expresamente planificada o no por el autor, todas las estructuras ficcionales de la novela se estructuran a partir del "vacío" que genera ese último contraste, vacío que prepara el camino hacia el *satori*, concepto del budismo zen que podríamos traducir, de una manera "occidental", como *iluminación*. Este *satori*, expandido y demorado a lo largo de la novela, podría constituir el sentido no expresable de la experiencia de ver, desde un centro, la fugacidad de la historia. Experiencia que, acaso, ni Abendsen ni Juliana han comprendido y, sin embargo, *no desaparece*.

Metafísica y determinismo histórico

Distintos críticos, como Gregg Rickman, han clasificado la obra de Philip Dick en tres períodos o ciclos, con la incógnita abierta (a partir de su muerte prematura) de si existiría un cuarto (Capanna, 1995, pp. 19-21):

- Político (1951-1960)
- Metafísico (1961-1970)
- Mesiánico (1971-1981)

Lo significativo es que la obra que nos ocupa es la primera del segundo ciclo, el "Metafísico", que abarca el período 1962-1965 (según Rickman) o 1961-1970 (según Capanna). Sugestivamente, la obra de Dick parece tener elementos suficientes de los tres aspectos, solo que en diversos grados: lo político, a partir de distintas formas de mostrar conflictos de clases; lo metafísico, en cuanto busca impugnar o, al menos, reflexionar sobre la naturaleza de la realidad y de la vida del hombre;

y lo mesiánico, en el que lo místico adquiere una importancia capital. Su evolución histórica implica una progresiva "espiritualización" de los problemas que aborda. Lo singular de la etapa metafísica resulta de cierto equilibrio inestable entre estos tres aspectos.[121]

Dick compuso *The Man in the High Castle* en 1961 y puede decirse que fue la obra que lo consagró definitivamente. Tal como hemos visto en el apartado anterior, la novela es, desde un punto de vista estético, sumamente realista y, salvo algún elemento accesorio (los viajes a Marte que fascinan a los alemanes), no parecen existir elementos propios de la ciencia ficción más dura. De hecho, podemos postular que, si diéramos a leer esta novela a un hipotético lector que no ha tenido contacto con la historia e ignora el resultado de la guerra, este lector no podría clasificarla como "fantástica", sino, a lo sumo, como de *intrigas*.

Las fuentes de Dick para esta novela son múltiples y, en rigor, hablamos de *obsesiones* que lo acompañaron desde siempre. Algunos autores comentan que su preocupación sobre la condición de lo real surgió en su juventud, en 1946, mientras barría un taller de reparación de artículos electrónicos. Allí, ante los parlantes de un tocadiscos, preguntó si el disco que uno escuchaba era realmente "música" o, más bien, un simulacro de ella (Capanna, 1995, p. 7). Esta inquietud sobre el estatus de la realidad lo llevará a frecuentar no solo escritores como Marcel Proust, James Joyce, Franz Kafka o Jorge Luis Borges (apreciaba del maestro argentino, en particular, los cuentos de *Ficciones*), sino una gran cantidad de lecturas filosóficas, tanto occidentales como orientales. En una primera instancia, podríamos afirmar que *The Man in the High Castle* es una novela inspirada en la filosofía presocrática (sobre todo, en Heráclito) y en el *I Ching*, el *Libro de las mutaciones*, de la ancestral cultura china del Tao (Capanna, 1995, p. 27). Este doble vínculo no debe sorprendernos. En su libro *Heráclito y Oriente*, el sabio indio Shri Aurobindo aborda con gran naturalidad el pensamiento heracletiano desde la perspectiva oriental y traza entre ellos singulares paralelismos que implican, sobre todo, una dialogía entre el cambio y lo que permanece estático.[122] Estos

---

121. También pertenece al ciclo Metafísico la famosa *Do Androids Dream of Electric Sheep?* (*¿Sueñan los androides con ovejas eléctricas?*), también conocida como *Blade Runner* (por su aún más famosa versión cinematográfica, de Ridley Scott), que introduce el problema del alma y la pregunta *en qué consiste la esencia de un ser humano*; acaso una visión tecnológica del mismo problema existencial planteado en *Si questo è un'uomo*, de Primo Levi.

Críticos de enfoque marxista como Darko Suvin, a quien hemos nombrado con referencia a su estudio esencialmente estructuralista sobre los personajes de la novela, consideraban que la creatividad de Dick se había agotado ya en 1963, precisamente después de escribir *The Man in the High Castle* y *Do Androids Dream of Electric Sheep?* Por tanto, Suvin conceptuó estas obras de equilibrio entre los conflictos histórico-sociales, por un lado, y metafísicos, por el otro, como las mejores (Capanna, 1995, p. 19).

122. "Lo eterno y lo idéntico que son en todas las cosas, es en efecto, lo que entendemos por ser; lo que precisamente niegan aquellos que solo ven el devenir [lo que sería solo dialéctica]. Los budistas nihilistas sostenían que no sustentaban otras ideas que no fueran múltiples, y formas impermanentes constituidas por combinaciones de partes y elementos; ninguna unidad, en ninguna parte identidad [...]. Los budistas persisten en sostener su principio universal

conceptos se verifican en distintos fragmentos heracletianos, como el muy célebre que explica la naturaleza de los ríos diferentes e iguales a un tiempo: "Aguas distintas fluyen sobre los que entran en los mismos ríos (fr. 12). Se esparce y [...] se junta [...] se reúne y se separa [...] se acerca y se va (fr. 91)" (Kirk, Raven y Schofield, 1999, p. 284).[123]

Esta relación entre el pensamiento oriental y los filósofos físicos griegos, en la que se expone una suerte de desarrollo de lo múltiple que, a su vez, tiende a una unidad, en general, invisible, es esencial en esta novela. Según Capanna, los pensadores griegos que más influyeron en Dick fueron Heráclito y Platón. En el fragmento 123 de Heráclito aparece "una de sus claves más importantes" (Capanna, 1995, p. 32): *"physis kryptesthai philei"*, "la naturaleza ama ocultarse". Lo que puede leerse como: *no es visible la esencia de las cosas, pero existe*. En rigor, para el pensador jonio, la esencia del cosmos radica en el intercambio constante. El equilibrio en estos intercambios lo produce cierto concepto de "guerra" (*pólemos*) *entre* los seres y *en* los seres (es decir, externo e interno a cada ser, fuerza o substancia). Anaximandro de Mileto retomará este concepto, profundamente vinculado con el desarrollo de la tragedia griega clásica y, en particular, la de Sófocles, quien considera que esta "guerra" es un proceso de continua búsqueda de un equilibrio hacia la unidad desde lo múltiple. Esta unidad está representada por el ápeiron, lo indefinido o carente de definición, principio hacia y desde el cual las formas contienden cíclicamente. Y, en este esquema cíclico e infinito, dirá Anaximandro que "las cosas existentes [...] se pagan mutuamente pena y retribución por su injusticia según la disposición del tiempo" (Kirk, Raven y Schofield, 1999, pp. 162-164). Resulta muy "dialéctica" esta concepción, en la cual este proceso de tesis-antítesis (pena y retribución) implica una continua "aproximación" a un centro "único": la justicia (*Diké*). Esta idea de centro lo definiría como un "atractor", principio que articula todas las multiplicidades. La "realidad" es la "guerra" cuyo sentido final es la justicia. Pero Heráclito habla justamente de que esta guerra sucede tanto entre las cosas como en el interior de ellas. Observemos el fragmento 89, uno de los que más impactaron a Dick: "Dice Heráclito que los despiertos tienen un mundo único en común [*koinós*]; de los que duermen, en cambio, cada uno se vuelve hacia un mundo particular [*ídios*]" (Mondolfo, 1966, p. 41). Esta tensión entre el *koinós kósmos* y el *ídios kósmos* es sumamente importante en la obra de Dick y central en *The Man in the High Castle*.

---

de *karma*, que en cuanto se reflexiona, remite en definitiva a la concepción de una energía universal como causa del mundo, creadora y conservadora, de medidas invariables. [...] Heráclito veía lo que deben ver todos los que observan el mundo con un poco de atención, vale decir, que en todo este movimiento, este cambio, esta diferenciación, hay algo que proclama estabilidad, que vuelve a la identidad, que triunfa en la eternidad, que tiene las mismas medidas es, era y será siempre" (Aurobindo, 1982, pp. 64-65).

123. Obsérvese la convergencia de este empleo del pensamiento de Heráclito que hace Dick con la teoría dinámico del tiempo que hemos visto en otro apartado, central para poder concebir universos múltiples.

Pero estos mundos no son mónadas. Existen conflictos entre ellos y dentro de ellos, que pugnan por mantener la continuidad del cambio. Este conflicto es paradójico, porque genera multiplicidad y, a la vez, tiende hacia la búsqueda de una unidad. Este conflicto o guerra entre y en los seres es su *karma*, si repensáramos estos conceptos en los términos de Aurobindo. La separación o bien la transición entre mundos constituiría, en realidad, la misma estructura de la mente humana. Nuestro pensar oscila entre un mundo aparente y (paradójicamente) verificable, en donde esa apariencia y esa verificabilidad son compartidas por otros hombres; y una infinidad de mundos "particulares", propios y posibles, y no compartidos. Por tanto, la "realidad" es una ambivalencia que siempre está a punto de ser, pero no es más que un "siendo", una infinita aproximación al punto en donde todas las posibilidades se reúnen. Aproximación que se verifica en la unión de todos los mundos en una experiencia común, como expresa el fragmento 88 de Heráclito: "Lo mismo es vida y muerte, velar y dormir, juventud y vejez; aquellas cosas se cambian en éstas y éstas en aquellas" (Kirk, Raven y Schofield, 1999, p. 275). Observemos, asimismo, de qué manera esta misma relación entre el *koinós kósmos* y el *ídios kósmos* se refleja dentro del taoísmo (aunque con un lenguaje diferente, propio del pensamiento oriental, más dado a la parábola y al cuento que "muestra" el concepto antes que buscar explicarlo) en el célebre cuento de Zhuang Zhou (también conocido como Zhuangzhi, filósofo chino del siglo IV a.C.), que transcribimos a continuación:

> Una vez, yo, Zhuang Zhou, soñé que era una mariposa. Revoloteaba aquí y allí a capricho. *Era*, ciertamente, una mariposa. Feliz y alegre, no tenía consciencia alguna de ser Zhou.
>
> Súbitamente, desperté y fui Zhou de nuevo.
>
> ¿Soñó Zhou que era una mariposa o soñó la mariposa que era Zhou? ¿Cómo puedo saberlo? Sin embargo, es innegable que *hay* una diferencia entre Zhou y una mariposa. Esto es lo que llamaría la transmutación de las cosas. (Izutsu, 1997, p. 36).

Los hombres tienden a imaginarse, dice Laozi, que las cosas son esencialmente distinguibles entre sí (Izutsu, 1997, p. 45).[124] Esas distinciones por esencias constituyen la base de los equívocos en los que incurren no solo los personajes de la novela de Dick, sino, en gran medida, sus lectores, ya que, desde la recepción, nuestra prefiguración nos dicta que debe existir un mundo "verdadero" que actúe como esencia a partir del cual se define el mundo "falso" (*lies heavy*) en el que se vive, lo cual nos lleva a otro sentido de la expresión *lies* (lo que hace que la novela *The Grasshopper Lies Heavy* se vuelva polisémica ya en su título). De hecho, en el taoísmo los conceptos de verdadero o falso son irrelevantes, ya que se tratan de categorías lógicas. Y la realidad es algo superior a

---

124. Laozi, también llamado Lao Tse, es uno de los filósofos más relevantes de la cultura china, si bien su existencia histórica es motivo de debate. Según la tradición, habría vivido en el siglo VI a.C. durante la dinastía Zhou.

su enunciación, a sus lenguajes. Esta "realidad", Absoluto o Vía, según Zhuangzi, "es el estado metafísico de la Igualación celestial, o sea el Uno absoluto que 'iguala' todas las oposiciones y contradicciones. En este nivel, lo más pequeño es, al mismo tiempo, lo más grande, y un instante es una eternidad" (Izutsu, 1997, p. 102).[125]

El principio que conserva el Orden en este proceso, ese Uno Absoluto o Vía, es el Tao, que posee una importante lectura desde el orden moral, base del Confucionismo: "En el *I Ching*, el Tao es Orden en Acción, cósmico, social y ético a la vez. [...] Para el Confucionismo, implica sobre todo una idea moral, mientras que para el taoísmo es principio, unidad, espontaneidad, lo absoluto, morada, incluso vacuidad" (Riffard, 1987, pp. 377-378). ¿Cómo funciona ficcionalmente el Tao dentro de la novela de Dick y cómo podría vincularse con la historia? La clave la aporta un libro que posee una amplia dimensión de lecturas posibles: el ya citado *I Ching* o *Libro de las mutaciones*, que aparece, a la vez, desde (un estudio de) la recepción que los propios personajes hacen de él, como un libro de culto y, en cierto modo, también frivolizado:

> Un libro cumple el modelo cultual; Dick ha pensado en una religiosidad exótica, oriental, y ha dado con el *I Ching*, que es chino, atribuyéndolo a los japoneses (que a fin de cuentas han invadido y ocupado China) en un sincretismo religioso algo apresurado —y por lo tanto, acusable de supersticiosidad—. El libro como salvaguarda religiosa parece regir la vida de la gente, pero en el desarrollo de la trama vemos que esto no es del todo así. La anticipación del propio destino es o la confirmación de las propias expectativas, o un acertijo que deja perplejo y que lleva a un arrepentimiento tardío, como los antiguos oráculos griegos (en *HC* al *I Ching* se lo llama "el oráculo", de hecho). En su ensayo "Schizophrenia and the Book of Changes", el propio Dick, tras reconocer haber escrito una novela valiéndose de este antiguo tratado oriental, se encarga de indicar cómo se lo debe utilizar: no como diagnóstico del futuro, sino como consulta del presente. (Burello, 2004, p. 7).

Burello ubica conceptualmente al *I Ching* en su función precisa: es el instrumento, devenido fuerza actancial, que configura los distintos horizontes de posibilidades (de algunos personajes, en primer lugar, y de la novela ucrónica inserta dentro de la novela, en segundo).[126] En

---

125. Este concepto de *Vía* es asimilable, tal como desarrolla comparativamente el mismo Izutsu, con la *Tariqa* del sufismo y la misma idea de "viaje" en pensadores como Ibn Arabí, que han desarrollado una metafísica del Absoluto.

126. Entre los antecedentes del *I Ching*, podemos contar el ajedrez chino, posiblemente emparentado con el indio y el persa, y que habría surgido durante la dinastía Ching, hacia el año 500 a.C., cuando habría sido inventado por el emperador Wu-Ti. Su conformación guarda muchos puntos de contacto con el *I Ching*, por un lado, y con el ajedrez tal como lo conocemos hoy, por el otro, ya que se compone de un tablero con 64 casilleros, divididos en dos mitades de 32 escaques cada una (Cardona, 2000, pp. 22-27). Para algunos autores, como Titus Burkhart, incluso el ajedrez, en sus diversas, variantes constituye una prefiguración

ambos casos, parecería que los personajes efectivamente frivolizan el sentido del libro, otorgándole el valor de la mera adivinación del futuro (tomando el concepto de adivinación en el sentido "superficial" de los personajes y no desde una concepción mística), cuando, en realidad, el *I Ching* aportaría respuestas acerca de los elementos del presente que deben ser tenidos en cuenta para pensar el futuro.

La formulación de la pregunta a ese oráculo implica un conocimiento del contexto y debe mantenerse dentro de los límites de lo verosímil. Por tanto, lo que la pregunta y su ambigua respuesta construyen es un auténtico mapa de circunstancias, influencias y fuerzas. No es determinista, pero tampoco caótico. Y ubica los sucesos dentro de la eternidad, es decir, en el espacio y en el tiempo, reflejando no solo causa-efecto, sino, esencialmente, la sincronicidad de los acontecimientos. Por esto, todos los acontecimientos y las situaciones, y la permutación de estos acontecimientos y situaciones, existen simultáneamente. Desde esta visión, la historia es uno (y solo uno) de los caminos posibles y simultáneos. Para cada historia "efectiva", que ha "brotado", existen, entonces, infinidad de historias "secas", que no han podido "brotar", que conviven con esa historia factual como "fósiles del presente". Por tanto, el macrocosmos puede estar incluido en el microcosmos (*La langosta...* dentro de *El hombre en el castillo* dentro de...). La acción de adivinación está comprendida dentro de un espacio y un tiempo específicos, en donde no vale una interpretación en términos de verdadero o falso.

Solo cuatro personajes hacen consultas al *I Ching* en el enunciado de la novela: Frink, Tagomi, Juliana y Abendsen. Si bien este proceso es interesante en todos ellos, las más críticas son las consultas de Juliana. En efecto, sus preguntas, formuladas junto con Abendsen, quien da a entender que su libro fue escrito mediante consultas al "oráculo", implican dos lecturas cruciales de la "realidad":

—Oráculo —dijo Juliana— ¿por qué escribiste *La langosta se ha posado*? ¿Qué quisiste que supiéramos?

—Tiene una manera de presentar la pregunta que es de veras supersticiosa; me desconcierta usted —dijo Hawthorne, pero ya se había sentado en cuclillas para observar el tiro de las monedas—. Adelante —dijo, y le pasó a Juliana tres monedas chinas de bronce agujereadas en el centro—. Son las que uso yo generalmente.

Juliana empezó a tirar las monedas; se sentía tranquila y confiada. Hawthorne iba trazando las líneas. Luego del sexto tiro Hawthorne miró el papel y dijo:

—Sun [suave] arriba, Tui [sereno] abajo, Vacío en el centro.

—¿Conoce usted el hexagrama? —dijo Juliana— ¿Lo recuerda sin recurrir al libro?

—Sí —dijo Hawthorne.

---

de la Ciudad Celeste (una de las formas de la utopía milenarista), dado el valor místico del número 64 (8 x 8), es decir, el cuadrado del valor numérico del Paraíso Terrenal, la perfección de la perfección terrestre (Burkhart, 1991, p. 8).

—Es Chung Fu —dijo Juliana—. La Verdad Interior. Yo también lo recuerdo sin el libro. Y sé qué significa.

[...]

—Significa que mi libro dice la verdad, ¿no es cierto?

—Sí —dijo Juliana.

Había cólera en la voz de Hawthorne: —¿Alemania y Japón perdieron la guerra?

—Sí.

Hawthorne cerró entonces los dos volúmenes y se puso de pie; no dijo nada.

—Ni siquiera usted se ha enfrentado a la verdad —dijo Juliana.

Durante un tiempo pareció que Abendsen reflexionaba. Tenía la mirada vacía, vio a Juliana, vuelta hacia dentro. Preocupado por él mismo [...] y de pronto los ojos volvieron a aclararse. Abendsen gruñó, sacudiéndose.

—No estoy seguro de nada —dijo.

—Crea —dijo Juliana. (Dick, 2002, p. 260).[127]

¿Cuál es esa verdad? Desde un punto de vista más racional, tal como comenta Burello, "el *I Ching* niega que las cosas sean como parecen" es una ironía feroz (2004, p. 10). Pero, en realidad, esta interpretación puede ser múltiple, tanto, al menos, como formas en las que pensemos el sentido de "verdad": verdades múltiples, ficcionales, metafóricas. ¿Efectivamente perdieron la guerra Japón y Alemania? Acaso sí, si es que están a punto de aniquilarse. La clave en la pregunta es qué implica ese "perdieron" antes que el "quiénes". ¿EE.UU. y la URSS la ganaron en el mundo de referencia, siendo que, en el tiempo de enunciación de la novela, están tan a punto de destruirse como Japón y Alemania en la instancia del enunciado? Podemos aventurar que, desde un punto de

---

127. "*Juliana said, 'Oracle, why did you write* The Grasshopper Lies Heavy? *What are we supposed to learn?'*

'You have a disconcertingly superstitious way of phrasing your question,' Hawthorne said. But he had squatted down to witness the coin throwing. 'Go ahead,' he said; he handed her three Chinese brass coins with holes in the center. 'I generally use these.'

She began throwing the coins; she felt calm and very much herself. Hawthorne wrote down her lines for her. When she had thrown the coins six times, he gazed down and said:

'Sun at the top. Tui at the bottom. Empty in the center.'

'Do you know what hexagram that is?' she said. 'Without using the chart?'

'Yes,' Hawthorne said.

'It's Chung Fu,' Juliana said. 'Inner Truth. I know without using the chart, too. And I know what it means.'

[...] 'It means, does it, that my book is true?'

'Yes,' she said.

With anger he said, 'Germany and Japan lost the war?'

'Yes.'

Hawthorne, then, closed the two volumes and rose to his feet; he said nothing.

'Even you don't face it,' Juliana said.

For a time he considered. His gaze had become empty, Juliana saw. Turned inward, she realized.

Preoccupied, by himself... and then his eyes became clear again; he grunted, started.

'I'm not sure of anything,' he said.

'Believe,' Juliana said" (Dick, 1982, pp. 246-247).

vista metafísico y moral (no político), la perdieron. Por eso, el receptor "dentro de la novela" (Juliana y Abendsen) y, con más razón, el de "fuera" de ella, se encuentra ante estas disyuntivas:

- Decepción: todo es falso.
- Perplejidad: todo es verdadero, pero coexistente en distintos mundos.
- Aceptación: típicamente oriental, según lo cual nada es falso ni verdadero, ya que estas son categorías conceptuales, y no del cosmos.
- Comprensión: la guerra es el mal y siempre se pierde en ella.

Esta heterorecepción, tantas como mundos se abren en la ficción, podría confundirnos o hacernos caer en la nada de la absoluta decepción si no nos remitiera hacia algún tipo de centro o unidad, algún tipo de determinación que exista en el centro, sobre el cual converja lo contradictorio. Desde nuestra visión, ese centro o "atractor" podría no ser más que el Tao en sí mismo, la "No-No-Nada", y, allí, el mal, del cual el nazismo sería, para Dick, su representación más perfecta en la Tierra, sufriría tantas transformaciones como "hacedores" existan. Por tanto, existen dos planos narrativos, dos espacios y dos grupos de personajes, y así como Juliana busca y "encuentra" el centro, un Hacedor (Abendsen o el *I Ching*), los otros personajes oscilan y vagan en ambiguos laberintos. Tampoco el "centro" representado por el Hacedor aparece como un destino que aclare las preguntas. Sin embargo, Abendsen arroja algo de luz sobre el tema: "Esta muchacha es un *daemon* de los mundos subterráneos que [...] recorre incansablemente la faz de la tierra. [...] Hace lo que es instintivo, expresándose así" (Dick, 2002, p. 261). A lo que Juliana responde "La verdad, pensó [Juliana], es tan terrible como la muerte, pero más difícil de encontrar" (Dick, 2002, p. 262).[128]

Un "demonio subterráneo", un espíritu de la tierra. Alguien que se mueve "entre mundos", comunicándolos. Juliana es, en realidad, el *anima* de la novela, el *ídios kósmos* de Dick. En rigor, es ella "el centro" y no Abendsen, pero es un centro móvil. De ahí su ambigüedad, su particular combinación de *carpe diem* y determinación, su lucidez al pedirle (u ordenarle) a Abendsen que "crea" (*believe*) ante la decepción y el desconcierto que significó la consulta al oráculo. En este sentido es que cobra una particular significación una frase de Dick que hemos usado como epígrafe: "La realidad es aquello que, cuando dejas de creer en ella, no desaparece" (Dick, 1987, p. 5).[129] Los pasos de Juliana hacia su hotel, en el último párrafo de la novela, son la imagen de esa realidad que aún está allí. Acaso, como sugiere ella misma, tome el teléfono

---

128. "*This girl is a daemon. A little chthonic spirit that*" [...]. "*That roams tirelessly over the face of the earth*" [...]. "*She's doing what's instinctive to her, simply. Expressing her being*' [...]".
    "*Truth, she thought. As terrible as death. But harder to find*" (Dick, 1982, pp. 247-248).

129. "*Reality is that which, when you stop believing in it, doesn't go away*". [Traducción de Pablo Capanna].

y llame a su esposo, a Frank (el franco, el veraz), como una forma de conspirar contra toda determinación.

La historia, aquí, no es importante, aunque exista: tan solo hay que tener fe en ella. Y esta fe también debe estar en el receptor último de la obra. Observemos dos sutilezas que el autor desliza en el fragmento que citamos con referencia a la consulta que hacen al *I Ching* Juliana y Abendsen, y que se han perdido en la traducción: "*Sun at the top. Tui at the bottom. Empty in the center*". Para un lector inglés, *sun* puede ser un trigrama del *I Ching*, pero, ante todo, es "sol" y, si extendemos la similitud al sonido, también "hijo" (*son,* que, en alemán, está presente en el sufijo *sen* que aparece en el apellido del escritor).[130] Por tanto, el receptor angloparlante lee, en primera instancia, "Sol en lo alto. Tui (el desbordamiento) en lo bajo. Vacío en el centro". Esta polisemia no debe pensarse como casual. Implica necesariamente un juego con Abendsen (en alemán, *abend*: noche o atardecer, *sen*: hijo, y, por tanto, "hijo de la noche" o "del atardecer"), por su referencia solar negativa (en cuanto "noche" o "atardecer") y positiva (en cuanto "hijo"). El hexagrama "Verdad Interior", conjunción de "la fuerza de lo pequeño" ("sun", que, en esta lectura inglesa, tendría un matiz irónico) con el vacío y el desbordamiento ("Tui"), aparece como una respuesta que se niega sutilmente a sí misma para afirmarse en aquellos que han preguntado.[131] Otra sutileza, no reflejada en la traducción, se hace cargo de esta condición "no literal" e irónica del hexagrama: "*What are we supposed to learn?*"; no lo que se supone que debíamos saber, como refiere el traductor, sino *aquello que debíamos aprender (to learn)*. El aprendizaje, constructor de síntesis, hace de toda verdad una reflexión y una instancia de crítica. Esta "ironía solar" que introduce Dick no hace más que reforzar *la fuerza de lo pequeño*, la esencia de la Verdad Interior.

El drama parecería oscilar no acerca de lo determinado por el futuro, sino por la libertad de elección de los personajes, que puede cambiar la historia. El papel del nazismo en esta "historia" es el papel del Mal en sí mismo, de un mal elemental que requiere de un pensamiento esencialmente contradictorio, de una oposición irreductible entre principios que se autoexcluyen. El rol de Juliana, en cambio, nos permite, como diría Ricoeur, "asumir por partes iguales el costado tenebroso y el costado luminoso de la condición humana" (2006, p. 29). El problema, en

---

130. Los trigramas están compuestos por tres líneas, que pueden ser breves (yin) o largas (yang), y constituyen los símbolos básicos o imágenes de la filosofía oriental que, al combinarse de a pares, originan los 64 hexagramas del *I-Ching*. Cada hexagrama posee en el libro una descripción críptica, que lo asemeja a una parábola.

131. En su excelente biografía de Dick, *Yo estoy vivo y vosotros estáis muertos*, Emmanuel Carrère dedica un capítulo, "Chung Fu, la verdad interior", a la descripción de la génesis de *The Man in the High Castle*. Puede resultar tan sugerente como, quizás, decepcionante, que la forma en que Dick se acercó al *I Ching* haya sido efectivamente "frívola", y de la misma manera lo empleó Abendsen, esto es, para trazar el argumento y posterior desarrollo de la novela. Es decir, como un oráculo (Carrère, 2002, pp. 42-51).

palabras del pensador francés, es integrar *ethos* y *kósmos* en una visión globalizante. Pero ¿cuál?; ¿*ídios* o *koinós kósmos*?

Como Ricoeur (2006), podemos recurrir a la *Teodicea* de Leibniz para pensarlo: habría un *mal metafísico*, que implicaría todas las formas del mal y no solamente el que posee carácter moral (como en la tradición agustiniana), sino también el sufrimiento y la muerte.[132] Esta lógica se funda en el principio de no contradicción y en el de *razón suficiente*, enunciado como principio de lo mejor, desde el momento en que se concibe la creación como resultado de una pugna en el entendimiento divino entre una multiplicidad de modelos de mundo (novelas ucrónicas, por ejemplo, como la estructura misma de la novela de Dick), de los cuales uno solo compone el máximo de perfecciones con el mínimo de defectos (Ricoeur, 2006, pp. 41-42). Claro que esto podría pensarse, de manera menos optimista, como que uno solo compone el máximo de imperfecciones con el máximo de defectos.

¿Puede esta idea o principio del Mal determinar a la historia misma? El psicólogo John Sanford, en una entrevista con Patrick Miller, sostiene la siguiente idea perturbadora:

> Usted pregunta por el momento en el que se atraviesa la línea que separa a la sombra —que es un elemento complejo, pero todavía humano— y entramos en el territorio de lo demoníaco, en el dominio del mal *arquetípico* (si es que existe el mal más allá del ser humano). El tema del diablo no solo ha preocupado a los cristianos ya que también los primitivos persas creían en la existencia de una maldad sobrenatural.
>
> El holocausto de la Alemania nazi y los progroms de Stalin no han sido el resultado de la sombra personal del ser humano, sino que se han debido a una entidad siniestra y verdaderamente temible del psiquismo colectivo. Hay muchas personas que justifican la existencia de ese mal afirmando que los asesinos han padecido infancias muy desgraciadas y han sido víctimas de todo tipo de abusos parentales, pero yo, por el contrario, creo en la existencia de una entidad arquetípica maligna. (Miller, 1992, pp. 56-57).

Susan Neiman va más allá, al señalar precisamente que la *Shoá* implicó, entre tantos horrores, también la desaparición de la Teodicea:

> En un sentido amplio, la Teodicea es cualquier forma de dar significado al mal que nos ayude a afrontar la desesperación. Las teodiceas colocan a los males en estructuras que nos permiten ir por el mundo. Idealmente, deberían reconciliarnos con los males del pasado, al tiempo que orientarnos para evitar los del futuro. Levinas declaró que después de Auschwitz la primera de estas tareas no podía ser lealmente sostenida. De esa manera dio expresión filosófica a una idea que muchos comparten: las formas del mal surgidas en el siglo XX presentan exigencias que la conciencia moderna no puede afrontar. (2012, p. 306).

---

132. *Teodicea* es un término acuñado por Leibniz, hace referencia a la "justicia divina" (*Theós*: Dios, *Díke*: Justicia).

Tal como lo describe Neiman, acontecimientos como el Holocausto nos arrebatan la posibilidad de pensar *más allá*, con lo cual la Historia misma puede convertirse en un limbo. Es decir, ante el problema del nazismo, toda explicación religiosa, histórica o política podría resultar insuficiente si ignoramos la dimensión metafísica del problema: la naturaleza del mal, que no sería solamente consecuencia de la libertad humana (este sería, en todo caso, un mal moral y penalizable), sino algo aún más profundo, indecible. Pensar el mal (y el sentido del mundo, de la realidad) requiere, como dijimos, de una oposición entre principios que se autoexcluyen, sin síntesis, ya que esta última implicaría que es posible que el mal forme parte del bien. Si la historia es dialéctica, en cambio, no lo es, evidentemente, la metafísica. *The Man in the High Castle* transita el dilema metafísico sobre la naturaleza del mal y de la realidad a partir de un problema histórico, pero no conduce hacia una respuesta histórica. La esencia de esta es, como en Juliana, estrictamente humana.

Al respecto, el filósofo Emmanuel Levinas dirá, en el *postscriptum* de 1990 de su artículo "Algunas reflexiones sobre la filosofía del hitlerismo", algo similar:

> El artículo nace de una convicción: que la fuente de la sangrienta barbarie del nacionalsocialismo no está en ninguna anomalía contingente de la razón humana, ni en ningún malentendido ideológico accidental. Hay en este artículo la convicción de que esta fuente se vincula con una posibilidad esencial del *Mal elemental* al que la buena lógica podía conducir y del cual la filosofía occidental no estaba suficientemente a resguardo. [...] Debemos preguntarnos si el liberalismo satisface la dignidad auténtica del sujeto humano. ¿El sujeto alcanza la condición humana antes de asumir la responsabilidad por el otro ser humano en la elección que lo eleva a ese nivel? Elección que proviene de un dios —o de Dios—, que lo contempla con el rostro del otro ser humano, su prójimo, lugar original de la Revelación. (2001, pp. 23-24).

No es casual que el citado artículo de Levinas parta, para el análisis de la filosofía del hitlerismo, del concepto de cuerpo y de libertad; el cuerpo concebido como anclaje esencial a la vida o, en palabras de Levinas, "[l]o biológico con todo lo que comporta de fatalidad, se vuelve algo más que un *objeto* de la vida espiritual, se vuelve el corazón" (2001, p. 16). La esencia del hombre residiría no en la libertad, sino en "tomar conciencia del encadenamiento original ineluctable, único, a nuestro cuerpo; es, sobre todo, aceptar este encadenamiento" (Levinas, 2001, p. 17). El racismo, modo esencial de esta falta de libertad, de este romper el encadenamiento con el cuerpo, es una forma de darse un cuerpo sin estar encadenado a él, de penetrarlo del ideal, y fundar, de este modo, una verdad por oposición al *otro*. Este racismo, esta autocondena a romper el encadenamiento con lo humano, es una manifestación posible de lo maligno más allá de cualquier tipo de explicación o reflexión propia. Un mal que ni la filosofía ni la lógica occidentales pueden comprender o entender. Eso explica su "no muerte", su pervivencia. Ante eso que no muere, hay un rostro, un otro, un ser humano, ya se trate de Abendsen o Frank Frink, el que posee apellido alemán o el que posee apellido judío: en la multiplicidad de mundos y de sentidos de la historia, queda esa actitud como la verdad elemental, como la única determinación posible de la vida en cualquiera de sus mundos.

La réplica y el original o el tiempo y su sombra

Un aspecto no menor en la novela de Dick es el concepto de obra de arte, problematizado a partir de diferentes enfoques y desde conceptos propios de la posmodernidad. En efecto, la idea de arte como mera mímesis o representación de la realidad es criticada desde un comienzo. El eje de esta problematización parte del concepto nazi de obra de arte. Puntualmente, el encuentro que Baynes (Wegener) tiene en el avión cohete que lo lleva a San Francisco con Alex Lotze, un artista alemán, permite mostrar la concepción del arte nazi y su contraste con las vanguardias (Baynes se declarará admirador del arte abstracto y del Cubismo):

—Temo que no me interese el arte moderno —dijo el Sr. Baynes—. Me gustan los cubistas y pintores abstractos anteriores a la guerra. Un cuadro para mí tiene que significar algo y no solo representar un ideal.

[...] [E]ste es precisamente el propósito del arte —dijo Lotze—. Que el espíritu se adelante a la materia. El arte abstracto nació en un período de decadencia espiritual, de caos espiritual, cuando la sociedad y la vieja plutocracia se desintegraban. La plutocracia de los judíos, los millonarios capitalistas, los grupos internacionales, todos apoyaban el arte decadente. Esos tiempos quedaron atrás, y el arte tiene que seguir evolucionando, no puede permanecer inmóvil.

[...]—¿Qué es esa enorme estructura de allá abajo? —preguntó Lotze—. Está sin terminar, abierta en un extremo. ¿Un puerto espacial? Los japoneses no tienen naves espaciales, creo.

—Es el estadio de la Amapola Dorada. El campo de béisbol —dijo sonriendo Baynes.

Lotze se rio.

—Sí, claro. Están locos por el béisbol. Increíble. Pensar que van a levantar una enorme estructura para un pasatiempo, un deporte ocioso [...]

Baynes lo interrumpió.

—Está terminado. Ésa es la forma definitiva. Abierto por un lado. Un nuevo diseño arquitectónico. El orgullo de San Francisco.

—Parece que hubiera sido diseñado por un judío —dijo Lotze.

Baynes miró al hombre. Sintió, intensamente durante un momento, el desequilibrio característico, la veta psicótica de la mente alemana. ¿Lotze había hablado en serio? ¿Era una observación realmente espontánea?

[...] El punto de vista de esas gentes era cósmico. No un hombre aquí, un niño allá, sino una abstracción, la raza, la tierra. *Volk. Land. Blut. Ehre.* No un hombre honrado sino el *Ehre* mismo, el honor. Lo abstracto era para ellos lo real, y lo real era para ellos invisible. *Die Gute*, pero no un hombre bueno, o este hombre bueno. Ese sentido que tenían del espacio y del tiempo. Veían a través del aquí y el ahora el vasto abismo negro, lo inmutable. (Dick, 2002, pp. 47-49).[133]

En la primera parte de la cita, Lotze defiende el concepto de arte como representación de un ideal, es decir, un arte "afirmativo", que tiende a reforzar las estructuras ideológicas de la cultura. Si este ideal es, además, el del nazismo, su carácter afirmativo adquiere dimensiones frecuentemente monumentales e idealizadas en función de sus premisas básicas: la perfección de la raza y el origen legendario de la cultura alemana, vistos como justificativo de su predominio sobre el resto del mundo. Esta idealidad contrasta sobremanera con los gustos artísticos que manifiesta Baynes (el Cubismo y el arte abstracto), formas que el nazismo consideraba "arte degenerado". En efecto, este "arte degenerado", que Lotze ve como producto y residuo de la burguesía y la plutocracia, en rigor, es un arte que busca impugnar nuestro concepto de realidad. Un contraste que alcanza dimensiones grotescas cuando el artista confunde un estadio de béisbol con una base de lanzamiento de naves espaciales. Efectivamente, el diseño del estadio, que Wegener define como "moderno", podría haber sido un diseño de la Bauhaus, la célebre escuela de diseño alemana que desapareció y se disgregó por Europa y EE.UU. a causa del avance del nazismo. Pero, como corresponde a un arte "degenerado", Lotze lo identificará con "lo judío".

En este punto es que Baynes-Wegener reflexionará sobre la "veta psicótica de la mente alemana" e incluso duda de la espontaneidad del comentario de Lotze. En efecto, ¿es una sobreactuación, un mostrarse

---

133. "*'Afraid I do not care for modern art,' Mr. Baynes said. 'I like the old prewar cubists and abstractionists. I like a picture to mean something, not merely to represent the ideal.'* He turned away.

'*But that's the task of art,' Lotze said. 'To advance the spirituality of man, over the sensual. Your abstract art represented a period of spiritual decadence, of spiritual chaos, due to the disintegration of society, the old plutocracy. The Jewish and capitalist millionaires, the international set that supported the decadent art. Those times are over; art has to-go on —it can't stay still.'*

[...] '*What is that enormous structure below?' Lotze asked. 'It is half-finished, open at one side. A spaceport? The Nipponese have no spacecraft, I thought.'*

With a smile, Baynes said, 'That's Golden Poppy Stadium. The baseball park.'

Lotze laughed. 'Yes, they love baseball. Incredible. They have begun work on that great structure for a pastime, an idle time-wasting sport [...]' Interrupting, Baynes said, 'It is finished. That's its permanent shape. Open on one side. A new architectural design. They are very proud of it.'

'It looks,' Lotze said, gazing down, 'as if it was designed by a Jew.'

Baynes regarded the man for a time. He felt, strongly for a moment, the unbalanced quality, the psychotic streak, in the German mind. Did Lotze actually mean what he said? Was it a truly spontaneous remark?

[...]*Their view; it is cosmic. Not of a man here, a child there, but air abstraction: race, land. Volk. Land. Blut. Ehre. Not of honorable men but of Ehre itself, honor; the abstract is real, the actual is invisible to them. Die Gute, but not good men, this good man. It is their sense of space and time. They see through the here, the now, into the vast black deep beyond, the unchanging*" (Dick, 1982, pp. 35-38).

esencialmente digno de ser nazi y alemán o bien es una suerte de "reflejo condicionado"? La idea de Cosmos, de ser un "pueblo del infinito" o no meramente humano, sobrevuela todas las absurdas reflexiones de Lotze.[134] Lo abstracto es lo real y este poder lleva necesariamente a que lo real resulte invisible al nazismo. Esta fanática imposición del ideal al mundo concreto, inocua en este diálogo, pero catastrófica en el plano de los acontecimientos políticos, ya fue observada por Walter Benjamin (2010), cuando criticó la concepción del arte del Futurismo, movimiento que refleja, en buena medida, la estética de los fascismos. Así, *Fiat ars, pereat mundus (Surja el arte, aunque perezca el mundo)*, frase ícono del Futurismo de Filippo Tommaso Marinetti y, por extensión, del nazismo, puede leerse como "no importa el costo para el mundo, siempre que el arte y la técnica florezcan". Benjamin, basándose en el mismo manifiesto futurista del artista italiano, habla de "una satisfacción artística de la percepción sensorial modificada por la técnica" (2010, pp. 73-74). De este modo, la velocidad, la agresión y la acción, a través de una técnica que adquiere dimensiones míticas, supra-históricas, constituyen la base de la estética nazi, que se abre paso en la realidad imponiendo su ideal de perfección, velocidad y energía.[135]

Esta idea de pensamiento y arte como "acción pura" aparece en la novela en una reflexión que hace el personaje de Joe Cinnadella ante Juliana, mientras trata de explicarle el contenido de la novela de Abendsen: "Escucha, yo no soy un intelectual. El fascismo no necesita de intelectuales. Nosotros proclamamos las virtudes de la acción. Todo lo que nos exige un estado corporativo es que comprendamos las fuerzas sociales, la historia" (Dick, 2002, p. 167).[136] Esta "estética y ética de la acción" cuyo objeto es la historia parece enfrentarse con algo en esencia etéreo, que implica, curiosamente, una "no acción" que, a su vez, nos lleva a cuestionar el mismo sentido de "historia". Este plano adquiere, dentro de la novela de Dick, una dimensión ficcional y, fuera de ella, metaficcional. Al respecto, Congdon relaciona la idea de la "novela dentro de la novela" (la obra de Abendsen) con la venta de piezas de arte falsificadas o "inauténticas", propias de una era de "reproductibilidad técnica":

---

134. El pueblo alemán como "pueblo del infinito" aparece con toda su energía destructiva en la novela *Los inocentes*, de Hermann Broch. Allí, el personaje principal, Zacarías (una suerte de Zarathustra), señala al pueblo alemán como depositario e intérprete del misterio del infinito, es decir, el dueño del porvenir y del Cosmos. Esta "potencia del pensamiento" lo ubica fuera de los deberes meramente humanos. Su destino es ser "más que humano", ser su propia abstracción, materializada. Una forma oscura, mítica y racista de la utopía milenarista.

135. Al respecto, un antecedente curioso es el poema de Marinetti dedicado a la caída de una bomba en *Il bombardiamento di Adrianopoli*, que sigue gráficamente, mediante los recursos de la llamada "poesía concreta" (texto conformado como dibujo), la forma de la caída del proyectil. La última palabra del poema es "bum!".

136. "*Listen, I'm not an intellectual —Fascism has no need of that. What is wanted is the deed. Theory derives from action. What our corporate state demands from us is comprehension of the social forces of history*" (Dick, 1982, p. 154).

Dick explora más allá de la historia añadiendo dos complicaciones adicionales: la primera es la novela dentro de la novela, *La langosta se ha posado*; la segunda es la American Authentic Handicrafts Inc. de Robert Childan y la proliferación de falsas o inauténticas piezas de historia. (Congdon, 2008, p. 15; la traducción es nuestra).[137]

En ambos casos, lo que es puesto en entredicho es la misma idea de "realidad" o "autenticidad":

Dick emplea la idea de "imitación" de artefactos históricos para cuestionar la idea de "realidad" o "autenticidad" de los artefactos históricos, y poner en cuestión la existencia de lo que él llama "historicidad". (En términos de Dick: "cuando una cosa tiene historia en sí misma"). En esencia, él deconstruye la idea de "historicidad", lo que logra incluyendo artefactos históricos que tampoco son contrafactuales en su diseño (el Colt .44). (Congdon, 2008, p. 19; la traducción es nuestra).[138]

En rigor, el cuestionamiento de Dick, como hemos indicado con anterioridad, es esencialmente posmoderno, pero adquiere un matiz adicional al vincularlo con conceptos más propiamente metafísicos. Por un lado, ese vínculo puede establecerse con la idea de Benjamin de "aura" como "aquello que da autenticidad a la obra de arte" y, precisamente, "la desintegración de esa aura" como resultado de su infinitamente exponencial reproductibilidad técnica: "[...] en la época de la reproducción técnica de la obra de arte lo que se atrofia es su aura. [...] La técnica reproductiva desvincula lo reproducido del ámbito de la tradición" (Benjamin, 2010, p. 37). Y el aura de una obra de arte, para Benjamin, es "la manifestación irrepetible de una lejanía (por cercana que pueda estar)" (2010, p. 37). Este concepto de "aura" posee una interesante similitud con el concepto zen de "*wu*", término que podríamos traducir como "No Ser", "Ninguno" o "Sin" (Izutsu, 1997, pp. 116-117). Esta "ausencia" manifiesta su singularidad, su aura, su pertenencia irrepetible a algo inasible y, sin embargo, presente y ausente a la vez.

Esta forma de definir la autenticidad como una suerte de "desocultamiento" o "*alétheia*" la expresa en la novela el personaje de Paul Kasoura, coleccionista de arte, al comentar la singularidad de las obras que Frink y su socio han entregado en consignación a Childan para su negocio:

Paul Kasoura dice: "un artífice ha puesto *wu* en el objeto, y no ha sido solo testigo del *wu* inherente" (176) [(Dick, 2002, p. 182)], lo que hace a esto

---

137. "*Dick further explores history by adding two extra complications: the first is a novel-within-the-novel,* The Grasshopper Lies Heavy; *the second is Robert Childan's American Authentic Handicrafts Inc. and the proliferation of fake or 'inauthentic' pieces of history found there*".

138. "*Dick uses the idea of 'fake' historical artefacts to interrogate the idea of 'real' or 'authentic' historical artefacts, and to call into question the very existence of what he calls 'historicity' (Dick's term: 'when a thing has history in it') itself. In essence, he deconstructs the idea of 'historicity'. He does this by including historical artefacts that are either counterfeit in their design (the Colt .44)*".

diferente de las "artesanías falsificadas" de Wyndam-Matson. "Está aquí [...] En la mente, no en el arma", es lo que afirma Wyndam-Matson sobre la "historicidad", pero Kasoura afirma que lo opuesto es verdadero con *wu*, que existe fuera de la mente, que puede existir dentro de un objeto y, aún más, que la mano del artífice puede colocarlo allí. Esto representa una apoteosis de la artesanía, de los collares azules artísticos que Frink y su socio representan, en oposición a las reproducciones masivas facsimilares de la historia que produce W.M. solamente con el propósito de venderlas. (Congdon, 2008, p. 25; la traducción es nuestra).[139]

Según Paul Kasoura, es el artesano quien insufla el *wu* en la obra de arte, quien le otorga su *aura*, quien lo conecta con "lo ausente" y, sin embargo, activo en el "objeto". Por tanto, aquel artista que no posee una metafísica, que no tiene una concepción del mundo propia, individual, no tiene nada que darle de singular y auténtico a su obra. Es lo que diferencia al artista del mero reproductor. Desde esta misma perspectiva es que Dick plantea la idea de "ucronía": será "verdadera", "singular", en la medida en que el autor la haya escrito con la idea de "desocultar una esencia".

Este desocultamiento se observa a partir de dos personajes femeninos: Juliana y Rita. Burello (y compartimos su criterio) remarca que ellas hacen una recepción "frívola" de *La langosta se ha posado*:

> Para los nazis, *La langosta*... puede activar la imaginación como agente subversivo, si bien Dick se cuida de mostrar que se trata tan solo de la típica lectura pasatista que se hace de un *best-seller*, en este caso prohibido: se lo lee frívolamente, por así decirlo, *porque* está prohibido, con curiosidad morbosa. Los nazis lo proscriben para evitar que la imaginación de posibles "rebeldes" se dispare, pero eso no parece suceder jamás. El libro es consumido como un libro más, despotenciadamente. Solo dos mujeres se lo toman, al parecer, en serio: Juliana y Rita, la amante de Mr. Wyndam-Matson. Juliana, de hecho, se lo toma demasiado en serio [...]. (2004, pp. 7-8).

Pero la ingenuidad de estas lectoras puede pensarse también positivamente, en cuanto proponen una suerte de esperanza o utopía dentro de la discronía de la novela. De hecho, que Juliana se lo tome demasiado en serio es esencial para que emprenda la búsqueda de Abendsen. En realidad, su frivolidad se manifiesta en la idea de actuar sin una gran reflexión previa (así es como sigue a Joe Cinnadella, a través de quien ella conoce la novela). Esta lectura frívola (y su respectivo viaje, también

---

139. *"Paul Kasoura says: 'an artificer has put wu into the object, rather than merely witnessed the wu inherent in it' (176), which makes it different from Wyndham-Matson's forgeries. 'It's in here [...]. In the mind, not the gun', Wyndham-Matson says of 'historicity', but Kasoura claims that the opposite is true with wu, that it exists outside of the mind, that it can exist within an object and, furthermore, that the hand of the artificer can place it there. This represents an apotheosis of handicraft, of the blue-collar artistry that Frink and his partner represent, against the mass-produced faux-historic items that are churned out in an industrial fashion by the WM Corporation, solely for the purpose of profit".*

frívolo) ¿hace que su búsqueda lo sea? En rigor, al descubrir la verdadera identidad de Joe (un asesino nazi que quiere matar a Hawthorne Abendsen para acallar, de ese modo, la difusión de su provocadora novela), el impulso de Juliana es salvar a Abendsen.

En el caso de Rita, la amante de Wyndam-Matson, su única aparición en la novela es fundamental, ya que es ella quien introduce la mención a *La langosta se ha posado* como una cita de la Biblia y la de su autor, Hawthorne Abendsen (Dick, 2002, p. 72). En su diálogo con Wyndam-Matson, este confundirá Abendsen con *Abbotson* o *Abelson* (hijo de Abbot/ hijo del Abad o hijo de Abel), mientras Rita le explica el desarrollo de la ucronía de *La langosta se ha posado*. El evento que ella narra es, para el receptor, evidentemente el que determina la bifurcación entre las dos historias (la de la novela de Dick, que pasa a ser prefiguración de la novela de Abendsen, y esta, que pasa a ser una nueva configuración) es el asesinato del entonces presidente electo Franklin D. Roosevelt. Este atentando ocurrió incluso en nuestra historia "factual". Durante una visita a Miami en 1932, un tal Joe Zangara dispara cinco veces sobre Roosevelt: en nuestro mundo, Roosevelt se salva (luego, será reelecto en otras tres oportunidades), pero muere el alcalde electo de Chicago, Anton Cermak (algunos suponen que era él el verdadero objetivo, dado su intención de combatir el crimen organizado). En el mundo de Rita y Wyndam-Matson, Roosevelt muere tras haber sido presidente solo por un año y, por consiguiente, no llega a implementar el *New Deal*, la política progresista que podría haber salvado la economía norteamericana *en ese mundo*. En el mundo construido en *La langosta se ha posado*, Roosevelt sobrevive e implementa el *New Deal*, pero solo es reelecto en una oportunidad. El asesino Joe (Giuseppe) Zangara fue un personaje real, un anarquista italiano que emigró a EE.UU. Curiosamente, el asesino que busca a Abendsen también será italiano (un falso italiano) y se llamará Joe. Este paralelismo, una vuelta de tuerca más al juego laberíntico que propone el autor, es uno de los más sugerentes en la novela, ya que, en este caso, el atentado no se llega a realizar.[140]

---

140. Los conceptos de original y copia subyacen incluso en el empleo de citas históricas en la novela, porque siempre nos remiten, a la vez, tanto a una fuente propia (una documentación contenida dentro del texto o mundo configural) como a una externa (una documentación propia del contexto o mundo prefigural). A modo de ejemplo, Frank Frink se hace pasar, en un momento dado, por un asistente de un almirante japonés para visitar el negocio de Childan y generar en él la sospecha de que las armas (los Colt .44 que tiene a la venta) son falsificaciones (como efectivamente son). Para ser verosímil, le indica a Childan que el almirante acaba de arribar a puerto a bordo del portaviones *Syokaku* (Dick, 2002, p. 62). Luego se sabrá que este portaaviones fue hundido en 1943 por obra de un submarino norteamericano (con lo cual Childan descubre, aunque tarde, el engaño). En realidad, dentro de la historia de la prefiguración, fue hundido por aviones norteamericanos en la batalla del Golfo de Leite, en 1944. Por tanto, hay una mentira (el portaviones en el puerto) sostenida en un hecho ficcional (la nave existió, pero fue hundida por un submarino en 1943), sostenido este, a su vez, por un hecho documentado (el portaviones existió y participó en las batallas del Mar del Coral, de las Salomón y de las Marianas, y fue hundido en 1944 por la aviación naval norteamericana en el Golfo de Leite durante la reconquista de las Filipinas). Para esta

Asimismo, en cuanto a Rita, su nombre debería hacernos reflexionar acerca de su importancia en la obra, que destacamos, ya que es una palabra de origen sánscrito en medio de una novela fuertemente articulada con el pensamiento oriental. Rita deriva de la raíz indoeuropea *ritu*, que dio lugar, por un lado, al latín *ritus*, rito, y, por otro, al griego *rithmos*, ritmo, aritmética (Roberts y Pastor, 1996, p. 13). Es a través de ella que, de una manera casi ritual, en una conversación con Wyndam-Matson, se introduce la problemática de la historia y de su esencia (tanto epistemológica como metafísica) a partir de un objeto aparentemente insignificante, un clásico encendedor Zippo de bencina que, supuestamente, llevaba consigo Roosevelt cuando fue asesinado:

¿Qué es eso [la historicidad]?
—Valor histórico. Uno de esos encendedores estaba en el bolsillo de Franklin D. Roosevelt el día que lo asesinaron. El otro no. Uno tiene historicidad, mucha. El otro nada. ¿Puedes sentirla? [...] No, no puedes. No sabes cuál es cuál. No hay ahí "plasma místico", no hay "aura".
La muchacha miraba los encendedores con una expresión de temor reverente.
—¿Es realmente cierto? ¿Que tenía uno de estos en el bolsillo aquel día?
— Exactamente. Y puedo decirte cuál de los dos. Te das cuenta. Los coleccionistas se estafan a sí mismos. El revólver que un soldado disparó en una batalla famosa [...] es igual al revólver que no fue empleado en esa batalla, *salvo que tú lo sepas*. Está aquí —Wyndam-Matson se tocó la frente—. En la cabeza, no en el revólver. Yo fui coleccionista un tiempo. En realidad, ese fue el camino que me trajo a este negocio. [...]
—Mis padres decían que si él hubiese vivido no habríamos perdido la guerra —murmuró.
[...] —No creo que uno de esos encendedores haya pertenecido a Franklin Roosevelt —dijo la muchacha.
Wyndam-Matson sonrió entre dientes.
—De eso se trata. Tengo que probártelo con algún documento. Un certificado de autenticidad. Y de ese modo todo es una estafa, una ilusión colectiva. ¡El valor histórico está en el certificado, no en el objeto mismo! [...]
Incorporándose, Wyndam-Matson fue al estudio y descolgó de la pared el certificado enmarcado del Instituto Smithsoniano. El certificado y el encendedor le habían costado una fortuna, pero valían la pena, pues le permitían probar que tenía razón, que en realidad "falsificado" no significaba nada, pues la palabra "genuino" tampoco tenía sentido. (Dick, 2002, pp. 70-71).[141]

---

cita histórica tan específica hemos consultado *Historia de la Aviación, T. III*, pp. 703-704, en la cual se enumeran los portaviones japoneses hundidos durante esa batalla.

141. *"She said, 'What is «hiŝtoricity»?'*
'When a thing has hiŝtory in it. Liŝten. One of those two Zippo lighters was in Franklin D. Roosevelt's pocket when he was assassinated. And one wasn't. One has hiŝtoricity, a hell of a lot of it. As much as any object ever had. And one has nothing. Can you feel it?' [...] 'You

Hay un sistema de "fe", no una razón material de la autenticidad. Se tiene fe en ese enunciado y en el sujeto que se dice autor de ese enunciado que proclama la autenticidad. Este concepto, que White y Vattimo discuten desde la historia, constituye uno de los grandes temas de la literatura posmoderna. En EE.UU. solamente, podemos pensar en autores como Paul Auster y, sobre todo, Don DeLillo y sus novelas *Mao II* y *The names*,[142] en las cuales la multiplicación de copias se impone como tema ontológico.

En efecto, ¿cómo comprender el "desocultamiento" (*alétheia*) de Martin Heidegger, esencial a la obra de arte, si ese desocultamiento implica, como en una célebre imagen del comisario Laurenzi en un cuento de Rodolfo Walsh, "quitar capas de una cebolla hasta encontrarse con nada"?[143] Esta *alétheia* implicaría que un objeto puede tener historia o, si tomamos el Tao, tal como dicen los Kasoura, "*wu*": literalmente, la inacción entendida no en términos occidentales de "no hacer nada", sino en "dejarse poseer por el absoluto", dejar que el absoluto se desoculte; y esto, como en un haiku, instala el absoluto en un aquí y ahora (tal como dice Benjamin). Este "desocultamiento" del absoluto desde un objeto es lo auténtico, lo que le otorga su singularidad en el mundo.

Simultáneamente, a partir de las preguntas de Rita, se conforman dos problemáticas que, de aquí en más, aparecerán solidariamente vinculadas: la condición de original y copia, y la ucronía como "historia posible". Observemos que el discurso de Wyndam-Matson citado es altamente pragmático, en cuanto deja de lado cualquier idea metafísica o mística

---

can't. You can't tell which is which. There's no 'mystical plasmic presence,' no «aura» around it.' 'Gee,' the girl said, awed.
'Is that really true? That he had one of those on him that day?'
'Sure. And I know which it is. You see my point. It's all a big racket; they're playing it on themselves. I mean, a gun goes through a famous battle, like the Meuse-Argonne, and it's the same as if it hadn't, unless you know. It's in here.' He tapped his head. 'In the mind, not the gun. I used to be a collector. In fact, that's how I got into this business.' [...]
'My mother and dad used to say we wouldn't have lost the war if he had lived,' she said.
'Okay,' Wyndam-Matson went on. 'Now suppose say last year the Canadian Government or somebody, anybody, finds the plates from which some old stamp was printed. And the ink. And a supply of.'
'I don't believe either of those two lighters belonged to Franklin Roosevelt,' the girl said.
Wyndam-Matson giggled. 'That's my point! I'd have to prove it to you with some sort of document. A paper of authenticity. And so it's all a fake, a mass delusion. The paper proves its worth, not the object itself!' [...]
Hopping up, he made his way back into the study. From the wall he took the Smithsonian Institution's framed certificate; the paper and the lighter had cost him a fortune, but they were worth it —because they enabled him to prove that he was right, that the word «fake» meant nothing really, since the word 'authentic' meant nothing really" (Dick, 1982, pp. 59-60).

142. A modo de ejemplo, *Mao II* se inicia con una ceremonia matrimonial multitudinaria de seguidores de la secta Moon, en donde los padres de la muchacha la buscan infructuosamente entre la marea de muchachas iguales, todas vestidas con el mismo traje de novia. Por otro lado, el título de la novela hace referencia evidentemente al célebre cuadro de Mao de Andy Warhol.

143. Nos referimos al cuento "La trampa", uno de los primeros relatos policiales del escritor argentino.

que vincule al objeto con la verdad. Según el empresario, quien vive de la falsificación masiva, la verdad, la condición de original, es una cuestión de enunciación: un documento que afirma que algo es auténtico, que un hecho efectivamente sucedió, y un contexto que le otorga autoridad y verosimilitud al enunciado. Lo anterior implica un concepto de historia que, a su vez, nos lleva a la pregunta por la naturaleza del "original". ¿Cuál es, entonces, la "historia real"? *Es función de una creencia, cuya lógica implica la repetición, el rito recurrente de la enunciación de su verdad, de su estatus de "real".* El *"believe"* (crea) imperativo con el que Juliana aconseja a Abendsen posee este sentido.

Guiados por distintas formas de este "sistema de fe", encontramos cuatro sentidos o modos de la autenticidad y cada uno de ellos establece un tipo de relación diferente con la *alétheia*, con el desocultamiento de lo real:

- Tagomi: comprador;
- Frink: hacedor;
- Childan: vendedor;
- Juliana: buscadora.

No obstante, una vez más, Juliana aparece con características que la diferencian del resto, ya que esa autenticidad coincide puntualmente con el enigma del centro al que ella llega (el hombre en el castillo). Los otros personajes, en cambio, giran sin encontrar esa autenticidad deseada. En realidad, estos personajes son "corazones solitarios", seres que se mueven en búsqueda de algo que los justifique. Por tanto, la referencia aparentemente casual a la novela *Miss Lonelyhearts (Señorita Corazones Solitarios)*, como a su autor, Nathaniel West, posee una significación especial. Tanto la novela como el autor existen en ambos mundos.

Nathaniel West vivió en el período preguerra (1903-1940) y fue un popular escritor de novelas románticas cuyo eje era el mundo de Hollywood, con su lógica de la apariencia y de la ambigüedad entre lo real y lo ficticio. Una de sus novelas más importantes, llevada al cine en dos oportunidades, es *The Day of the Locust*, que podríamos traducir como *El día de la langosta* (*locust* se aplica a una variedad pequeña de langosta, como el saltamontes). En español, se tradujo como *La plaga de la langosta*. Lo curioso es que el personaje de Paul Kasoura lo asocia con una perspectiva acerca del sufrimiento: se trata de un escritor que responde a cartas de señoritas con consultas sentimentales desde una columna en un diario, que enloquece de dolor y que se cree Jesucristo. El propio personaje atribuye a su condición de judío la causa de este dolor y esta locura.

Este episodio tiene muchas implicancias. Además de una segunda referencia a la langosta, en este caso, vinculada con la falsedad y la hipocresía, también se asocia con la metaficción (el *lies* de la novela de Abendsen) y con el nombre del autor, que complementa el de Abendsen a partir de esta secuencia de transformación: Nathaniel West - Hawthorne Abendsen → Nathaniel Hawthorne (y, para continuar con las simetrías, West Abendsen, el "hijo del ocaso occidental"). Por el otro, permite introducir el problema judío, ya que Robert Childan responderá, sin mucha relación con lo anterior, desde una lógica antisemita: *si Alemania y Japón hubiesen perdido la guerra, los judíos dominarían el mundo desde Moscú y Wall Street.* Un auténtico cliché del nazismo.

Los conceptos de tiempo, verdad, autenticidad e historia aparecen, entonces, marcados por una particular visión que los relativiza y, a la vez, los afirma. Desde una concepción metafísica, afín tanto al zen como al pensamiento de Benjamin, Dick remite al Hacedor, al Artífice, la esencia de la verdad. Acaso pretenda afirmar, de este modo, que su obra es "verdadera", que la "copia" de la realidad que ha hecho (la ucronía) es tanto o más verdadera que la historia que empleó de base. No importa aquí el evento histórico en sí mismo, con toda la documentación que le transfiere una "autenticidad" siempre relativa; importa antes este concepto de "desocultar" la verdad, de hacerla visible desde la ficción y, derrotando al tiempo y a su relativismo, *hacerla presente sin que envejezca.* Y, a la vez y como una paradoja, *sigue siendo pasado.*

La ucronía y los fósiles del presente

A la necesaria rivalidad Japón-Alemania (un escenario más de la eterna lucha Oriente-Occidente), Dick agrega, tal como hemos visto, un elemento caótico: *The Grasshopper Lies Heavy*, un libro que circula casi clandestinamente y que narra un mundo posible 2, un mundo dentro del mundo en donde sucedió la victoria del Eje. En este mundo posible 2, los aliados han ganado la guerra, pero no de la manera en que han triunfado en el mundo referencial. Dick crea, así, una estructura de tres mundos que se comparten y se excluyen parcialmente entre sí: M0 o mundo de referencia, en donde han vencido los aliados (con EE.UU. y la URSS como protagonistas principales), M1, en donde ha vencido el nazismo, y M2, en donde han vencido los aliados (con el Reino Unido como protagonista principal). Casi no hace falta añadir que esta progresión basada en el tres (cara a otros grandes autores de literatura fantástica, como Calvino y Borges) implica, ni más ni menos, que un desplegarse hacia el infinito (la dualidad primordial más la unidad potenciadora), ya que podríamos imaginar, dentro de ese mundo M2, la presencia de una novela que construya un mundo M3 en donde, a su vez, habría vencido el Eje y así sucesivamente. Las potencialidades de cada proposición son innumerables y, sin embargo, podrían remitirse a un mundo básico, una especie de grado cero de todo conflicto: el juego de ajedrez, cuyo patrón matemático es equivalente al del *I Ching*. Esta cadena de proposiciones la sintetiza Borges con maestría en el último terceto de su poema "Ajedrez":

> Dios mueve al jugador, y éste, la pieza.
> ¿Qué dios detrás de Dios la trama empieza
> de polvo y tiempo y sueño y agonías? (1998, pp. 122-123).

Esencia metafísica de lo metaficcional, el Jugador detrás del jugador, el Hacedor detrás del hacedor, determina la lógica de los mundos. Acaso esto implica una Realidad detrás de la realidad, presencia que provoca una distorsión, una "crisis" en nuestro concepto de "lo real", que es develada por la multiplicidad infinita de los mundos, una suerte de "cristal" o "prisma" que descompone todos los elementos de los mundos en sus colores primarios. En definitiva, esta progresión potencialmente infinita puede ser útil para "acotar", para pensar los límites de la historia.

A partir del eje histórico básico que constituye el mundo referencial del autor (particulares lecturas de la historia en EE.UU., que, como en los otros casos del *corpus*, significativamente, implican siempre una presencia decisiva de Norteamérica en el resultado del conflicto), todos los mundos que surgen de manera ficcional del sutil entramado epistemológico básico que reside en la prefiguración mantienen su "ADN" básico: la presencia del Mal elemental y de sus secuelas, de lo que deja su derrota (en el mejor de los casos) o de lo que puede instalar su triunfo (en el peor de los mundos posibles). Lo que devuelven estos mundos, en sus distintos niveles de recepción y refiguración, constituyen una suerte de "fósiles", de productos de esa misma historia que se ha desplegado mutando en forma continua al entrar en contacto sucesivamente con las angustias de cada época, al tomar una voz en cada personaje.

Como en ninguna otra obra de nuestro *corpus*, se genera, desde la creación literaria de Dick, un fenómeno de recepción singular: poco importa la forma en que se produce la victoria o la derrota, contingentes, al fin y al cabo; importa la pesadilla que implica en toda la cadena de personajes y que el lector "real" recibe y refigura en conjunto. No es casual entonces, como hemos visto, la obsesión de Dick por el dilema entre el original y la copia. Pero, para que toda estructura ficcional de este tipo tenga sentido, debe existir un original: como el encendedor Zippo de Roosevelt, la certificación la da un discurso que reside en el espacio de prefiguración o mundo de referencia. Este discurso es el que le da verosimilitud al resto de la estructura. Por tanto, el mundo "original" debe ser, necesariamente, el de referencia. Estos múltiples niveles de recepción posibles pueden pensarse a través de los siguientes tres grupos de personajes, restringidos al proceso de mímesis, que se centra, en la novela de Dick, en donde M0 es el mundo de referencia, M1, el mundo configural y M2, el metaficcional:

- **En M1, que recepciona M2.** Los receptores de *The Grasshopper Lies Heavy*, que conforman un anillo de personajes singulares y, muchas veces, opuestos: funcionarios nazis (como el cónsul Reiss), un espía (Joe Cinadella), un matrimonio de jóvenes japoneses (los Kasoura), Rita (la amante de Wyndam-Matson) y la misma Juliana.
- **En M1, que recepciona un texto de M0.** Los receptores del *I Ching*, que conforman un anillo paralelo y, en un caso, complementario, del grupo anterior. De este modo, un funcionario japonés (Tagomi), un judío oculto (Frink), el autor de *The Grasshopper Lies Heavy* (Abendsen) y Juliana. Asumimos que Abendsen, como autor, no puede considerarse un auténtico "receptor" de su propio texto, aunque, en cierta forma, *no es su texto:* lo ha escrito el "oráculo" a través de él; por tanto, Abendsen es un "instrumento" que recepciona y transcribe, organizando, en una

trama, los posibles narrativos que le ofrece, paradójicamente, "su instrumento". Es decir, Abendsen es instrumento del *I Ching* y el *I Ching* es instrumento de Abendsen, una paradoja digna del "Ajedrez" de Borges. Juliana es la única que, dentro de la configuración ficcional, recepciona ambos textos (la ucronía y el "oráculo"). Esta coincidencia es esencial, ya que ella, como anticipamos en un apartado anterior, es la que recorre el camino hacia el centro, la que avanza en busca de un sentido sin tener muy claro cuál es.

- **En M0, que recepciona M1**. El receptor recepciona dos enunciados distintos, uno de ellos, embebido de las recepciones anteriores, que son parte de su universo ficcional: M1, lo esbozado fragmentariamente de M2 y del *I Ching* (libro que pertenece a M0 y que el lector puede consultar si lo desea, aunque no lo necesite) y las recepciones que los personajes hacen de M2 y del *Libro de los mutaciones*. Observemos, en ese sentido, que el narrador se preocupa por destacar lo que cada "lector" experimenta al leer el libro de Abendsen, experiencia, generalmente, sobrecogedora e irresistible, entre otras cosas, por su "realismo".

Este realismo que indicamos en M0, adquiere un matiz singular en la recepción que hace del libro de Abendsen Herr Reiss, el cónsul alemán en San Francisco. Citamos un fragmento del "libro" y de su "recepción":

El secretario dejó la oficina y Reiss abrió de nuevo el libro. Una ojeada más, a pesar de su resolución [...] Buscó el párrafo.

"[...] en silencio Karl contempló el ataúd envuelto en una bandera. Ahí yacía, y ahora había desaparecido, realmente. Ni siquiera los poderes demoníacos podían traerlo de vuelta. El hombre —¿o después de todo era un *Uebermensch*? — a quien Karl había seguido ciegamente, había adorado [...] hasta el borde de la tumba. Adolf Hitler había muerto, pero Karl se aferraba a la vida. No lo seguiré, murmuró la mente de Karl. Iré adelante, vivo. Y reconstruiré. Y todos reconstruiremos. Es necesario.

Qué lejos, qué terriblemente lejos lo había llevado la magia del líder. ¿Y qué quedaba ahora que habían puesto punto final a aquella historia increíble, el viaje desde el aislado pueblo aldeano de Austria a la pobreza miserable de Viena, desde la pesadilla de las trincheras, pasando por las intrigas políticas, la fundación del Partido, la cancillería, lo que por un instante había parecido la dominación del mundo?

Karl sabía. Bluff. Hitler les había mentido. Los había gobernado con palabras vacías.

No es demasiado tarde. Nos hemos dado cuenta, Adolf Hitler. Y al fin sabemos qué eres realmente. Y el partido nazi, esa terrible época de crímenes y fantasías megalomaníacas, sabemos qué es. Qué era.

Karl se volvió, alejándose del ataúd silencioso [...]"

Reiss cerró el libro y se quedó pensando. Muy a su pesar se sentía perturbado. Tenía que haber presionado un poco más a los japoneses, se dijo, para que prohibieran el maldito libro. La obra, obviamente, estaba de parte de ellos.

Hubiera podido arrestar también a [...] cómo se llamaba [...] Abendsen. Disponía de poder suficiente en el Medio Oeste.

Lo más perturbador era eso: La muerte de Adolf Hitler, la derrota y destrucción de Hitler, el Partido, y la misma Alemania, tal como se describían en el libro de Abendsen [...] Todo esto, de algún modo, tenía mayor grandeza, estaba más de acuerdo con el viejo espíritu que el mundo actual. El mundo de la hegemonía alemana.

¿Cómo podía ser? se preguntó Reiss. ¿El motivo era sólo la habilidad de Abendsen como escritor?

Conocían un millón de trucos, estos novelistas. El doctor Goebbels, por ejemplo; así había empezado, escribiendo novelas [...].

¿Dónde había publicado el libro? Herr Reiss examinó el ejemplar: Omaha, Nebraska. El último reducto de la industria editorial plutocrática, en un tiempo instalada en el centro de Nueva York, apoyada por el oro de los judíos y los comunistas [...]

Quizás este Abendsen era judío.

Están todavía acechándonos, tratando de envenenarnos, se dijo Herr Reiss. Este *jüdische Buch* [...] Cerró de golpe el ejemplar de *La langosta*. El nombre real era probablemente Abendstein. La SD ya estaría investigando, sin duda. (Dick, 2002, pp. 133-135).[144]

El párrafo es singular por la encrucijada que determina la muerte de Hitler. Este acontecimiento, presente y documentado *in extenso* en

---

144. *"The moment his secretary had left once more. Reiss reopened the book. One more peek, despite my resolution. He thumbed the previous portion.*

'[...] in silence Karl contemplated the flag-draped casket. Here he lay, and now he was gone, really gone. Not even the demon-inspired powers could bring him back. The man —or was it after all Uebermensch?— whom Karl had blindly followed, worshiped [...] even to the brink of the grave. Adolf Hitler had passed beyond, but Karl clung to life. I will not follow him, Karl's mind whispered. I will go on, alive. And rebuild. And we will all rebuild. We must.

How far, how terribly far, the Leader's magic had carried him. And what was it, now that the last dot had been put on that incredible record, that journey from the isolated rustic town in Austria, up from rotting poverty in Vienna, from the nightmare ordeal of the trenches, through political intrigue, the founding of the Party, to the Chancellorship, to what for an instant had seemed near world domination?

Karl knew. Bluff. Adolf Hitler had lied to them. He had led them with empty words.

It is not too late. We see your bluff, Adolf Hitler. And we know you for what you are, at last. And the Nazi Party, the dreadful era of murder and megalomaniacal fantasy, for what it is. What it was.

Turning, Karl walked away from the silent casket [...]'

Reiss shut the book and sat for a time. In spite of himself he was upset. More pressure should have been put on the Japs, he said to himself, to suppress this damn book. In fact, it's obviously deliberate on their part. They could have arrested this —whatever his name is. Abendsen. They have plenty of power in the Middle West.

What upset him was this. The death of Adolf Hitler, the defeat and destruction of Hitler, the Partet, and Germany itself, as depicted in Abendsen's book [...] it all was somehow grander, more in the old spirit than the actual world. The world of German hegemony.

How could that be? Reiss asked himself. Is it just this man's writing ability?

They know a million tricks, those novelists. Take Doctor Goebbels; that's how he started out, writing fiction. [...]

el mundo de referencia, M0, está ausente en M1 y presente de diferente forma en M2. Observemos cómo se articula la recepción del fragmento:

- **En M1, que recepciona M2**. Reiss, como funcionario nazi, experimenta, a través de la mediación de un personaje también alemán y nazi (Karl, del que solo sabemos lo que se narra en ese párrafo), la visión de la muerte de su líder. Ignoramos cómo ha muerto Adolf Hitler, pero sí que sus restos descansan en un féretro envuelto en una bandera, por lo que su fallecimiento aparece resignificado con respecto a M0. En efecto, la vida y muerte de Hitler aparece con los siguientes rasgos distintivos en los tres mundos:
  ✓ M0: se suicida y arrastra al suicidio a gran parte de su grupo más íntimo. No existió funeral e incluso la identificación de sus restos ha generado controversias.
  ✓ M1: vive alejado de la vida pública e internado por demencia (probablemente, por una sífilis terciaria, tal como se sugiere en la primera obra del *corpus*).
  ✓ M2: está muerto, sin que se detallen las causas, pero, en este caso, inmerso dentro de un proceso de homenaje póstumo (el féretro rodeado por la bandera).

El problema del destino del cuerpo de Hitler (ya sea vivo o muerto) constituye un aspecto esencial en la mística del nazismo posterior a su líder. En el primer caso, implica arrebatarle al enemigo un trofeo, acto que introduce a Hitler dentro de un dominio mítico al ubicarlo fuera de la historia. En el segundo, su permanencia en el aislamiento se transforma en una auténtica metáfora de un poder demente y paranoico. En el tercero, el cuerpo permanece como testimonio a partir del cual reflexionar sobre lo sucedido y sobre el difícil camino por seguir.

Acaso esta última situación es la más interesante, ya que el propio cuerpo del dictador pasa a ser *testimonio* de sus crímenes. Frente a esta *prueba*, Karl, el personaje mediador, comprende la esencia del horror que ha vivido y que ha seguido fielmente hasta ese momento, y adquiere relevancia el tiempo futuro. *Los había gobernado con palabras vacías*, dirá Karl. El *Bluff*, tan ampliamente utilizado en M0 por los nazis para referirse a EE.UU. y su industria, se vuelve aquí contra el mismo discurso del líder del nazismo.

El personaje de Herr Reiss aparece absolutamente contrariado (y fascinado) por este extrañamiento de su propia realidad, lo que se manifiestan en el gesto automático de considerar al libro de Abendsen

---

Where was this published? Herr Reiss inspected the copy of the book. Omaha, Nebraska. Last outpost of the former plutocratic U.S. publishing industry, once located in downtown New York and supported by Jewish and Communist gold.
Maybe this Abendsen is a Jew.
They're still at it, trying to poison us. This jüdisches Buch [...] He slammed the covers of the Grasshopper violently together. Actual name probably Abendstein. No doubt the SD has looked into it by now" (Dick, 1982, pp. 121-122).

como parte de una conspiración judía y al mismo autor como judío. Incluso modifica su apellido, suponiendo que acaso sea *Abendstein* (Stein y sus compuestos son frecuentes entre los judíos alemanes). "Hijo del atardecer" pasa a ser "piedra [*stein*] del atardecer", un absurdo que refuerza la locura nazi. La marca de este gesto es que, una vez elaborada su suposición, para Herr Reiss solo existirá *Abendstein*. Si hay un enemigo, y un enemigo astuto y solapado, este puede ser concebido por los nazis solamente como un judío.

- **En M0, que recepciona M1.** La continuidad entre los mundos hace que nos resulte verosímil que el Hitler de M1 sufra demencia y que, por este motivo, haya sido apartado. Más verosímil aún aparece la línea sucesoria del líder, con Bormann primero y Goebbels después, junto con los nombres posibles como Goering. Por ende, los problemas sucesorios, tan propios de los regímenes totalitarios, impregnarán buena parte de la novela.

Abendsen y Juliana requieren algunas observaciones adicionales: ¿ella recepciona la ucronía como un oráculo y confunde su rol?; ¿él ve al oráculo simplemente como una herramienta para escribir su novela? En ambos casos, como sugiere Burello, "frivolizan" la interpretación en una primera instancia; pero esta frivolización cesa abruptamente ante la respuesta que les da a ambos: *Chung Fu, la Verdad Interior*. Lo cierto es que el entrecruzamiento entre ambos libros implica un entrecruzamiento de mundos: M0 y M2, el referencial y el metaficcional. Esta relación contamina el primero de ficcionalidad y el segundo, de referencialidad, que implicará un tipo de refiguración que excede la dimensión del argumento de la novela, ya que proyecta, a la vez, sobre la ficción y la realidad, la misma duda metafísica: la naturaleza de lo verdadero, de lo auténtico.

Esta compleja recepción puede pensarse como un esquema de mímesis múltiple, en el cual se produce una refiguración embebida dentro de la configuración:

- Mímesis 1 (**M0** - contexto receptor - prefiguración del receptor): **historia.**
- Mímesis 2 (**M1** - texto - configuración para un narratario específico, a partir de una determinada constelación de personajes): **ucronía.**
  - ✓ Mímesis 1' (prefiguración de los receptores de **M2**): **historia ficcional.**
  - ✓ Mímesis 2' configuración (**M2** - del enunciador Hawthorne Abendsen, la ucronía utópica de *La langosta se ha posado*): **ucronía utópica → eucronía.**
  - ✓ Mímesis 3' (refiguración del interpretante/receptor de **M2**): **distopía o utopía** (según los receptores; en todo caso, siempre con valor de impugnación del mundo de referencia o prefigural).
- Mímesis 3 (refiguración del mundo del receptor en **M0**): **ucronía distópica → discronía.**

Esta articulación narrativa de la ucronía es, como vemos, una doble refiguración (que, a su vez, es individualmente múltiple): el receptor de la novela opera sobre su mundo, mediante dos acciones diferentes, a partir de la configuración: la expresión de los personajes embebidos en la ucronía y las múltiples interpretaciones que hacen de una novela que describe un mundo opuesto al suyo, aunque similar al del primer receptor. Esta interpretación dentro del texto, esta Mímesis 3', implica un mundo posible sin el acontecimiento de la victoria del nazismo, pero sí con la continuidad de la Guerra Fría, en este caso, entre Inglaterra y EE.UU. La continuidad de estos mundos surge de una relación rizomática, que establece una conexión entre nodos de mundos diversos. Estos nodos, interdependientes, funcionan a partir de la conectividad y la sincronicidad que le otorga esta conformación estructural. Estos nodos son seleccionados para conformar el aspecto "configural" del texto a partir de un recorte en la prefiguración del mundo de referencia, que nos conduce (o, por lo menos, posee la intencionalidad de conducirnos) hacia una reconfiguración específica. Observamos que, a nivel formal, estos cambios son mínimos y afectan solamente la dimensión metaficcional y metafísica, que Dick no explicita en ninguno de los fragmentos incluidos de *La langosta se ha posado*. La continuidad en el campo histórico, en cambio, se sostiene con rigor epistemológico: es verosímil que Gran Bretaña hubiese quedado con un rol más importante después de la guerra y que, si hubiese permanecido Winston Churchill en el poder, tal vez le habría arrebatado el protagonismo a EE.UU.

Si aplicáramos las reglas de la gramática de la ficción histórica que hemos esbozado con anterioridad, podemos repensar el esquema propuesto en dos niveles, cada uno de los cuales implica una "historia" o relato histórico verosimilizador diferente:

Nivel 0: el de la novela The Man in the High Castle

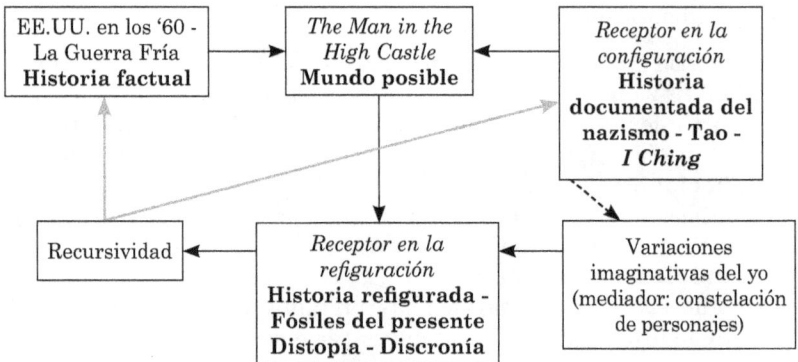

Aquí tenemos:

-   Historia factual. Prefiguración a partir de una concepción de historia, de destino o *telos* (y, eventualmente, de utopía): el mundo bipolar, la Guerra Fría.

- Historia documentada del nazismo (Mundo configural). Propio del receptor en la instancia previa al proceso de recepción. El espacio de experiencia que comparte con el mundo factual 1 determina la verosimilitud del relato: la historia documentada del nazismo y de la Segunda Guerra Mundial, junto con los conceptos de la filosofía zen, del Tao y del *I Ching*.
- Mundo posible. Configuración en la que las modificaciones provocadas a través de la ficción en los eventos de *The Man in the High Castle* extienden, mediante nuevas posibilidades, las expectativas del receptor. En este caso, se trata de una configuración ficcional que articula hechos históricos.
- Variaciones imaginativas del yo. Los conflictos individuales desarrollados a través de la mediación de distintos personajes de muy diferente ideología, quienes reflexionan tanto ante hechos fácticos de su mundo ficcional como ante hechos hipotéticos o contrafácticos que son, en rigor, más "reales" para el receptor "real".
- Historia refigurada. Refiguración del mundo y del yo (receptor) a partir del advenimiento de un otro generado por las variaciones imaginativas de los personajes *individuales* en el mundo posible: refiguración del mundo factual 1 y de su relación con el mundo configural en el receptor. Se busca mostrar así en qué medida el nazismo modificaría el mundo factual 1, transformándolo en "el peor de los mundos posibles".

Dado el carácter metaficcional de la novela, podemos replicar nuestro análisis a este nivel inferior o, más precisamente, "interior", sobre la base de un horizonte de expectativas verosímil para los hipotéticos receptores de la novela:

Nivel -1 (interior, metaficcional): el de la novela
The Grasshopper Lies Heavy

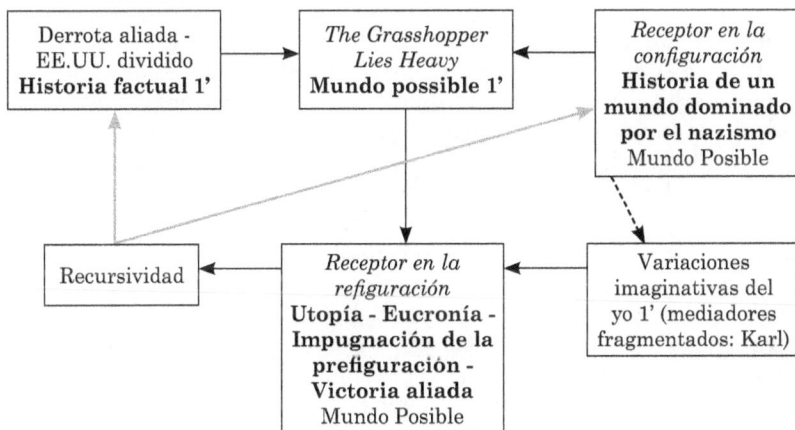

Aquí tenemos:

- Historia factual 1'. Los aliados derrotados y EE.UU. dividido.
- Mundo configural 1' (receptor en la configuración). Un mundo dominado por el nazismo y caracterizado por todo su universo simbólico
  (el héroe, la conquista de Marte, la eficiencia, el rechazo al arte no
  nazi, etc.). Japón aparece, antes que como un rival del expansionismo
  alemán, como un testigo que contempla su desarrollo, sin poder hacer
  nada al respecto.
- Mundo posible 1'. La ficción contrafáctica ucrónico-utópica de
  Hawthorne Abendsen. Es decir, un mundo recursivamente contrafáctico.
- Variaciones imaginativas del yo 1' (es decir, en la ficción). Los conflictos individuales desarrollados a través de la mediación de los
  personajes, muchas veces, no precisados.
- Refiguración del mundo factual 1' y de su relación con el mundo del
  receptor de *The Grasshopper Lies Heavy*. Esta refiguración implica
  tanto lecturas utópicas (por parte de algunos lectores norteamericanos) como distópicas (alemanes o proalemanes, como Wyndam-
  Matson) o más bien neutras, por placer estético o poético (japoneses,
  como el matrimonio Kasoura).

Toda esta compleja estructura nos deja, en cuanto a receptores últimos
de la obra, una suerte de "convivencia" con el nazismo. Lo familiar se
ha vuelto no-familiar de una manera, precisamente, siniestra, ominosa,
al generar esta singular convivencia con un presente posible con el cual
mantenemos inquietantes simetrías. Pensar esta convivencia implica
pensar "testimonios" de ella y, así como el pasado nos llega a través de
reliquias y fósiles que es preciso desenterrar, los presentes posibles o
contrafácticos se materializan paradójicamente como "ficciones". Estas
ficciones funcionan como estos fósiles del pasado, pero extraídos de
nuestro presente. Se hace testimonio de lo que no ha sucedido. Singular
combinación de historia y metafísica, el presente posible aparece como
una suerte de "pasado embebido en el futuro".

Estos fósiles representan todo lo que puede extraerse de lo que no
hemos hecho. No envejecen (no pueden envejecer), pero permanecen
en un estado de eterno presente gracias a su naturaleza ficcional. Más
que una "arqueología del futuro" como la que plantea Fredric Jameson
en *Archaeologies of the Future. The Desire Called Utopia and Other
Science-Fictions* (2005), en la que las utopías más logradas son esencialmente metaficcionales, relatos constituidos por el mismo deseo de
imaginar una utopía, nos encontramos aquí con una *arqueología de
nuestra propia experiencia extrañada*. Estamos ante la posibilidad de
ver presentes posibles signados por lo oscuro, por el fin de todo deseo.
El proceso de exploración de estos presentes es humanamente infinito:
capa tras capa, con el paciente trabajo de un paleontólogo o un geólogo,
un lector recupera la reliquia de un mundo como el de Frank y Juliana,
quienes, a su vez, indagan en el mundo de *La langosta se ha posado*

y quienes, de esa manera, nos obligan a preguntarnos si acaso hemos indagado lo suficiente en la naturaleza de nuestro mundo.

Estos fósiles no son "verdaderos" desde un punto de vista histórico, ya que no son documentables ni pensables desde una epistemología, pero acaso pueden adquirir la ambigua fisonomía de los fantasmas. Fantasmas de un presente que, para Dick, como para Zhuang Zou, es fantasmal en sí mismo, una suerte de sueño que, al despertar, nos deja perplejos. Incluso las omisiones quedan, permanecen, y generan una descendencia de nuevas omisiones que "acompañan" el paso del tiempo y nuestro "hacer" historia. Desde esta visión, tal vez no resulten tan delirantes las palabras de Dick, cuando afirmaba que Dios había intervenido en 1945 para evitar que el Mal triunfara. Otorgarle al nazismo un exclusivo carácter demoníaco sería ubicarlo en un plano más allá de lo moral, incluyéndolo, pero proyectándose en un plano metafísico. No obstante, su mal elemental se hace observable en cada uno de estos testimonios que surgen de la experiencia de personajes que, como las personas, son *máscaras*, mediadores. Dick nos recuerda la dimensión que podría haber tenido ese mal y la que conserva, larvada, en nuestro presente. También nos recuerda que todo instante es producto de una guerra entre el porvenir y la memoria. Una guerra invisible y, acaso gracias a la intervención divina, también infinita. La novela hace visible este campo de batalla.

✣ Conclusiones ✣

Como forma literaria, los horizontes de lo posible que hemos recorrido son proyecciones a través de la lente de la poesía y, como tales, no pueden ofrecernos verdades verificables. Precisamente, lo único que nos dan son sueños o pesadillas, cuya sintaxis, paradójicamente surreal y real al mismo tiempo, toma sus elementos del mundo de los hechos concretos, deformándolos o embelleciéndolos, alterando el orden temporal y espacial, proponiendo actores para un escenario despojado de todo aquello que no esté previsto en la representación. Esta es *la estética del enigma*, no de la verdad, puesto que lo único que puede ofrecernos la literatura son, precisamente, enigmas que viven dentro de las infinitas posibilidades del mundo. La verdad, en apariencia, es tarea de la ciencia. Pero el enigma no envejece, mientras que la verdad científica posee la vida de las medusas: claras, transparentes mientras están en las profundidades del mar o entre las olas, pero que se deshacen rápidamente bajo el sol, como si jamás hubiesen existido. El dilema del pensamiento científico es que está condenado a la transitoriedad de sus verdades, pero comparte con la literatura y el arte la esencia de lo enigmático, de la pregunta inicial.

¿Podrían, entonces, tener algo en común la literatura y la ciencia? Es dificultoso pensar de qué modo pueden articularse para pensar. Acaso los antiguos, como casi siempre, lo previeron con lucidez: el tiempo y el destino tienen su vida propia, pero el hombre puede hacer predicciones, adivinar, emitir oráculos sobre las formas que el futuro puede tomar, incluso casi con la certeza de que, muchas veces, no serán escuchados. Esta función de predecir delimita el tiempo y el mundo, dándole una forma quizás más humana, volviendo un poco más familiar el camino. Predecir implica construir un horizonte de expectativas, delimitar las posibilidades, construir un "atractor", buscar un destino. Si en el fin de la Edad Media la profecía adquiere la forma de un instrumento deliberadamente histórico (por ejemplo, en la obra de Dante), en la Modernidad, que ya no cree en profetas, se necesitarán ojos que puedan ver más allá, mirar, focalizarse en los límites donde se proyecta el mundo de los hombres, su historia, el fin al que lo lleva el laico "Mesías del Progreso". No es casual que la literatura utópica como tal nazca en esta época. De algún modo, la utopía es la forma oracular de la Modernidad, el modelo de explicación ficcional de nuestros anhelos y de nuestros terrores. La utopía es su mirar, sus ojos dispuestos a hablar en forma de enigma acerca del futuro.

Pero, a medida que este futuro se le ha aproximado, la visión ha cambiado, haciéndose más realista y menos romántica, acaso también más nihilista. El futuro, ya tan cercano al presente que casi no pueden diferenciarse, deviene en pesadilla oculta en los actos pretendidamente nobles, en las leyes que deberían traer la igualdad, pero han instalado la diferencia, en el progreso que ha sembrado el atraso y la miseria, y en un humanismo que se ha retirado ante la matanza como principio político. Hija de esta perspectiva condenada a observar el tiempo desde tan cerca que no es posible separarlo del hoy, nace la distopía, la forma oracular de una Modernidad envejecida.

¿Y qué ha ocurrido casi simultáneamente? Que, muchas veces, el futuro ha avanzado más lento que el tiempo mismo y el presente ya lo ha rebasado. Esta paradoja es la ucronía, cuando incluso la historia presente se hace múltiple. Subgénero con poco más de un siglo de vida, representa, quizás de la forma más sutil, la idea del "fracaso de un destino único", el final de una historia única para todo el género humano. La ucronía, que, en líneas generales, equivale a *observar el hoy tal como sería si algún evento del pasado hubiera sido diferente*, fragmenta las visiones de la historia ya no entre culturas, etnias, géneros o clases sociales, sino incluso entre las distintas posibilidades del devenir. La ucronía sigue siendo un oráculo, sigue previendo horizontes, pero, a diferencia de la utopía o de la distopía, este oráculo incluso es transitorio, ya que los horizontes de posibilidades que define están siempre en movimiento. Su relato configural, como ningún otro, es una historia ya fragmentada. La ucronía es la forma oracular de un mundo sin relato fijo, el oráculo de un mundo posmoderno que, como tal, es capaz de prever muy poco, tal vez ni siquiera su propio presente, constantemente puesto en tela de juicio por un pasado en continuo movimiento.

Este es el sentido por el cual hemos abordado el proyecto de indagar dentro de las raíces del nazismo a partir de nuestro *corpus* de trabajo ficcional. Raíces que, si los eventos históricos hubiesen acaecido de manera sutilmente distinta de lo que fueron, se habrían extendido de otra manera, habrían provocado otros dolores y otras redenciones, y acaso nos habrían mostrado horrores aun más terribles de los que la historia, que siempre persigue los eventos y los alcanza invariablemente tarde, nos ha mostrado. Por tanto, los distintos análisis que hemos desarrollado buscaban precisar tres tipos de mutaciones en la historia, que develarían tres tipos muy distintos de mundos, los cuales, si bien no se han realizado fuera de la ficción, están presentes en nuestro aquí y ahora, precisamente como un oráculo invisible que nos señala los fantasmas que pervivieron a la derrota del Tercer Reich. Al fin y al cabo, puede ser que esa derrota resulte, a la larga, el sitio en el cuerpo de la historia en donde se incube un proceso sin forma.

Inevitable resulta, entonces, que repasemos brevemente el sentido de cada una de las obras que nos han ocupado a lo largo de este trabajo, ya que, en ellas hemos visto, sucesivamente, una indagación dentro de la psicología del nazismo, la mutación de una democracia en un totalitarismo y la configuración de lo que podría haber sido "el peor de los mundos posibles", aquel en que el nazismo triunfa en la Segunda Guerra Mundial. Tres aspectos, tres rostros entre los múltiples humanamente posibles, larvados en nuestro presente:

• *The Iron Dream*, de Spinrad, conjuga, en el mismo relato, tres horizontes de posibilidades diferentes: la utopía milenarista nazi, la distopía de un mundo amenazado por el totalitarismo y la guerra nuclear, y la ucronía que las articula. Desde esta perspectiva, es la ficción más "fantástica", más auténticamente propia de la ciencia ficción, dado el cosmos en donde es presentada la utopía (un mundo que resurge de las cenizas de un apocalipsis nuclear), enmarcada por un contexto deliberadamente metaficcional, descripto, en términos estéticos, de manera realista. Luego, aparecen ante nosotros el triunfo de un nazismo encapsulado en la ficción de un delirante Adolf Hitler enfermo de sífilis terciaria, el fracaso de Estados Unidos, aislado frente al arrollador avance de un comunismo que absorbe el mundo, y nuestro presente, que no ha visto ninguno de estos dos escenarios, a los que teme profundamente.

Por tanto, la ucronía nos convierte en observadores de una dialéctica monstruosa entre dos historias posibles: una ficción que refleja el triunfo sobre las frustraciones y los miedos de una sociedad, una particular sociedad norteamericana de fines de los años cincuenta, en la cual el héroe mesiánico se impone sobre una realidad postapocalíptica poblada de seres subhumanos, y una ficción preapocalíptica, en la cual un solitario crítico literario advierte la locura de un escritor y, paradójicamente, lamenta la ausencia, la imposibilidad de un mesías como el creado por Adolf Hitler *a su imagen y semejanza*. No hay síntesis (no, al menos, en la novela) entre ambas ficciones: esta tarea queda en manos del lector. En esta dialéctica aparece un elemento esencial, que articula la semejanza y la diferencia entre la utopía y la distopía: el genocidio judío. El receptor, dentro de cuyo mundo configural la *Shoá* es un hecho profusamente documentado, descubre, dentro de la "utopía" de Hitler, la misma lógica del exterminio, manifestada sobre otros actantes y otro contexto. Y, dentro de la distopía, observa cómo el crítico del libro de Hitler vincula las monstruosas fantasías del autor con el genocidio del pueblo judío que ha llevado a cabo la Unión Soviética ("la Gran URSS", tal como expresa el narrador, connotando aún más la lógica imperialista del enemigo de EE.UU.). En este juego de espejos deformados, el receptor descubre que *los tres mundos son verdaderos*. Parafraseando a Borges, entre ellos, solo han cambiado el tiempo, el espacio y algunos nombres propios.

• *The Plot Against America*, de Philip Roth, es, posiblemente, la ucronía menos fantástica de las que hemos propuesto y su tema, lejos de ser en sí el resultado de la Segunda Guerra Mundial (en la que la intervención norteamericana apenas aparece retrasada un poco más de un año), resulta en la pervivencia de un, *a priori*, impensable antisemitismo en los EE.UU. ¿Cuál es el grado de verosimilitud que tiene esta novela para el lector contemporáneo? ¿Cuál es el que tendría para un hipotético testigo de los acontecimientos, como es el propio Roth niño? El mundo posible configurado por la novela impugna dos prefiguraciones básicas: la implícita en el texto mismo y la presente en el mundo configural del receptor. *No fuimos (es decir, no somos) tan democráticos como parecemos*, sugiere el texto de Roth a sus lectores contemporáneos, y *podríamos haber sido exactamente lo contrario de una democracia, si hubiese cambiado un actor representando el papel de presidente*. Solo ese cambio podría haber dado a luz una América nazi. *No creemos (es decir, hemos dejado de creer) en la ley y en la declaración de los derechos del hombre*, sugiere el texto de Roth en la voz de sus personajes (mediaciones, al fin, de un americano medio que no se conoce a sí mismo tanto como él cree), y *pudimos creer en lo exactamente contrario a lo que decíamos creer*.

Estas impugnaciones llevan a dos refiguraciones distintas del mundo. Para el lector de Roth, *no confiemos en que somos naturalmente democráticos, ya que podríamos haber sido totalitarios y genocidas, si las circunstancias hubiesen sido algo diferentes*. Esta desconfianza saludable le habría permitido a este lector ver que, en su mundo factual, en su presente, fenómenos similares estaban sucediéndose tanto en la política interior como en la exterior. Que estos fenómenos no hayan sido antisemitas refuerzan, de algún modo, el poder evocador de la ficción: cambian los nombres, cambian los actores, pero no los papeles. Para los personajes, en particular para el narrador, *no confiamos en nuestro país, ya que fuimos totalitarios, y ahora debemos seguir viviendo, pero con el miedo instalado en nuestras casas*. Esta desconfianza, en cambio, no es saludable. Es la desconfianza del que se siente sano en un mundo enfermo y que trata de descubrir cuál es el origen del mal.

• *The Man in the High Castle*, de Dick, a diferencia de la ciencia ficción explícita de Spinrad y del realismo y de la lógica de la historia expresada por Roth, aparece ante nosotros como una obra esencialmente metafísica. Importan en ella el propio estatus de la realidad y el lugar del Mal (y del Bien) en esa configuración, su esencia y su vínculo con lo posible. El nazismo y su triunfo, vistos como la configuración del *peor de los mundos posibles*, no constituyen el eje de articulación de la novela, sino uno de los polos, de los "atractores" desde los que está organizado este mundo particular. Precisamente, la novela lleva por título una referencia poética a *un Hacedor de mundos*: el escritor, ya sea Hawthorne Abendsen o Philip Dick o el propio *I Ching*. Este *Hacedor* es el centro del sistema de mundos que plantea la novela. Acaso uno de los dilemas más importantes es cuál de estos mundos es esencialmente auténtico, verdadero, y no una mera copia o transformación de un original. La respuesta, no explícita, que podemos rastrear en la obra es sugerente: es auténtico el mundo que se experimenta en el aquí y el ahora.

De manera similar a la novela de Spinrad, encontramos en Dick tres mundos: el nuestro (el del receptor, en el que Estados Unidos es la principal potencia vencedora), el de la configuración (en el que el nazismo es triunfante) y el metaficcional (el creado por Abendsen, en el que Inglaterra es la ganadora). No obstante, existe una diferencia fundamental: en Spinrad, estos tres mundos están fijos, son inmóviles; en Dick, están en permanente cambio y nada impide que puedan surgir otros nuevos. Que distintos autores, como Pablo Capanna o Marcelo Burello, hayan clasificado a *The Man in the High Castle* como *discronía*, la *ucronía distópica*, nos remite a un análisis posible, pero no único. En efecto, esta discronía adquiere sentido en el marco de la recepción de la novela: si, en nuestro mundo configural, el nazismo fue derrotado, pero aun así ha sembrado una destrucción sin par en la historia, qué no podría hacer en el marco de esta ucronía, si ha triunfado, si se ha hecho distopía.

El peor de los mundos posibles, sin embargo, no es una mónada: hay algo de él repartido entre una multiplicidad de mundos y los tres que constituyen el sistema de esta novela lo reflejan. Que Dick haya recurrido al *I Ching* y al haiku como instrumentos compositivos en (y de) la novela, no es un hecho ajeno a esta multiplicidad. En ellos, como en el arte y el pensamiento oriental en general, el concepto no es lo esencial. Lejos del *horror vacui* occidental, el haiku aparece como un marco sutil que busca otorgarle una forma al instante, a la experiencia vivida y de otro modo inapresable, *la nada no nihilista del instante*. Del mismo modo, el *I Ching* traza formas para el tiempo en la eternidad y cada una de ellas es un mundo posible. Lo esencial es que es un hombre el que articula la pregunta de la que nace la forma. La responsabilidad moral de la pregunta hace a la configuración moral del mundo que funda. Dispuestos, como Juliana y Abendsen, a articular la pregunta de si el nazismo ha triunfado o no, la respuesta, según la propia lógica de los mundos, está prefigurada en ellos. Para Dick, es la duda la que funda lo verdadero y no la certeza. El nazismo es el Mal, acaso el Mal Absoluto en su forma concreta. Incluso la respuesta que lo niega, la que niega su triunfo, lo confirma.

La ucronía, la forma oracular de esta Modernidad envejecida, donde la historia ha dejado de tener un centro y no hay destinos y finalidades que superen el aquí y el ahora, es, sin embargo, un instrumento de la historia. Esta, en cuanto disciplina y relato que implica una particular epistemología, aparece, no obstante, como eje sobre el cual se han trazado todas las ficciones que hemos trabajado. Por tanto, la ficción, de formas muy diversas y con distintos grados de impugnación del concepto de historia, nace, de algún modo, como subordinada a ese discurso básico, implícito en todos los casos e incluso explícito en la obra de Roth. La construcción de "mundos otros" posee una misma raíz, una misma concepción de causa-efecto, pero a la que la ucronía le suma, a partir de una subversión de la causa (el "qué hubiera pasado si"), un estudio singular sobre la sincronía entre los múltiples (incontables) acontecimientos. Son los propios personajes, mediadores de nuestra identidad, de nuestro *sí mismo como otro*, los que articulan esta sincronía, los que hacen visibles los cambios, las impensables metamorfosis de la realidad. De este modo, al partir de una estructura lineal y lógica, la ucronía construye una red rizomática que aparece necesariamente acotada en el texto, dada su necesaria finitud, pero potencialmente infinita. La recurrente referencia metaficcional dentro de la ucronía constituye una de las formas posibles de sugerir (o afirmar) esta infinitud. La crítica de un comentarista a la obra de un Hitler "autor de ciencia ficción" o bien el juicio sobre la esencia de la historia que hace el personaje de Herman Roth o la "ucronía" dentro de la ucronía en la novela de Hawthorne Abendsen, constituyen formas diversas de enfrentar esa historia de la que se ha partido contra sus propios vestigios.

Como una auténtica arqueología del presente, sacar a la luz los futuros no realizados que hubieran nacido de un acontecimiento ligera o fundamentalmente distinto al que la historia ha registrado es suministrarnos los fósiles de lo que *ahora* somos. Y este *ahora* no es otro que el momento en que recepcionamos el texto, las circunstancias de su enunciación, la *voz* que oímos (y que, deliberadamente, nos acercamos a escuchar) cuando nos describe *otro ahora* que, de algún modo, también nos contiene. Como buenas obras de ficción, ninguna de las tres que hemos trabajado nos ofrece una explicación detallada de en qué consisten estos fósiles que presentan ante nosotros. Forman parte de un discurrir similar al nuestro, un flujo temporal tan natural que se conforma, a la vez, como oracular y siniestro, dos voces que confluyen en la "discronía", la ucronía distópica. Esta confluencia reside en el individuo, en el personaje individual que, enfrentado con el mundo (su mundo), sufre y actúa dentro de la historia real, factual o ficcional. Sus acciones, sus puntos de vista y sus sufrimientos son también los nuestros, en cuanto estos personajes se constituyen para el receptor en mediadores hacia una identidad y una comprensión del mundo y de la realidad que incluyan todas sus posibilidades. Esta empresa, irrealizable prácticamente, puede ser, no obstante, siempre y continuamente esbozada, multiplicando las miradas que podemos hacer sobre nosotros mismos. No es casual, entonces, que le hayamos otorgado a la ucronía y a la distopía, así como a su semilla, la utopía, una capacidad oracular.

Pero esta visión no penetra solo en el futuro: si se nos permite el juego temporal, diríamos que es un oráculo sobre el propio presente, sobre el presente del lector; solo cambia, y no de manera determinante, el lenguaje de cada una de ellas. Se trata de pensar no tanto en el futuro de nuestro mundo como en sus transformaciones, en los aspectos que pueden adquirir sus metamorfosis. Que hayamos elegido los *presentes posibles* del nazismo no constituye solo una preocupación personal acerca del tema. Sin recaer en consideraciones de índole mística, entendemos que hay una cuestión subyacente a nuestra cotidianeidad: la esencia del totalitarismo, como una suerte de *metafísica del Mal*, atraviesa toda la Modernidad, toda la historia de Occidente, y, como lo inesperado, acecha en todas partes. Que podamos observar sus restos como *fósiles de nuestro presente* nos muestra hasta qué punto el nazismo podría transformar nuestra realidad o bien hasta qué punto la transforma sin que seamos plenamente conscientes de este proceso. No es casual que nuestro *corpus* esté compuesto por autores no solo anglosajones, sino norteamericanos. A lo largo de los momentos en que las distintas obras fueron escritas, en un muestrario temporal que abarca desde principios de 1960 hasta fines de la primera década del siglo XXI, la primera potencia mundial, tanto en lo económico como en lo militar, se ha encontrado repetidamente frente a sus propios demonios. Aunque enfrentada a su viejo (y forzado) aliado, la URSS, que fue, precisamente, el mortal enemigo de la Alemania nazi, de improviso, parecen surgir sorprendentes paralelismos con él, como si, estructural y culturalmente, Estados Unidos, que gusta verse a sí mismo como una gran democracia, mostrara sutiles (o no tan sutiles) formas autoritarias. Y, como toda forma es un contenido, estos se implican y, casi siempre, se construyen mutuamente. Así, la angustia ante una guerra nuclear y el miedo al imperialismo de su exaliado despiertan o manifiestan un imperialismo de la misma escala, pero desde un modo de ser norteamericano. Esta preocupación, presente en todos los autores de nuestro *corpus*, es múltiple: les preocupa la URSS, les preocupa el nazismo, pero, sobre todo, les preocupa Estados Unidos en dos sentidos complementarios, amenazado por fuera por un imperialismo y amenazado por dentro por su propio afán imperialista. Reducirlo a una colonia, como en Dick, o a un país encerrado en sí mismo, como en Spinrad o Roth, muestra la neurosis esencial de ser una superpotencia que, inconscientemente, teme por su supervivencia. La clave de la ucronía es mostrar esta neurosis en la forma de una psicosis.

Hasta aquí hemos esbozado un trabajo cuyo sentido es buscar otra forma de comprensión de la historia, que hemos elegido ejemplificar con el nazismo. El tipo de ficciones que hemos analizado puede verse, entonces, como un modo complementario de pensar los grandes procesos históricos, que hace más evidentes sus aspectos oscuros, individuales o luminosos. Esto nos ha llevado, en ocasiones, a transitar terrenos quizás impugnables desde una perspectiva científica, pero válidos en cuanto a experiencia. En definitiva, se trata de buscar que el pasado, tanto el documentado como aquel que no aconteció, pueda ser *experimentado hoy*. Este es, claramente, un tipo de experiencia diferente que nos da la ficción, pero que no es ajena a una condición moral: hay una dimensión ética en esta "lejanía inmediata" que nos otorga la ucronía. Cuando lo arcano se hace presente, es posible que el futuro resulte más claro. O que, al menos, intuyamos que hay peligros que deben sortearse y que nada hay escrito que nos determine para siempre. Soñar el demonio puede ser una experiencia siniestra. Pero también un oráculo que nos ayude a no despertar en su mundo.

⟫ Referencias bibliográficas ⟪

Fuentes

ALIGHIERI, D. (1995). *Commedia. Paradiso*. Milano: Garzanti.

ASIMOV, I. (1977). *El fin de la Eternidad* [Traducción de Fritz Sengespeck]. Buenos Aires: Hyspamérica.

BENFORD, G. y GREENBERG, M. [Comp.]. (1990). *Hitler Victorioso* [Traducción Domingo Santos]. Barcelona: Destino.

BORGES, J. L. (1998). *Obra poética*. Buenos Aires: EMECE.

BROCH, H. (2014). *Los inocentes* [Traducción Montserrat Armas y Rafael-José Díaz]. Barcelona: Debolsillo.

CALVINO, I. (1999). *Le città invisibili*. Milano: Mondadori.

CAMP, L. S. de. (2011). *Lest Darkness Fall*. Maryland: ArcManor.

CAMP, L. S. de. (1983). *The Wheels of If*. New York: Berkley.

DICK, P. (2002). *El hombre en el castillo* [Traducción de Manuel Figueroa]. Barcelona: Minotauro.

DICK, P. (1987). *I Hope I Shall Arrive Soon & Other Stories*. New York: St. Martin's Press.

DICK, P. (1982). *The Man in the High Castle*. New York: Berkley.

GOLIGORSKY, E. (1986). *A la sombra de los bárbaros*. Buenos Aires: Hyspamérica.

JOYCE, J. (1972). *Ulises* [Traducción de Salas Subirat]. Buenos Aires: Santiago Rueda.

KAVAFIS, C. (2010). *Kavafis íntegro* [Traducción de Miguel Castillo Didier]. Santiago de Chile: Tajamar.

LE GUIN, U. (2004). *Los Desposeídos* [Traducción de Matilde Horne]. Barcelona: Minotauro.

LE GUIN, U. (1996). *Los que abandonan Omelas* [Traducción de Carlos Gardini]. Buenos Aires: Almagesto.

LOVECRAFT, H. P. (1983). En la noche de los tiempos [Traducción de Francisco T. Oliver]. En Llopis, Rafael [Comp.]. *Los mitos de Cthulhu* (pp. 287-353). Madrid: Alianza.

MOORE, A. [Guión], GIBBONS, D. [Ilustrador], HIGGINS, J. [Colorista]. (2005). *Watchmen*. New York: DC Comics.

MOORE, W. (1085). *Lo que el tiempo se llevó* [Traducción de Cristina Macía]. Barcelona: Martínez Roca.

POE, E. A. (1973). El jugador de ajedrez de Maelzel [Traducción de Julio Cortázar]. En *Ensayos y críticas* (pp. 186-213). Madrid: Alianza.

RENOUVIER, C. (2007). *Uchronie: l'utopie dans l'histoire: histoire de la civilisation européenne, telle qu'elle n'a pas **été**, telle qu'elle aurait pu **être***. París: PyréMonde.

RENOUVIER, C. (1945). *Ucronía. La utopía en la historia* [Traducción de José Ferrater Mora]. Buenos Aires: Losada.

ROBERTS, K. (1981). *Pavana* [Traducción de Matilde Horne]. Buenos Aires: Minotauro.

ROBINSON, K. S. (2003). *Tiempos de arroz y sal* [Traducción Franca Borsani]. Barcelona: Minotauro.

ROTH, P. (2005a). *La conjura contra América* [Traducción de Jordi Fibla]. Barcelona: Mondadori.

ROTH, P. (2005b). *The Plot Against America*. New York: Vintage.

SAVCHENKO, V. (1968). El despertar del profesor Bern [Traducción de Carlos Robles]. En Bergier, Jacques [Comp.]. *Lo mejor de la ciencia ficción rusa* (pp. 175-192). Madrid: Bruguera.

SHAKESPEARE, W. (1993). *King Henry V*. Cambridge: Cambridge School.

SHAKESPEARE, W. (1999). *Macbeth* [Traducción de Manuel Ángel Conejero y Jenaro Talens]. Madrid: Cátedra.

SILVERBERG, R. (2006). *Roma Eterna* [Traducción Emilio Mayorga]. Barcelona: Minotauro.

SPINRAD, N. (2014). *The Iron Dream*. London: Orion Publishing Group. Edición de Kindle.

SPINRAD, N. (1978). *El sueño de hierro* [Traducción de Aníbal Leal]. Buenos Aires: Minotauro.

STOCCO, G. (2003). *Nero Italiano*. [http: www.bookzz.org//].

STOCCO, G. (2005). *Dea del Caos*. [http: www.bookzz.org//].

TORBADO, J. (1980). *En el día de hoy*. Barcelona: Planeta.

TRILLO, C. [Guión] y MANDRAFINA, D. [Dibujos]. (2011). *Peter Kampf lo sabía*. Buenos Aires: Ojodepez!

VONNEGUT, K. (2015). *Matadero Cinco* [Traducción de Margarita García de Miró]. Buenos Aires: Anagrama.

WELLS, H. G. (1985). *La máquina del tiempo. El hombre invisible* [Traducción de Nellie Manso]. Buenos Aires: Hyspamérica.

WILLIAMSON, J. (1986). *La legión del espacio*. Buenos Aires: Hyspamérica.

Bibliografía citada

AA.VV. (1982). *Historia de la Aviación. T. III.* Buenos Aires: Viscontea.

ADORNO, T. (2005). *Ensayos sobre la propaganda fascista.* Buenos Aires: Paradiso.

AGAMBEN, G. (2006). *Lo abierto.* Buenos Aires: Adriana Hidalgo.

ARENDT, H. (1999). *Los orígenes del totalitarismo.* Madrid: Taurus.

AUGÉ, M. (2005). *Los no lugares. Espacios del anonimato.* Barcelona: Gedisa.

AUROBINDO, S. (1982). *Heráclito y Oriente.* Buenos Aires: Leviatán.

BAUMAN, Z. (2017). *Retrotopía.* Buenos Aires: Paidós.

BENJAMIN, W. (2010). Tesis sobre la filosofía de la Historia. En *La obra de arte en la época de su reproductibilidad técnica y otros escritos.* Buenos Aires: Godot.

BURELLO, M. (2004). ¡Los libros al poder! Análisis de la recepción literaria en *El hombre en el castillo,* de Philip Dick. Monografía inédita.

BUCK-MORSS, S. (2005). *Hegel y Haití. Una interpretación revolucionaria.* Buenos Aires: Norma.

BULL, M. (1998). Para que los extremos se toquen. En Bull, M. [Comp.]. *La teoría del apocalipsis y los fines del mundo* (pp. 11-30). México: Fondo de Cultura Económica.

BURKHART, T. (1991). *Símbolos.* Madrid: Olañeta.

CAPANNA, P. (1966). *El sentido de la ciencia-ficción.* Buenos Aires: Columba.

CAPANNA, P. (1999). *Excursos. Grandes Relatos de Ficción.* Buenos Aires: Simurg.

CAPANNA, P. (1995). *Philip K. Dick.* Buenos Aires: Almagesto.

CARDONA, F. (2000). *Mitología del Ajedrez.* Barcelona: Olimpo.

CARRÈRE, E. (1986). *Le Détroit de Behring. Una introduction à l'uchronie.* París: P.O.L. [http://www.pol-editeur.com/pdf/147.pdf].

CARRÈRE, E. (2002). *Yo estoy vivo y vosotros estáis muertos. Philip Dick (1928-1982).* Barcelona: Minotauro.

CIRLOT, J. E. (1997). *Diccionario de símbolos.* Madrid: Siruela.

CONGDON, B. R. (2008). *Prophet of the Posmodern: The Problem of Authenticy in the Works of Philip K. Dick.* Saskatchewan: University of Saskatchewan. [https://ecommons.usask.ca/bitstream/handle/10388/etd-08072008-112806/congdon_b.pdf?sequence=1&isAllowed=y].

CUDDON, J. A. (2001). *Diccionario de Teoría y Crítica Literarias (M/Z).* Buenos Aires: Docencia.

CULIANU, I. (1999). *Eros y magia en el Renacimiento.* Madrid: Siruela.

DEL PERCIO, D. (2014). La Historia y sus dobles. Ucronía y contrafactura histórica en *The Plot Against America,* de Philip Roth. En *Journal de Ciencias Sociales,* Año II, Nro. 3. Buenos Aires: CICS-Universidad de Palermo, 28-53. DOI. [http://dx.doi.org/10.18682/jcs.v0i3.257].

DEL PERCIO, D. (2015). *Las metamorfosis de Saturno. Transformaciones de la utopía en la literatura italiana contemporánea.* Buenos Aires: Miño y Dávila.

DEL PERCIO, D. (2013). Mirarse en el espejo del tiempo: La narratividad de la ucronia en 'Peter Kampf lo sabía', de Trillo-Mandrafina. En Altamiranda,

Daniel y Salem, Diana [Comp.]. *Narratología y discursos múltiples. Homenaje a David William Foster* (pp. 157-165). Buenos Aires: Dunken.

DOLEŽEL, L. (1998). *Heterocosmica. Fiction and Possible Worlds.* Baltimore: The Johns Hopkins University Press.

DUCROT, O. y TODOROV, T. (1998). *Diccionario enciclopédico de las ciencias del lenguaje.* México: Siglo XXI.

DURAND, G. (2000). *La imaginación simbólica.* Buenos Aires: Amorrortu.

ECO, U. (1995). I Mondi della Fantascienza. En *Sugli Specchi e altri saggi* (pp. 173-179). Milano: Bompiani.

EVANS, T. (2010). Authenticy, Ethnography and Colonialism in Philip K. Dick's *The Man in the High Castle.* En *Journal of the Fantastic in the Arts.* Vol. 21, Issue 3. New York, 366-383.

FEIERSTEIN, D. (2005). El fin de ilusión de autonomía. En Feierstein, D. [Comp.] *Genocidio. La administración de la muerte en la modernidad* (pp. 49-68). Buenos Aires: EDUNTREF.

FERGUSON, N. [Comp.]. (1998). Introducción. En *Historia virtual* (pp. 11-86). Madrid: Taurus.

FERRATER MORA, J. (2001a). *Diccionario de filosofía (E-J).* Madrid: Ariel.

FERRATER MORA, J. (2001b). *Diccionario de filosofía (Q-Z).* Madrid: Ariel.

FREUD, S. (1997). Lo siniestro. En *Obras completas, T. 18* (pp. 2483-2505). Buenos Aires: Losada.

GOUX, J. J. (1999). *Edipo filósofo.* Buenos Aires: Biblos.

GUILLÉN, C. (2005). *Entre lo uno y lo diverso. Introducción a la Literatura Comparada (Ayer y hoy).* Barcelona: Tusquets.

HERRERO CECILIA, J. (2000). *Estética y pragmática del relato fantástico.* Cuenca: Ediciones de la Universidad de Castilla-La Mancha.

IZUTSU, T. (1997). *Sufismo y Taoísmo: Laozi y Zhuangzi Vol. II.* Madrid: Siruela.

JAMESON, F. (2005). *Archaeologies of the Future. The Desire Called Utopia and Other Science-Fictions.* London: Verso.

JAY, P. (1993). *El Ser y el texto. La autobiografía, del romanticismo al posmodernismo.* Madrid: Megazul.

JUNG, C. G. (2009). Prólogo. En Wilhelm, Richard. *I Ching, el libro de las mutaciones.* Buenos Aires: Sudamericana.

JUNG, C. G. (2013). Sobre la psicología de lo inconsciente. En *Dos escritos sobre psicología analítica.* Madrid: Trotta.

KIRK, G., RAVEN, J. y SCHOFIELD, M. (1999). *Los filósofos presocráticos.* Madrid: Gredos.

KOSELLECK, R. (1993). *Futuro pasado. Para una semántica de los tiempos históricos.* Barcelona: Paidós.

LA BIBLIA (1984). *Antiguo Testamento, T. 3.* Madrid: Hyspamérica.

LEIBNIZ, G. (1985). *Monadología.* Buenos Aires: Hyspamérica.

LEJEUNE, P. (1994). *El pacto autobiográfico.* Madrid: Endymion.

LEVINAS, E. (2001). *Algunas reflexiones sobre la filosofía del hitlerismo*. Buenos Aires: Fondo de Cultura Económica.

LEVINAS, E. (2006). *Totalidad e Infinito*. Salamanca: Sígueme.

LUDUEÑA ROMANDINI, F. (2013). *H.P. Lovecraft: la disyunción del ser*. Buenos Aires: Hecho Atómico Editorial.

MAGNAVACCA, S. (2005). *Léxico técnico de filosofía medieval*. Buenos Aires: Miño y Dávila.

MAGRIS, C. (2008). *Literatura y Derecho ante la ley*. Madrid: Sexto Piso.

MATAIX LOMA, C. (1999). *El tiempo cosmológico*. Madrid: Síntesis.

MEREU, I. (2003). *Historia de la intolerancia en Europa*. Barcelona: Paidós.

MERRIL, J. (1966). Books. En *Magazine of Fantasy and Science Fiction*, enero de 1966. Mercury Press Inc., 39-43. [http://www.isfdb.org/cgi-bin/pl.cgi?61131].

MILLER, P. (1992). Lo que sabe la sombra: entrevista con John A. Sanford. En Zweig y Abrams [Eds.]. *Encuentro con la sombra* (pp. 51-63). Barcelona: Kairós.

MOLL, N. (2002). Imágenes del «otro». En Gnisci, A. [Comp.]. *Introducción a la literatura comparada* (pp. 347-389). Barcelona: Crítica.

MONDOLFO, R. (1966). *Heráclito. Textos y problemas de su interpretación*. México: Siglo XXI.

MUMFORD, L. (2009). El monasterio y el reloj. En *Textos escogidos* (pp. 26-35). Buenos Aires: Godot.

NANCY, J. L. (2008). Tres fragmentos sobre nihilismo y política. En Esposito, R., Galli, C. y Vitiello, V. [Comp.]. *Nihilismo y política* (pp. 15-34). Buenos Aires: Manantial.

NEIMAN, S. (2012). *El mal en el pensamiento moderno*. México: Fondo de Cultura Económica.

PABÓN, J. (1968). *Diccionario Griego-Español*. Vox: Barcelona.

PAVEL, T. (2011). *Fictional Worlds*. Lexington: Harvard University Press.

PIMENTEL, L. A. (1993). Tematología y Transtextualidad. En *Nueva Revista de Filología Hispánica*, Nro. XLI. México: UNAM, 215-229.

REIS, C. y LOPES, C. (1995). *Diccionario de Narratología*. Salamanca: Colegio de España.

RICOEUR, P. (2006). *El mal. Un desafío a la filosofía y a la teología*. Buenos Aires: Amorrortu.

RICOEUR, P. (1999). *Historia y narratividad*. Barcelona: Paidós.

RICOEUR, P. (2007). *Tiempo y Narración: configuración del tiempo en el relato histórico. T. 1*. México: Siglo XXI.

RICOEUR, P. (2011). *Sí mismo como otro*. Madrid: Siglo XXI.

RIFFARD, P. (1987). *Diccionario del esoterismo*. Madrid: Alianza.

ROBERTS, E. y PASTOR, B. (1997). *Diccionario etimológico indoeuropeo de la lengua española*. Madrid: Alianza.

ROTH, P. (2005, 5 de diciembre). Hay antiamericanismo porque la gente no sabe nada de historia. [Entrevista de Mónica Libedinsky]. *Diario La Nación. Sección*

Cultura. Buenos Aires: La Nación. [https://www.lanacion.com.ar/762227-hay-antiamericanismo-porque-la-gente-no-sabe-nada-de-historia].

SALE ROSE, R. (2003). *Diccionario crítico de mitos y símbolos del nazismo*. Barcelona: El acantilado.

SAFRANSKI, R. (2000). *El Mal o El drama de la libertad*. Barcelona: Tusquets.

SEBALD, W. G. (1999). *Sobre la historia natural de la destrucción*. Barcelona: Anagrama.

SINOPOLI, F. (2002). Los géneros literarios. En Gnisci, A. [Comp.]. *Introducción a la literatura comparada* (pp. 171-213). Barcelona: Crítica.

SLÁDEJ, O. (2007). Between History and Fiction: On the Possibilities of Alternative History. [http://saf.flu.cas.cz/fictionality2/sladek.pdf].

SUVIN, D. (1979). *Metamorphoses of Science Fiction*. New Haven and London: Yale University Press.

SUVIN, D. (1975). P.K. Dick's Opus: Artifice as Refuge and World View (Introductory Reflections). En *Science Fiction Studies*, Volume 2, Part 1. [https://www.depauw.edu/sfs/backissues/5/suvin5art.htm].

TODOROV, T. (1988). El origen de los géneros. En Garrido, M. [Ed.]. *Teoría de los géneros literarios* (pp. 31-48). Madrid: Arco/Libros.

TORRE, J. C. (1998). La Argentina sin peronismo. En Ferguson, N. [Comp.]. *Historia virtual* (pp. 271-311). Madrid: Taurus.

TORRENGO, G. (2011). *I viaggi nel tempo, una guida filosofica*. Bari: Laterza.

VÁSQUEZ ROCA, A. (2009, marzo). Sloterdijk, Agamben y Nietzsche: Biopolítica, Posthumanismo y Biopoder. En *NóMadas: Revista Crítica de Ciencias Sociales y Jurídicas*, Nro 23. Madrid: Universidad Complutense, 291-302. [http://revistas.ucm.es/index.php/NOMA/article/view/NOMA0909340291A].

VITKINE, A. (2011). *"Mein Kampf", Historia de un libro*. Barcelona: Anagrama.

VOGLER, C. (2002). *El viaje del escritor: Las estructuras míticas para escritores, guionistas, dramaturgos y novelistas*. Barcelona: Robinbook.

WELLS, H. G. (2016). Prólogo. [http://www.antorcha.net/biblioteca_virtual/literatura/wells/prologo.html].

WAHLBERG, T. H. (2013). Dissolving McTaggart's Paradox. En Svennerlind, C., Almäng, J. & Ingthorsson, R. [Eds.]. *Johanssonian Investigations*, Vol. 5 (pp. 240-258). Ontos Verlag.

WHITE, H. (1992). *El contenido de la forma*. Barcelona: Paidós.

WHITE, H. (2010). *Ficción histórica, historia ficcional y realidad histórica*. Buenos Aires: Prometeo.

WITTGENSTEIN, L. (2003). *Tractatus logico-philosophicus*. Madrid: Tecnos.

Esta edición se terminó de imprimir en junio de 2019, en los talleres de Imprenta Dorrego, ubicados en Av. Dorrego 1102, (1414), Ciudad de Buenos Aires, Argentina.